Scienza dei servizi
Un percorso tra metodologie e applicazioni

A cura di
Dario Cavenago, Mario Mezzanzanica

Scienza dei servizi
Un percorso tra metodologie e applicazioni

 Springer

Dario Cavenago
Mario Mezzanzanica
CRISP
Università degli Studi di Milano-Bicocca
Milano

ISBN 978-88-470-1363-6   ISBN 978-88-470-1364-3 (eBook)
DOI 10.1007/978-88-470-1364-3

Immagine di copertina: © Edoardo Romagnoli, www.edoardoromagnoli.it
Layout di copertina: Simona Colombo, Milano
Stampa: Grafiche Porpora, Segrate, MI

Springer-Verlag Italia s.r.l., Via Decembrio 28, I-20137 Milano
Springer fa parte di Springer Science+Business Media (www.springer.com)

Prefazione

Il tema dei servizi è di attualità per almeno tre ragioni. La prima ragione è di carattere generale, ed è riferibile al fatto che siamo entrati nella società dei servizi, in cui occupazione, crescita economica, e soddisfacimento dei bisogni dipendono sempre più - per lo meno nei paesi industrializzati - dalle attività di servizio. La seconda e la terza ragione riguardano l'elevata complessità della società dei servizi, che a sua volta dipende dalle aspettative di persone/utenti che esprimono una domanda di servizi personalizzati e caratterizzati da elevata qualità. Ciò, a fronte di risorse limitate, pone il problema della ricerca di forme di razionalizzazione nel ciclo di vita dei servizi - progettazione, produzione ed erogazione - e di condizioni di economicità a livello micro e macro dei sistemi istituzionali a cui appartengono. Molti di questi servizi caratterizzano inoltre la welfare community, nel senso che sono il risultato dell'attuazione di una policy di governo territoriale basata sul ricorso a reti di attori e di istituzioni. Ciò rende ancora più evidente la necessità di una messa a punto di guide concettuali ed operative per la produzione ed erogazione, nonché il controllo degli impatti in termini di output e di outcome dei servizi. Accanto a questi primi elementi vi è poi il fabbisogno di formazione per coloro che operano nei contesti del mercato, del quasi mercato o delle burocrazie. Per alcuni si tratta di costruire un ponte di conoscenza tra le competenze di origine e quelle necessarie per relazionarsi con nuovi soggetti all'interno e all'esterno dell'impresa, inclusi gli utenti e i fornitori. Così nelle pubbliche amministrazioni come negli enti senza scopo di lucro, entrambe tipiche istituzioni di erogazione di servizi, diventa più pressante l'esigenza di investimenti nelle competenze e nelle abilità per aggiornare i profili organizzativi storici degli attori. Da ultimo - e tuttavia primo nella logica degli investimenti in conoscenza - è l'interesse di diversi percorsi di studi universitari alle tematiche dei servizi. E' quindi sulle dimensioni dell'anticipazione (università), dello sviluppo (società e ruoli) e della complessità gestionale (varietà, qualità e rete) che trova motivo l'articolazione di questo lavoro, che rappresenta al contempo una introduzione e sistemazione del tema dei servizi. Obiettivo è quello di proporre un atlante della scienza dei servizi all'interno del quale gli attori del mondo universitario come quelli delle istituzioni possano ripercorrere i diversi approcci al tema, e costruire secondo priorità modelli di analisi e progettazione dei servizi come criticità di gestione della conoscenza legate alle nuove tecnologie. La responsabilità della cura è di Dario Cavenago e Mario Mezzanzanica ma la costruzione di questo primo lavoro, a cui seguiranno degli approfondimenti, è di un gruppo di lavoro interdisciplinare che da anni costituisce l'esperienza di ricerca del CRISP- Centro di Ricerca Interuniversitario sui Servizi di Pubblica Utilità - dell'Università degli Studi di Milano Bicocca. Tale gruppo di lavoro, oltre ai curatori del volume, è composto da Roberto Boselli, Mirko Cesarini, Elisabetta Marafioti, Laura Mariani, Benedetta Trivellato.

Milano,
1 agosto 2009

Dario Cavenago
Mario Mezzanzanica

Lista degli Autori

Mario Mezzanzanica
Università degli Studi di Milano
Bicocca, Dipartimento di Statistica.
mario.mezzanzanica@unimib.it

Mirko Cesarini
Università degli Studi di Milano
Bicocca, Dipartimento di Statistica.
mirko.cesarini@unimib.it

Roberto Boselli
Università degli Studi di Milano
Bicocca, Dipartimento di Statistica.
roberto.boselli@unimib.it

Dario Cavenago
Università degli Studi di Milano
Bicocca, Dipartimento di Sociologia
e Ricerca Sociale.
dario.cavenago@unimib.it

Elisabetta Marafioti
Università degli Studi di Milano
Bicocca, Dipartimento di Sociologia
e Ricerca Sociale.
elisabetta.marafioti@unimib.it

Laura Mariani
Università degli Studi di Milano
Bicocca, CRISP (Centro di ricerca
interuniversitario per i servizi di
pubblica utilità).
laura.mariani@unimib.it

Benedetta Trivellato
Università degli Studi di Milano
Bicocca, CRISP (Centro di ricerca
interuniversitario per i servizi di
pubblica utilità).
benedetta.trivellato@unimib.it

Profilo dei curatori

Mario Mezzanzanica

È professore associato di sistemi di elaborazione delle informazioni presso la Facoltà di Scienze Statistiche dell'Università degli Studi di Milano Bicocca. In particolare è esperto di problemi di supporto decisionale e posizionamento strategico dei sistemi informativi nelle organizzazioni. L'attività di ricerca è focalizzata sul tema della scienza dei servizi con particolare riferimento ai servizi di pubblica utilità nelle aree del lavoro, sanità ed educazione. È autore di numerose pubblicazioni scientifiche su libri e riviste internazionali e nazionali. Dal 2005 è Direttore Scientifico del CRISP, Centro di ricerca interuniversitario sui servizi di pubblica utilità. Ha promosso la costituzione di TabulaeX, spin-off dell'Università degli Studi di Milano Bicocca, e partecipa al consiglio di amministrazione della società.

Dario Cavenago

Professore ordinario di economia aziendale all'Università degli Studi di Milano Bicocca, è docente nei corsi di laurea di scienze dell'organizzazione e alla magistrale di scienze e gestione dei servizi. Fa parte del comitato scientifico del CRISP, Centro di ricerca interuniversitario sui servizi di pubblica utilità, dove coordina l'area di ricerca di management e governance. L'attività di ricerca e intervento è rivolta ai processi di cambiamento e alla formazione di processi di responsabilizzazione di attori nelle aziende pubbliche e private di servizi. Ultimamente ha svolto ricerche nell'ambito della gestione della conoscenza nei processi di cambiamento strategico, ed è attualmente impegnato in un programma di ricerca sui temi dei quasi mercati e della gestione di reti interorganizzative. Ha recentemente pubblicato sui temi quali: l'organizzazione della pianificazione strategica nell'esperienza degli enti locali, la crisi dei sistemi di controllo e la gestione della conoscenza nelle reti. È Presidente di TabulaeX, spin-off dell'Università degli Studi di Milano Bicocca, e di una ONP operante nell'ambito dei servizi educativi.

Indice

1

La *Services Science, Management and Engineering*: la genesi e la geografia della disciplina

1.1 Introduzione

I servizi sono oramai centrali nella vita sociale di ogni Paese. L'aspettativa di ogni attore sociale, sia esso cittadino/utente e/o istituzione, è quella di ricevere da uno scambio che ha alla base un servizio un contributo che si caratterizza per una qualità intrinseca. Il mantenimento di tale promessa richiede all'azienda erogatrice un forte coinvolgimento, nel disegno del servizio, degli utenti ed una capacità di gestione della conoscenza; ciò è particolarmente significativo per quei servizi che si caratterizzano per una forte personalizzazione o complessità progettuale. Disegnare un servizio, metterlo in produzione e gestirne l'erogazione ha una complessità variabile in base al grado di coinvolgimento dei destinati ed alle dimensioni critiche che esprimono le condizioni di fattibilità di un servizio di qualità appropriato alle attese degli utilizzatori. Ugualmente la globalizzazione dell'economia e la scarsità delle risorse ha portato l'attenzione, ai fini della sostenibilità delle condizioni sopra richiamate, di una ricerca di modelli e strumenti che permettano una valutazione e una standardizzazione dei processi di produzione ed erogazione secondo condizioni di economicità. Tali primi e sintetici elementi hanno condotto diversi attori istituzionali, grandi imprese ed università attraverso i loro centri di ricerca, ad una azione di riflessione sul grado di "ingegnerizzazione" dei processi sottesi alla erogazione dei servizi ed in particolare ai servizi che attuano le politiche dei grandi settori di base dell'economia di una Nazione: educazione, sanità, sociale, sviluppo infrastrutture ecc. Quest'ultimo approccio, l'ingegnerizzazione, ha posto come centrale nella costruzione del suo *framework* di interpretazione le tecnologie e l'informazione aprendo indirettamente al ruolo della conoscenza e della sua gestione e distinguendo in base al grado di conoscenza trasformata due grandi aree di servizi. E questo è in un certo senso il focus della Service Science maturata nei contesti dei programmi di ricerca ICT. A questi si può affiancare una più lunga tradizione di studi che hanno indagato la tematica dei servizi usando come punto di fuga della riflessione la relazione di base tra quello che potremmo definire, per semplificazione, il micro circolo delle interazioni che intervengono nella definizione di un servizio tra utente ed operatore e il macro circolo delle condizioni strategiche in cui tale relazione può avvenire che è definito dal contesto istituzionale, economico ed organizzativo nelle diverse forme di imprese, imprese sociali e pubbliche. Il contesto dei programmi di ricerca che fa da sfondo a questo secondo nucleo di tematiche è quello degli studi di economia e management di area europea ed americana. Una contestualizzazione di possibili aree di integrazione verso uno schema interpretativo unitario può essere dato dall'osservazione dei piani di studio universitario focalizzati sulla tematica dei servizi (Par. 1.1.1). Lo sviluppo di programmi di formazione messi in atto dalle scuole di management nord americane sottolinea poi la rilevanza dell'impatto, sui ruoli organizzativi interni alle aziende, di fabbisogni formativi che indicano una esigenza di integrazione nel sistema di competenze in essere e lo sviluppo di nuovi ruoli all'interno delle aziende che vedono prevalere l'ottica di servizio.

Obiettivo del presente capitolo è fornire un quadro sintetico che presenti, da un lato le origini della scienza dei servizi, i principi fondanti e i concetti fondamentali e, dall'altro, offra una mappatura della diffusione geografica delle conoscenze e della ubicazione dei poli di competenze specifiche, con riferimento prevalentemente ai contesti statunitense ed europeo.

1.1.1 Progetto di Laurea Magistrale in scienza dei servizi

L'economia e la società della conoscenza si vanno connotando per la natura sempre più "immateriale" del lavoro e per il peso crescente del settore dei servizi, sia in termini di valore aggiunto che di occupati. Lo sviluppo del settore dei servizi avanzati è peraltro a sua volta cruciale per la crescita della stessa economia della conoscenza. Come dimostra gran parte dell'evidenza empirica, infatti, il vantaggio competitivo delle imprese e la ricchezza delle nazioni sono e saranno sempre più correlati alla capacità di organizzare e gestire servizi creativi, qualificati e innovativi, che siano efficienti e utili per le imprese, le persone e lo sviluppo locale. Nonostante le pressioni crescenti dei mercati globali, all'origine dei fenomeni di *outsourcing* e delocalizzazione anche in tale settore, i livelli di produttività risultano però generalmente inferiori a quelli del settore manifatturiero; allo stesso tempo, si percepisce una limitata capacità di valutare gli effetti dell'investimento nei servizi, con conseguente insoddisfazione da parte di fornitori e utenti. Al riconoscimento di questi fattori di debolezza è seguito un interesse crescente da parte della comunità accademica per un'area nascente c.d. di "scienze dei servizi", finalizzata al raggiungimento di obiettivi quali:

1. elaborare metodi per analizzare scientificamente i servizi, gestirli in maniera efficiente e massimizzarne la produttività;
2. affrontare le difficoltà create dalla natura dei servizi quali intangibilità, simultaneità della produzione e del consumo ed eterogeneità (varietà degli effetti in base al fornitore, al luogo di fornitura e al contesto e situazione dell'utente);

3. predisporre un quadro per sviluppare e promuovere innovazioni in modo sistematico;
4. elaborare un approccio rigoroso e trasparente per valutare l'investimento nei servizi;
5. coniugare la dimensione tecnologica con quella dei processi di business e dell'organizzazione;
6. sviluppare una gestione "strategica" delle risorse umane e del capitale sociale.

L'interesse per questi temi ha indotto numerose università - in primo luogo americane, ma in misura crescente anche europee e giapponesi - a ricercare un approccio integrato che possa da un lato approfondire ed estendere la ricerca, e dall'altro sviluppare corsi e programmi didattici orientati a preparare figure professionali adeguate alle richieste del mercato. Tali sforzi sono sostenuti da alcune tra le aziende del settore ICT che più possono beneficiarne, in particolare IBM, che con la creazione dell'Almaden Research Center (California, USA) e con un programma di partnership con UC Berkeley promuove lo sviluppo di curricula accademici su questi temi, con particolare attenzione per i processi supportati dalle tecnologie dell'informazione. In tale contesto, per quanto vi sia consenso sul fatto che l'ICT influenzi significativamente le modalità con cui i servizi sono progettati, gestiti, ed erogati, si riconosce la necessità di approfondire una varietà di temi e di metodologie, i cui confini sono ancora non precisamente delineati.

In quanto segue vengono elencati alcuni tra gli argomenti che la letteratura emergente propone di approfondire (e che presentano naturalmente aree di contatto e di sovrapposizione):

"Servizi": elementi caratterizzanti e specificità rispetto ai "beni". Si riconosce la necessità di definire con precisione cosa si intenda per "servizio", includendo non solo le attività riconducibili al settore terziario dell'economia, ma anche la dimensione di servizio che sempre più informa il settore manifatturiero. I servizi presentano una serie di caratteristiche (tra cui intangibilità, co-produzione tra fornitore e utente, ruolo della conoscenza creata e scambiata, difficoltà di valutazione prima dell'acquisto/erogazione, etc.) che li differenziano dai beni, con le relative implicazioni in termini analitici, di policy e di gestione. Vi è consenso sul fatto che servizi e beni si differenziano in quanto a modelli di business, dimensione tecnologica, e forme di innovazione, ma rimane da approfondire come e perché questo accade.

Strategie e processi di business. Questa area include la definizione di metodi per convertire in modo scientifico la strategia in formula competitiva, e per modellizzare i processi, così come l'adozione di un approccio quantitativo nella previsione e nel ragionamento. Include l'applicazione di modelli matematici all'analisi della domanda, alla pianificazione dell'offerta, e ad altri processi ricorrenti (quali previsioni sul fatturato, allocazione del personale, etc.). Possono anche esservi ricondotti modelli matematici elaborati dalla ricerca operativa per ottimizzare i processi decisionali in relazione a tutte le componenti del servizio.

Promozione e gestione dell'innovazione. Vi è consenso sul fatto che la promozione dell'innovazione - finalizzata all'aumento della produttività, così come alla ricerca di nuovi servizi o nuove modalità di erogazione, etc. - sia tra le aree più rilevanti. L'area include temi quali: l'applicazione del concetto di "open innovation", il ruolo di intermediazione e consulenza di imprese specializzate, il ruolo degli utenti quali fonte di innovazione, il contributo del design allo sviluppo dell'innovazione, l'individuazione di strumenti organizzativi per sollecitare proposte innovative all'interno dell'impresa fornitrice, l'applicazione della teoria della complessità ai servizi e ai processi innovativi, etc.

Ruolo della tecnologia. Include una chiarificazione del ruolo della tecnologia ai fini del miglioramento dell'efficienza, sia in termini di sfruttamento delle tecnologie esistenti, sia in termini di identificazione delle nuove tecnologie che saranno necessarie. Include anche l'analisi del ruolo della tecnologie informative nell'incrementare la produttività e nel sostenere l'innovazione. In tale ambito, contributi particolarmente rilevanti provengono dai risultati di molte ricerche empiriche e dalle teorie orientate ad una riflessione critica sui tradizionali modelli di determinismo tecnologico e ad una maggior valorizzazione sia del capitale umano che del capitale sociale.

Servizi pubblici e privati. Si rileva l'importanza di distinguere tra servizi pubblici e privati, osservando come ciò sia possibile in base ad approcci diversi: ad esempio la natura delle attività, oppure l'output generato, o la natura del fornitore (for profit / not for profit). Discipline diverse come l'economia, il diritto, le scienze statistiche, la sociologia dell'organizzazione, dei servizi e del lavoro, e la scienza politica pure adottano prospettive diverse che potrebbe essere opportuno integrare. Ai fini della misurazione a livello macroeconomico, e nella prospettiva adottata dagli enti statistici nazionali, si osserva la necessità di migliorare i metodi di classificazione e le misure di input e output dei servizi.

Metodologie e strumenti per il miglioramento della qualità e dell'efficienza. Emerge l'opportunità di elaborare un approccio scientifico per analizzare le attività aziendali che caratterizzano l'impresa utente del servizio. In questa prospettiva rientra il "Business Process Modeling" quale tecnica per suddividere le attività in componenti, ed evidenziare i flussi di lavoro e informazione tra esse intercorrenti, con l'obiettivo di individuare le componenti su cui indirizzare il servizio per massimizzarne l'efficacia, e valutare l'impatto del servizio stesso sugli indicatori di performance.

Strumenti per la valutazione. A quest'area sono riconducibili una varietà di temi, tra cui: (i) individuare metodologie per stabilire i *prezzi* dei servizi, sulla base di informazioni relative a utenti, concorrenti e mercato, e per quantificare la soddisfazione degli utenti; (ii) misurare la *produttività* dei servizi, sviluppando metodi per quantificarne gli effetti e stimare l'entità degli investimenti; (iii) *testare* i servizi, utilizzando ad esempio simulazioni al computer e altre tecnologie per valutare effetti positivi e negativi; (iv) elaborare metodi per prevedere e affrontare i *rischi* legati a progetti di servizio, applicando strumenti tratti da matematica, economia, scienze umane, organizzazione, etc;

Dimensione organizzativa. Il valore economico dei servizi dipende fortemente dal comportamento organizzativo, che deve quindi essere analizzato nella prospettiva sia del fornitore che dell'utente; a questo proposito la teoria organizzativa computazionale può supportare simulazioni via computer per esaminare la performance organizzativa. Questa area include anche i temi delle relazioni di lavoro e della gestione delle risorse umane, ad esempio con riferimento al miglioramento della capacità delle persone di rispondere in modo rapido e flessibile al cambiamento.

Globalizzazione dei servizi. Con l'incremento recente del business process outsourcing, soprattutto nelle economie emergenti, cresce l'opportunità di esaminare i fattori che facilitano e ostacolano il commercio internazionale dei servizi, inclusi quelli istituzionali e/o legati ad accordi multilaterali (WTO General Agreement on Trade in Services), nonché i fattori trainanti dal lato della domanda e dell'offerta. Altri temi includono: le pressioni verso la differenziazione pur nel contesto della standardizzazione richiesta ai fornitori off-shore; il rischio che l'outsourcing nei servizi possa inibire l'innovazione; e la rilevanza della prossimità tra fornitore e utente.

Le imprese di servizi pubblici e privati sono attualmente soggette a forti pressioni esterne, destinate a crescere ulteriormente in futuro e legate alla liberalizzazione dei settori, alla liberalizzazione delle concessioni, alla crescente pressione sulle tariffe e sui prezzi, alla crescente pressione degli azionisti.

In questo contesto molte delle imprese che operano nel settore dei servizi sono strategicamente vulnerabili poiché presentano livelli di redditività insufficienti, in alcuni casi abbinati a dimensioni sub-ottimali.

Problematiche quali la frammentazione della catena del valore, la contendibilità dei clienti, la progressiva separazione tra proprietà e gestione e la necessità di accedere a forme di finanziamento sempre più varie, la messa a gara delle concessioni in condizioni sempre più competitive, l'introduzione del meccanismo di *price cap* e più in generale, la forte pressione sui prezzi, rendono imperativo un forte orientamento verso l'efficienza, la produttività e l'efficacia avvalendosi di strumenti manageriali che siano adeguati a rispondere alle specificità del settore dei servizi. Ciò implica attribuire un'attenzione mirata e crescente a dimensioni quali l'interazione tra fornitore e cliente nella co-produzione del servizio; la difficoltà di valutazione per il cliente prima dell'acquisto/consumo; le possibilità di standardizzare - e di conseguenza "riutilizzare" - alcune componenti del servizio senza ridurne eccessivamente la personalizzazione; il ruolo delle tecnologie dell'informazione nell'erogazione del servizio, e nel migliorarne la produttività o promuovere l'innovazione; e altre ancora.

Dalle precedenti considerazioni emergono alcune sfide manageriali fondamentali:

- identificare le direttrici di crescita coerenti con i propri punti di forza e

progettare di conseguenza il portafoglio di business,
- difendere/catturare i clienti creando valore,
- ridurre i costi di approvvigionamento anche guidando proattivamente le relazioni di fornitura e subfornitura,
- raggiungere l'eccellenza operativa mediante un sistema di valutazione e controllo dell'attività.

Il corso di laurea magistrale in scienza dei servizi cerca di dare risposta a tali sfide strategiche costruendo un percorso di studi che consenta allo studente di acquisire gli strumenti operativi necessari per affrontare le sfide tipiche dei settori dei servizi con riguardo alla loro progettazione, gestione e valutazione (progettazione e erogazione del servizio nell'ambito di varie tipologie aziendali, gestione della qualità, strumenti per la pianificazione, il controllo e l'utilizzo dei servizi, misurazione e miglioramento della performance dei servizi). Tali attività, nel caso delle aziende di servizio, assumono una forte connotazione interaziendale che spinge verso la formazione di alleanze e di aggregazioni fra aziende leader e non, in alcuni casi inducendo alcuni soggetti ad assumere il ruolo di metaorganizzatore.

Tali obiettivi sono raggiunti mediante la creazione di un'ampia base conoscitiva delle *best practices* aziendali, lo sviluppo di competenze mediante esercizi su problemi aziendali concreti e simulazioni, progetti sul campo e testimonianze aziendali.

Lo sviluppo del percorso formativo è stato condotto sulla base di dati secondari raccolti effettuando un'analisi di benchmarking nazionale ed internazionale e su dati primari raccolti mediante interviste a responsabili delle risorse umane di aziende no-profit, di aziende pubbliche e di aziende private.

Le tecnologie informative e l'analisi quantitativa offrono un contributo molto importante al raggiungimento degli obiettivi aziendali e si stanno affermando nel settore dei servizi come uno strumento imprescindibile, per questo motivo tali tematiche sono trattate in maniera esaustiva nel corso di laurea in scienza dei servizi.

Ai fini indicati i curricula dei corsi di laurea magistrale della classe:

- comprendono attività finalizzate ad acquisire conoscenze di sistemi informativi e informatici, modelli organizzativi e metodi quantitativi; di management in ambito pubblico e privato, in particolare con riferimento a metodologie per progettare e dirigere l'innovazione; di organizzazione e gestione delle risorse umane in ambito pubblico; di economia, organizzazione e gestione delle aziende pubbliche;
- prevedono attività esterne presso organizzazioni pubbliche, nazionali o estere;
- culminano in una importante attività di progettazione o ricerca o analisi di caso, che si concluda con un elaborato che dimostri la padronanza degli argomenti, la capacità di operare in modo autonomo e un buon livello di comunicazione.

In particolare, il percorso formativo progettato nell'ambito della laurea magistrale prevede la combinazione di differenti metodologie didattiche (lezione frontale, discussione di caso, simulazione, lavori di gruppo, testimonianze aziendali) al fine di sviluppare competenze professionali, metodologiche e sociali, evidenziate in Fig. 1.1. Tali competenze sono coerentemente orientate a formare una figura innovativa di *operatore giuridico-sociale del terziario avanzato*, in possesso cioè di elevate capacità progettuali, organizzative e gestionali delle attività qualificate dei servizi, pubblici e privati, al territorio, alle imprese e alle persone.

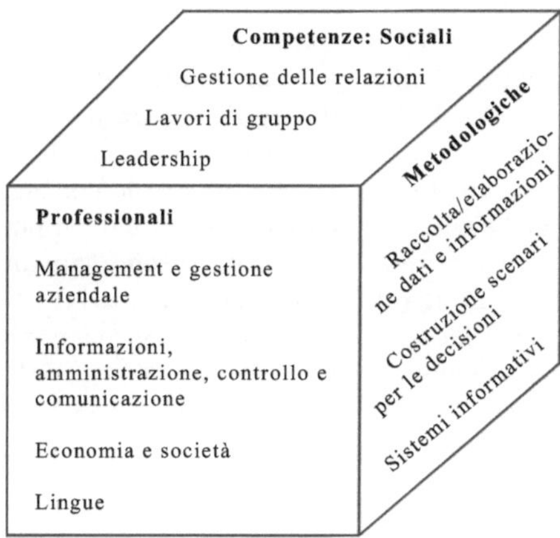

Figura 1.1. Competenze sociali, professionali e metodologiche del corso di laurea magistrale in scienza dei servizi. Fonte: Cavenago, Marafioti e Trivellato (2008). Carte di lavoro per la progettazione del corso di Scienza dei Servizi, Università Milano-Bicocca.

1.2 Service Science, Management and Engineering (SSME) in USA: origine e principi fondanti

La scienza dei servizi è un framework unitario per lo studio della progettazione, erogazione e valutazione dei servizi che nasce dal tentativo di unire informatica, ricerca operativa, ingegneria industriale, scienze manageriali, sociali, cognitive e legali al fine di sviluppare le competenze richieste da un'economia basata sui servizi.

Il box approfondimento 1.1 riporta le tappe fondamentali dello sviluppo della scienza dei servizi negli Stati Uniti.

Spohrer e Maglio (2007) ritengono che una teoria generale dei servizi si componga di tre parti:

Approfondimento 1.1 Scienza dei servizi negli Stati Uniti

L'evoluzione da economia industriale a economia dei servizi ha generato un *gap* di conoscenze, per colmare il quale è richiesta la formazione di persone con competenze di *business* e di *information technology* che possono condizionare il successo nell'erogazione di servizi. Molte università in nord America stanno lavorando in quest'area. Solo citando i più importanti è possibile ricordare il Center for e-service - University of Maryland, il Center for Services Leadership - Arizona State University, la Faculty of Business - University of Victoria, la Faculty of Entrepreneurial and Service Management - Harvard Business School, la Graduate School of Business Administration and Leadership - Tecnologico de Monterrey, la Kenan-Flagler School of Business - University of North Carolina at Chapel Hill, il Mays College of Business - Center for Retailing Studies, University of Texas A & M e la School of Business - Department of Marketing - University of Miami, Faculty of Business.
Nel maggio del 2004, nel corso di un evento organizzato da IBM - *Architecture of On Demand Business Summit* - un gruppo di note università statunitensi - UC Berkeley in testa - ha annunciato la nascita di una nuova disciplina accademica dei servizi. Nel corso della conferenza si è enfatizzato il fatto che progresso nella standardizzazione e crescente fiducia in *internet* hanno consentito alle aziende di condurre transazioni intra-aziendali e interaziendali a costi più bassi e la tecnologia ha reso possibile l'erogazione di nuove tipologie di servizi, sia tra aziende, sia all'interno dei confini aziendali. La nuova scienza, che integra le conoscenze pregresse di diverse discipline impegnate sul tema dei servizi autonomamente e senza contaminazioni da altri ambiti di ricerca, è definita *Service Sciences, Management and Engineering* (SSME) e si focalizza su modelli, teorie e applicazioni fondamentali che consento di guidare innovazione, competizione e qualità della vita attraverso i servizi (Bitner *e altri*, 2007).

- applicazione di principi scientifici per studiare i servizi e comprenderne l'evoluzione;
- gestione (*management*) dei servizi per comprendere in che modo investire per migliorare il sistema di progettazione ed erogazione di un servizio;
- ingegneria (*engineering*) dei servizi tesa a determinare le modalità secondo le quali è possibile sviluppare nuove tecnologie che migliorino l'erogazione del servizio.

Relativamente pochi ricercatori hanno studiato i servizi e le istituzioni non danno l'adeguata rilevanza a quest'area. Infatti, nonostante il ruolo estremamente rilevante dei servizi nelle economie moderne, ad oggi non esiste una definizione di servizio e di produttività, qualità e innovazione dei servizi generalmente accettata e ne risulta difficile la valutazione per via della loro natura intangibile (Abe, 2005).

Dello stesso avviso è il rapporto della National Academy of Engineering (2003) che identifica tre aree sulle quali ricercatori e istituzioni potrebbero focalizzare la loro attenzione.

La prima riguarda l'approfondimento dei temi dell'adattamento e dell'applicazione di alcuni principi dell'ingegneria industriale al settore dei servizi, in particolare relativamente al controllo della qualità, la seconda è quella dell'integrazione di ricerca, tecnologia, scienze sociali e management che, ad oggi, si sviluppano parallelamente incontrandosi raramente, la terza, infine, è l'area dell'educazione e della formazione delle figure professionali legate alla tecnologia dove le scienze manageriali e sociali hanno una scarsa rilevanza.

Per accrescere l'interesse all'area dei servizi pare opportuno, perciò, sviluppare una teoria generale che abbia le caratteristiche di una scienza vera e propria con domande, strumenti, metodi di ricerca ben definiti (Spohrer e Maglio, 2007).

Dal punto di vista più operativo, la scienza dei servizi deve offrire dei metodi di analisi scientifica dei servizi in grado di massimizzarne la produttività, risolvere le problematiche che nascono dalle caratteristiche intrinseche dei servizi e sistematizzare lo sviluppo dell'innovazione (Bitner *e altri*, 2007).

Prerequisito è la conoscenza approfondita dei ruoli delle persone, della tecnologia, delle informazioni condivise nonché dei consumatori che partecipano attivamente all'erogazione.

Mentre è generalmente riconosciuto che servizi e beni si differenziano quanto a modelli di *business*, dimensione tecnologica e forme di innovazione, rimane, tuttavia, da approfondire come e perché questo accada. Alcuni autori, nel definire le caratteristiche intrinseche dei servizi, hanno dato un primo contributo alla scienza dei servizi. In particolare secondo Fitzsimmons e Fitzsimmons (2000), le caratteristiche distintive del processo di erogazione di un servizio sono l'intangibilità, intesa quale immaterialità della prestazione offerta, il deperimento, ossia l'esaurimento, in una sola occasione, del servizio e l'impossibilità di nuovi utilizzi, e la simultaneità di produzione e consumo.

Nella tabella 1.2 si riporta una descrizione di tali caratteristiche dei servizi identificate da Bryson *e altri* (2004) i quali evidenziano alcune delle caratteristiche dei servizi di nuova generazione. I nuovi servizi sarebbero creativi, abilitanti, sperimentali, estendibili, basati sulla fiducia, con un elevato contenuto informativo, innovativi, in grado di risolvere problemi emergenti

Fino ad oggi i modelli di interpretazione dei servizi proposti dai diversi autori si sono differenziati principalmente per il diverso punto di vista adottato. Per questa ragione è utile creare un framework teorico supportato da teorie, leggi, generalizzazioni e sperimentazioni. A questo fine Sampson (2007) elenca alcune caratteristiche indispensabili per un buon paradigma della scienza dei servizi.

Innanzitutto il paradigma dovrebbe evidenziare le differenze che caratterizzano le transazioni di servizi veri e propri rispetto ad altre transazioni che non dipendono dalla interrelazione stretta tra consumatore e produttore. Ad esempio, l'attività di magazzinaggio è spesso pensata come servizio. Tuttavia, le dinamiche che la caratterizzano sono estremamente differenti rispetto all'erogazione di prestazioni. Ad esempio, l'incremento di produttività o la qualità delle attività di magazzinaggio sono solo indirettamente collegate all'in-

Esperienza chiave legata al servizio	Descrizione
Creativo	Incorpora, rappresenta, o presenta idee che possono essere utilizzate per modificare i processi produttivi, indurre particolari comportamenti di consumo o interpretare una cultura, ecc. (ad es. servizi pubblicitari e di progettazione, gallerie d'arte, musei, teatri, produzioni cinematografiche).
Abilitante	Molti servizi svolgono una funzione di intermediazione, nel senso che garantiscono le condizioni necessarie per altre attività o obiettivi (servizi di telecomunicazione, trasporto pubblico, società di selezione del personale, agenzie per l'occupazione).
Esperienziale	Richiede la presenza del cliente o utente, che si aspetta un'esperienza di carattere tangibile o intangibile (balletto e opera, massaggio, taglio di capelli, visita ad un parco di divertimenti).
Estensivo	Include tutte le attività finalizzate ad estendere la vita di un prodotto, mantenere l'affidabilità, incoraggiare la fedeltà del consumatore e la ripetizione della transazione (garanzie di totale sostituzione del prodotto, servizi post-vendita, servizi di installazione e aggiornamento, check up sanitari).
Affidabile	Include attività svolte per i clienti su loro richiesta o come parte di un accordo contrattuale, e che in genere non richiedono la presenza del cliente stesso (riparazione di automobili, orologi, o macchine fotografiche, gestione patrimoniale)
Informazione	Le decisioni riguardanti una varietà di questioni in ambito personale o aziendale sono facilitate dall'accesso all'informazione: parte di questa è liberamente accessibile, parte è soggetta al pagamento di un prezzo, parte rappresenta informazione privilegiata (agenzie di stampa, servizi di data mining, agenzie immobiliari, intermediari di borsa, agenzie di viaggio, motori di ricerca via Internet, servizi di database elettronici).
Innovazione	Include attività di servizio soggette a continuo cambiamento, in parte anche grazie alle nuove tecnologie dell'informazione e della comunicazione (servizi sportivi interattivi e digitali, servizi di acquisto attraverso la televisione, servizi di telefonia mobile WAP, servizi di ricerca e sviluppo).
Risoluzione di problemi	Individui e imprese devono costantemente confrontarsi con problemi di carattere finanziario, gestionale, di ristrutturazione, di predisposizione di infrastrutture, etc, e spesso ricorrono a specialisti per affrontarli (consulenza manageriale, fiscale, informatica, consulenza matrimoniale, consulenza ingegneristica e di progettazione).
Qualità della vita	Include servizi che riflettono la disponibilità crescente di tempo libero, le opportunità di combattere le malattie, o minacce ad esempio nei confronti dell'ambiente (istruzione per gli adulti, servizi sanitari, servizi sportivi e di ricreazione, smaltimento dei rifiuti, servizi di sicurezza).
Regolamentazione	Una parte consistente dell'economia e della società opera in un contesto di regole e regolamentazioni che si applicano a tutti i livelli, dal locale al globale (servizi di polizia, agenzie brevetti, servizi legali, servizi di pianificazione, servizi ambientali).

Tabella 1.1. Esperienze chiave dei servizi. Fonte: Bryson *e altri* (2004).

terazione tra produttore e consumatore, mentre dipendono più strettamente dall'automatizzazione dei processi.

In secondo luogo dovrebbe essere teso a facilitare l'integrazione di diverse prospettive che tengano conto dei contributi delle diverse discipline al tema dei servizi.

Infine dalla teoria generale dei servizi si dovrebbero poter desumere delle linee guida a disposizione del management per facilitare i processi di innovazione, migliorare la gestione strategica dei servizi e le fasi di progettazione e realizzazione, incrementare il livello della qualità.

Altri autori collocano la *service science* nell'ambito di un processo evolutivo delle discipline che hanno affrontato il tema dei servizi.

In particolare, secondo Fisk e Grove (2007) la scienza dei servizi rappresenta la seconda fase di un percorso di crescita.

In questa prospettiva la prima fase - fino all'inizio degli anni novanta - ha segnato la nascita della disciplina del *marketing* dei servizi con l'identificazione di tre livelli di evoluzione Fisk *e altri* (1993):

1. prima degli anni ottanta: a questa epoca corrispondono i primi interventi sporadici di studiosi sul tema del marketing dei servizi;
2. tra il 1980 e il 1985 si è assistito a una crescita rapida ed entusiastica della comunità scientifica interessata alle strutture del *marketing* dei servizi;
3. nel periodo dal 1986 al 1992, infine, è nato il *marketing* dei servizi come disciplina a sé stante.

La seconda fase - dall'inizio degli anni novanta ad oggi - è, invece, caratterizzata dalla rapida espansione dello studio dei servizi oltre al marketing. Si sta assistendo, perciò, alla creazione di strumenti per progettare, erogare e valutare i servizi e all'individuazione di un linguaggio comune interdisciplinare.

Gli autori prospettano per il futuro una terza fase, dove si consoliderà una comunità scientifica di riferimento nella quale un ruolo fondamentale sarà ricoperto dal mondo accademico dal quale proverranno contributi utili alla creazione e alla diffusione della conoscenza attraverso le logiche delle reti sociali.

Un altro interessante modello di analisi dei servizi si basa sul concetto di "sistema dei servizi" e applica le teorie dei sistemi al settore dei servizi (Sampson, 2001; Fitzsimmons e Fitzsimmons, 2006).

In questo approccio i servizi sono transazioni che rientrano in un sistema socio-tecnologico con caratteristiche proprie e differenziato, per questo, da quello industriale.

In termini generali un sistema è costituito da un insieme di oggetti tangibili o intangibili (Hall e Fagen, 1956). Secondo Weinberg (1975), un sistema è un modo di guardare il mondo; è una prospettiva che dipende dalle percezioni e dalla comprensione di un determinato fenomeno osservato. Lo studio dei sistemi consente di individuare alcuni processi comuni e le regole di funzionamento e generalizzarli a un numero più ampio di sistemi (Von Bertalanffy, 1968).

Il sistema dei servizi include elementi, interconnessioni, attributi e portatori di interesse rappresentabili attraverso diagrammi input-output; all'interno dei servizi si genera un ciclo che impegna erogatore e utente, attraverso interazioni che producono valore per entrambe le parti coinvolte come co-produttori. Proprio la produzione congiunta di valore differenzia un sistema dei servizi da qualsiasi altro sistema socio-tecnologico.

In particolare, secondo la definizione di Pine e Gilmore (1999), i servizi sono attività intangibili e specifiche rispetto alle richieste individuali dei clienti.

La personalizzazione dei servizi è il risultato della relazione di co-produzione che definisce le caratteristiche particolari dei servizi e li differenzia da qualsiasi altra tipologia di transazione economica.

La principale differenza tra sistema dei servizi e qualsiasi altro sistema è il ruolo dell'utilizzatore, che contribuisce alla produzione dell'input nel processo di co-creazione dell'output finale. La distinzione tra input, processo di trasformazione, e output tipica del settore manifatturiero diventa confusa nel caso dei servizi, e spesso ha poco a che fare con un "processo produttivo" inteso in senso stretto (Kang, 2006).

Ashby (1960) distingue inoltre tra sistemi naturali - nei quali le relazioni sono date - e sistemi meccanicistici - nei quali le relazioni possono essere progettate.

Il sistema socio-tecnologico dei servizi combina entrambi gli aspetti e non consente alle imprese di progettare con assoluta precisione un sistema di erogazione dei servizi, per via del forte coinvolgimento della dimensione umana.

Per analizzare il sistema dei servizi Spohrer e Maglio (2007) propongono un framework basato su efficacia - in termini di correttezza nell'erogazione - efficienza - ossia individuazione di attività adeguate - e sostenibilità del servizi intesa quale capacità di instaurare le corrette relazioni con altri sistemi di servizi.

Nel tentativo di delineare i tratti generali di una scienza dei servizi, anche i contributi di Lusch *e altri* (2006), Vargo e Lusch (2004), appaiono particolarmente significativi.

Secondo gli autori non è più valida la distinzione tra beni materiali e servizi poiché ogni transazione ha come oggetto un servizio che può essere, o meno, veicolato dall'impiego di beni materiali. Si identificano, in particolare, sei differenze fondamentali tra ottica incentrata sui servizi e sui beni materiali, e che riguardano l'unità primaria di scambio, il ruolo dei beni materiali e del consumatore, la determinazione e il significato del valore, l'interazione tra cliente e fornitore e, infine, il significato della crescita economica. La tabella 1.2 presenta tali caratteristiche.

E' utile sottolineare che l'approccio alla SSME di origine nord-americana non sembra dedicare spazio in maniera esplicita alle peculiarità e problemati-

Differenze	Baricentro sul prodotto	Baricentro sul servizio
Unità primaria di scambio	Le persone scambiano prodotti. Tali prodotti sono in primo luogo risorse operative.	Le persone effettuano scambi per acquisire i benefici di competenze specializzate (conoscenze e capacità), o servizi. La conoscenza e le capacità sono risorse operative.
Ruolo dei prodotti	I beni sono risorse operative e prodotti finiti. Gli operatori di mercato sono rilevanti e modificano la loro forma, luogo, tempo e proprietà.	I beni sono trasmittenti di risorse operative (conoscenza *embedded*); si tratta di prodotti intermedi che sono utilizzati da altre risorse operative (clienti) come strumenti nel processo di creazione di valore.
Ruolo dei consumatori	Il cliente è il destinatario del bene. Gli operatori di marketing svolgono attività per i clienti; li segmentano, li penetrano e fanno promozione presso di loro.	Il cliente è una risorsa in azione. Il cliente è un co-produttore del servizio. Il marketing è il processo che consente di fare cose interagendo con il cliente.
Determinanti e significato di valore	Il valore è determinato dal produttore. E' intrinseco alle risorse operative (beni) ed è definito in termini di scambio di valore.	Il valore è percepito e determinato dal consumatore sulla base del "valore d'uso". Il valore è il risultato della benefica applicazione delle risorse operative talvolta trasmesse dalle risorse in azione. Le imprese possono solamente formulare proposizioni di valore.
Interazione impresa-cliente	Il custode è una risorsa in azione. I clienti sono coinvolti nella creazione di transazioni con le risorse. Il cliente è primariamente una risorsa in azione. I clienti sono partecipanti attivi negli scambi relazionali e nella co-produzione.	
Fonti di crescita economica	Il benessere si ottiene dal surplus di beni e risorse tangibili. Il benessere consiste nel possedere, controllare e produrre risorse operative.	Il benessere si ottiene mediante l'applicazione e lo scambio di conoscenza e capacità specializzate. Costituisce il diritto all'uso futuro di risorse operative.

Tabella 1.2. Le differenze tra visione dell'economia basata sui servizi e visione basata sui beni

che dei servizi privati in contrapposizione a quelle che caratterizzano i servizi pubblici. Tuttavia in alcuni contesti, si veda ad esempio Sako *e altri* (2006), si rileva l'importanza di distinguere tra servizi pubblici e privati, osservando come ciò sia possibile in base ad approcci diversi: ad esempio la natura delle attività, oppure l'output generato, o la natura del fornitore (*for profit/ not for profit*).

1.3 Verso una definizione di servizio

Esistono numerose definizioni e modi di intendere il concetto di servizio in letteratura. Il concetto di servizio, infatti, è ancora in fase di evoluzione, soprattutto per via della sua stretta relazione con i continui mutamenti dell'economia e della tecnologia, per questo si sottrae a una definitiva cristallizzazione. La tabella 1.3 riporta le principali definizioni.

Un interessante resoconto dello stato dell'arte delle definizioni è stato redatto da Cook (1999) che ha presentato le definizioni e le classificazioni dei servizi a partire dagli anni sessanta fino al 1999. Il contributo sottolinea come le prime definizioni siano state alquanto imprecise, basandosi principalmente su brevi elenchi di tipologie di servizi, senza spiegare il significato del termine.

I primi tentativi di circoscrivere il concetto provengono soprattutto dalla letteratura di marketing dei servizi, nella quale ha resistito a lungo la consuetudine di definire il servizio insistendo sulla sua diversità dal prodotto dell'industria manifatturiera.

Alcune delle definizioni prodotte alla fine degli anni settanta tuttavia cercano di cogliere gli aspetti più astratti del servizio. A titolo esemplificativo, mentre Hill (1977) intende il servizio quale cambiamento di stato di un'entità economica, Sasser *e altri* (1978) sottolineano i caratteri di intangibilità e deperibilità del servizio.

Negli anni ottanta la crescita del settore dei servizi ha spinto la ricerca verso la comprensione approfondita del concetto di servizio. Particolarmente rilevante è stato il contributo di Lovelock (1983).

L'autore focalizza l'attenzione su fattori chiave dei servizi quali la relazione con il cliente, gli aspetti di giudizio e valutazione, e le criticità legate all'erogazione condensando i concetti evidenziati in passato entro una visione globale e chiarificatrice.

Autori come Quinn, Gronroos e Fitzsimmons hanno seguito le orme di Lovelock nel definire il servizio, sottolineandone gli aspetti chiave come l'intangibilità, l'interazione fornitore/cliente e l'esperienza del cliente come co-produttore di valore (Quinn *e altri*, 1987; Grönroos, 1990; Fitzsimmons e Fitzsimmons, 2006).

Negli anni novanta le definizioni si caratterizzano per il tentativo di abbandonare la logica del prodotto fisico, ed è ancora Lovelock e Gummesson (2004) a fornirne una spiegazione sottolineando nuovamente il coinvolgimento del cliente nel processo del servizio.

Vargo e Lusch (2004) sottolineano, invece, l'importanza delle competenze nel processo di erogazione dei servizi visto ancora come un'azione che produce benefici per le diverse entità coinvolte.

Le definizioni fino a questo punto presentate sono nate all'interno della letteratura economica e di service marketing, tuttavia lo sviluppo del settore e la crescita dell'utilizzo delle tecnologie dell'informazione e della comunicazione (ICT) hanno influenzato la ricerca sui servizi, che sono diventati oggetto di studio di discipline come per esempio l'informatica. E' diventato così necessario studiare il concetto di servizio utilizzando un approccio multidisciplinare, che unisse le tradizionali discipline sociali ed economiche a discipline scientifiche e tecniche, approccio alla base della stessa scienza dei servizi. Tale approccio porta a seguire nella letteratura le tracce e il rilievo dati al concetto di servizio ICT e alle tematiche a esso correlate. Nella letteratura specializzata del settore dei servizi abilitati da tecnologie dell'informazione si ritrovano i problemi già visti precedentemente, relativi alla definizione del concetto esteso di servizio. Anche in questo ambito le prime definizioni in ordine di tempo si basano su elenchi di tipologie di servizi. Meyer (2007) ha evidenziato come, di fronte al problema della definizione, si tenda da parte degli studiosi a scegliere una delle tre seguenti soluzioni: enumerare tutti i possibili servizi, stabilire cosa non sono i servizi, oppure descrivere i criteri costitutivi dei servizi.

La tabella 1.3 contiene diverse definizioni di servizio tra cui quella di IBM (IBM servizi, 2005), a dimostrazione dell'attenzione rivolta al settore dei servizi, la cui evoluzione continua richiede una rivisitazione/aggiornamento costanti di definizioni e concetti di base.

1.4 Le caratteristiche dei servizi

I servizi sono un insieme assai eterogeneo, di cui non è facile delineare un quadro esaustivo delle caratteristiche. Si presenta, di seguito, il framework di Lovelock che, ampiamente condiviso in letteratura e di estrema attualità nonostante sia stato progettato nel 1983, dà una visione d'insieme piuttosto completa. A partire da questo modello si analizza brevemente il dibattito scaturito in seguito all'evoluzione del settore dei servizi, che inevitabilmente ha generato nuove caratteristiche e nuovi elementi da studiare. Si citeranno altresì i contributi di Miles e Sundbo che hanno cercato di comporre e sistematizzare tutte le peculiarità e gli attributi dei servizi, compresi quelli inerenti le tecnologie ICT, che Lovelock non aveva preso in considerazione nel suo primo schema.

1.4.1 L'approccio di Lovelock

Lovelock (1983) ha proposto uno schema di classificazione dei servizi che tenta di distaccarsi sia dai prodotti industriali, sia dai sistemi di classificazione dei servizi che lo hanno preceduto. Obiettivo è la definizione di strategie utili per

Hill (1977)	A change in condition or state of an economic entity (or thing) caused by another.
Sasser *e* *altri* **(1978)**	Intangible and perishable ... created and used simultaneously.
Berry (1980), Zeithaml **e** **Bitner (1996)**	Deed, act or performance.
Lovelock (1983)	Characterized by its nature (type of action and recipient), relationship with customer (type of delivery and relationship), decisions (customization and judgment), economics (demand and capacity), mode of delivery (customer location and nature of physical or virtual space).
Quinn *e* *altri* **(1987)**	All economic activity whose output is not physical product or construction.
Grönroos (1990)	A service is an activity or series of activities of more or less intangible nature that normally, but not necessarily, take place in interactions between customer and service employees and/or physical resources or goods and/or systems of the service provider, which are provided as solutions to customer problems.
Fitzsimmons e Fitzsimmons (2006)	A time-perishable, intangible experience performed for a customer acting in the role of co-producer.
Lovelock e Gummesson (2004)	Services are value that can be rented (in the broad sense) by the application of some process that the renter (client) participates in. This is a contrast with goods, whose value (once purchased) is owned by the customer.
Vargo **e** **Lusch (2004)**	Services are the application of specialized competences (skills and knowledge) through deeds, processes, and performances for the benefit of another entity or the entity itself.
IBM **servizi** **(2005)**	A service is a provider to client interaction that creates and captures value while sharing the risks of the interactions.

Tabella 1.3. Una mappatura delle diverse definizioni di servizio

il marketing; non si tratta, perciò, di una classificazione fine a se stessa, piuttosto di un contributo con implicazioni operative per le imprese del settore. Lo schema esamina le caratteristiche che differenziano i servizi dai prodotti manifatturieri, e si basa su cinque modalità di risposta ad altrettante questioni di marketing dei servizi:

1. qual è la natura del servizio,
2. che tipo di relazione esiste tra chi eroga il servizio e il cliente,
3. che grado di personalizzazione del servizio e di discrezionalità viene esercitato dal personale erogatore,
4. qual è la natura della domanda e dell'offerta, e
5. quali sono i metodi di erogazione.

Ciascuna di queste domande porta l'autore a definire una serie di dimensioni che rappresentano un continuum di aspetti e caratteristiche tipici del servizio. Le dimensioni sono raggruppate e rappresentate attraverso cinque matrici che permettono una facile classificazione e individuazione dei servizi (Figura 1.2).

Natura	Destinatario	
dell'azione	Oggetti	Individuo
Tangibile		
Intangibile		

(a) Matrice 1

Tipo di	Tipo di erogazione	
reazione	Continua	Saltuaria
Formale		
Informale		

(b) Matrice 2

Discrezionalità	Personalizzazione	
nell'erogazione	Alta	Bassa
Alta		
Bassa		

(c) Matrice 3

Fluttuazione	Capacità di risposta	
domanda	Alta	Bassa
Alta		
Bassa		

(d) Matrice 4

Natura del-	Punto di vendita	
l'interazione	Singolo	Multiplo
Il cliente cerca il servizio		
Il servizio cerca il cliente		

(e) Matrice 5

Figura 1.2. Le matrici di Lovelock

Nella prima matrice - all'origine del modello che Lovelock e Yip hanno poi messo a punto in un momento successivo (Lovelock e Yip, 1996)- si definisce la natura dell'azione all'origine del servizio - la sua tangibilità o intangibilità - e il tipo di contatto che esiste tra fornitore e cliente in relazione alla materialità o meno dell'azione. Nelle considerazioni strategiche proposte si evidenzia, in particolare, la natura effimera del servizio.

Nella seconda matrice si definiscono le diverse dimensioni che caratterizzano la relazione tra cliente e fornitore di un servizio: la durata nel tempo, nei servizi il rapporto tra i due attori è spesso continuo, e la sua formalizzazione, attraverso un accordo contrattuale (es., l'assicurazione, il canone telefonico o l'apertura di un conto bancario). Una relazione formalizzata permette al fornitore di conoscere meglio i suoi clienti e raccogliere dati significativi per migliorare il servizio, ha anche decisive implicazioni sui prezzi del servizio e quindi sulla sua catena del valore.

La terza matrice classifica i servizi sulla base della loro personalizzazione e della discrezionalità che il personale erogatore esercita nei confronti delle necessità del cliente. Queste dimensioni sono strettamente correlate al fatto che spesso i servizi sono prodotti e consumati nello stesso tempo, e che nel processo di produzione del servizio è coinvolto decisamente il cliente. Per esempio servizi come quelli legali o sanitari richiedono sia un'alta personalizzazione sia un alto grado di discrezionalità, mentre all'opposto nella matrice bassi gradi delle due dimensioni caratterizzano servizi di intrattenimento o di trasporto pubblico.

La quarta matrice distingue le diverse caratteristiche della domanda e offerta di servizi, da un lato sono classificate le imprese di servizi sulla base dell'estensione delle fluttuazioni nel tempo della domanda e dall'altro lato sono classificate sulla base della loro capacità di supplire alle richieste. Si pone fortemente l'accento sulla deperibilità del servizio che una volta erogato non esiste più e sulla possibilità di immagazzinare oggetti intangibili ed effimeri.

La quinta e ultima matrice riporta l'attenzione sul contatto tra cliente e fornitore, classificando i diversi metodi di erogazione sulla natura dell'interazione e anche sul numero di luoghi (fisici o virtuali) in cui il servizio viene erogato. Legate a queste dimensioni sono le questioni relative alla qualità del servizio, il cui controllo può per esempio diminuire se il servizio è erogato in una vasta distribuzione di luoghi o di strumenti erogatori (es., una catena di fast food o i trasporti pubblici), mentre è più puntuale se il luogo è singolo (es., un teatro o il negozio di un parrucchiere).

Queste matrici consentono di estrarre e analizzare le singole caratteristiche del servizio per comprendere, soprattutto, quali siano le differenze esistenti tra prodotti e servizi. Da uno sviluppo ulteriore di questi concetti si definiscono alcune caratteristiche chiave dei servizi, riassunte nell'acronimo inglese IHIP (Inseparability-Inseparabilità, Heterogeneity-Eterogeneità, Intangibility-Intangibilità, e Perishability-Deperibilità).

1. Inseparabilità: mentre i beni vengono prima prodotti, poi venduti e infine consumati, i servizi sono prima venduti, poi simultaneamente prodotti e consumati. Ne consegue che:
   a) I servizi sono creati e consumati nello stesso momento
   b) I servizi non possono essere immagazzinati

   c) Le fluttuazioni della domanda non possono essere risolte da processi di archiviazione
   d) Il controllo della qualità non può essere raggiunto prima del consumo del servizio
2. Eterogeneità: i servizi possono essere di varie tipologie.
   a) Dalla prospettiva del cliente, c'è tipicamente una ampia varietà di offerta di servizi
   b) La personalizzazione dei servizi aumenta la loro natura eterogenea
   c) La qualità del servizio percepita varia da un cliente all'altro
3. Intangibilità o immaterialità: i servizi non hanno una consistenza materiale, sono rappresentati da prestazioni anziché da oggetti, e possono consistere in un'esperienza per il consumatore, che tenderà a fornire una valutazione più soggettiva che oggettiva.
   a) I servizi sono idee e concetti parte di un processo
   b) Il cliente si fida della reputazione del fornitore e viceversa
   c) Regole e governance sono mezzi per assicurare dei livelli accettabili di qualità del servizio
4. Deperibilità: i servizi non possono essere conservati, il diritto al servizio non utilizzato non può essere reclamato e i servizi stessi non si possono immagazzinare. Il consumatore, per ottenere i benefici ricercati, deve entrare a far parte attivamente del sistema. Data l'impossibilità di immagazzinare i servizi, la maggior parte di questi, viene consumata nel luogo di produzione.
   a) Ogni servizio che resta inutilizzato perisce
   b) I servizi non possono essere archiviati e per questa ragione quando il servizio non è utilizzato a piena capacità, il fornitore di servizi perde opportunità
   c) La stima e la pianificazione delle potenzialità del servizio sono aspetti chiave per la gestione del servizio

Altre due caratteristiche dei servizi riguardano il fattore tempo e il fattore spazio, come si è notato in alcune matrici sopra descritte: in primo luogo, i consumatori spesso tendono a utilizzare un certo servizio con una frequenza maggiore in certe ore della giornata. Lovelock sottolinea che in questi casi si potrebbero generare dei problemi per una gestione efficiente dell'erogazione del servizio, creando tensione sia nel personale di contatto sia a livello di risorse e danneggiando l'esperienza del cliente, causata dal sovraffollamento nel luogo di erogazione. Inoltre, anche il luogo dove è esperito il servizio può condizionare il suo buon esito: l'impresa erogatrice dovrà per esempio fare il possibile per assicurare una struttura operativa idonea. Inoltre, come si è visto nell'ultima matrice, il servizio non può essere controllato prima che raggiunga il consumatore: la prestazione avviene in tempo reale, coinvolgendo il cliente, il personale di contatto e gli altri consumatori che si trovano nello stesso luogo. Data questa caratteristica distintiva rispetto ai beni, è impossibile garantire e mantenere uno standard qualitativo costante.

1.4.2 Alcune considerazioni sul dibattito successivo al framework di Lovelock

A partire dalle caratteristiche chiave identificate da Lovelock si è sviluppato un interessante dibattito. In particolare, si presentano le discussioni a ciascuna caratteristica che Vargo e Lusch (2004)Vargo e Lush (2004) hanno proposto, evidenziando come le stesse limitino eccessivamente il campo dei servizi e spingano verso una visione dell'economia dei servizi ancora troppo dipendente dal modello manifatturiero (tabella 1.4). Il contributo di Vargo e Lush ha evidenziato, più che mai, quanto la continua evoluzione del settore dei servizi richieda un aggiornamento costante delle caratteristiche e dei principi guida nell'erogazione dei servizi, in relazione anche alle nuove tecnologie a supporto. Per superare alcune posizioni che la letteratura del marketing ha fissato come paradigmatiche, l'approccio multidisciplinare alla scienza dei servizi tiene opportunamente in considerazione anche le critiche al modello IHIP.

Gli autori sostengono che le caratteristiche fondamentali dei servizi implichino una definizione per esclusione; accettando comunemente le caratteristiche dei beni tangibili, i servizi sono identificati per la mancanza di queste proprietà. In questo senso sono intangibili perché non hanno la materialità dei beni, sono eterogenei perché i loro risultati non sono standardizzabili come i beni, la produzione e il consumo sono inseparabili nei servizi, e questo è sempre confrontato con la filiera tipica della produzione di beni, infine i servizi sono deperibili e non immagazzinabili a confronto dei beni tangibili. Si tratta, cioè, di caratteristiche inadeguate perché troppo generiche, nel definire la vera natura dei servizi, inoltre non permettono di differenziare i servizi dai beni come si vorrebbe.

Per quanto riguarda la dimensione intangibile dei servizi, gli autori fanno notare come la maggior parte dei processi coinvolga, in realtà, dei beni materiali. Non è tanto importante offrire la rappresentazione (o risultato) tangibile nei servizi, quanto piuttosto è utile rilevare la soddisfazione espressa dal cliente, vale a dire, se il servizio ha creato del valore per il cliente con i corretti attributi di qualità. Un servizio viene di solito percepito in modo soggettivo, questo a causa della sua intangibilità. Il consumatore, di conseguenza, avrà difficoltà a valutare il servizio ricevuto. Dato che un servizio non è rappresentato da una oggetto materiale ma da una serie di attività o di processi, prodotti e usati quasi simultaneamente, è difficile fare un controllo qualitativo tradizionale. Non si può fare riferimento a standard predefiniti, il cliente valuterà soltanto il risultato di tutto il processo di erogazione del servizio.

Anche la dimensione eterogenea dei servizi può essere messa in discussione. Infatti, benché i servizi e la loro qualità siano generalmente percepiti diversamente dai clienti ciò non significa automaticamente che non vi può essere un'erogazione omogenea di servizi. In molti casi la percezione dell'eterogeneità di un servizio è dovuta alla personalizzazione del cliente o alla percezione della qualità piuttosto che al processo di erogazione. Si prenda come esempio l'e-

Dimensione	Discussione del mito	Prospettiva	Implicazione contraria
Intangibilità I servizi non hanno la qualità tattile dei beni	I servizi hanno spesso risultati tangibili. Beni tangibili sono spesso acquistati per vantaggi immateriali. La tangibilità può essere un fattore limitante della distribuzione.	I clienti acquistano servizi anche quando è coinvolto un prodotto tangibile. Oggetti immateriali quali l'immagine di marca sono più importanti	A meno che la tangibilità non abbia un vantaggio nel marketing, dovrebbe essere ridotta o eliminata se possibile
Eterogeneità A differenza dei beni, i servizi non possono essere standardizzati	I beni tangibili sono spesso eterogenei. Molti servizi sono relativamente standardizzati	L'omogeneità nella produzione è vista come eterogenea nel consumo	L'obiettivo normativo del marketing dovrebbe essere la personalizzazione più che la standardizzazione
Inseparabilità A differenza dei beni, i servizi sono prodotti e consumati simultaneamente	Il consumatore è sempre coinvolto nella produzione del valore	Soltanto la manifattura beneficia dell'efficienza della separabilità. La separabilità limita la commercializzazione	L'obiettivo normativo del marketing dovrebbe essere ottimizzare il coinvolgimento del consumatore nella creazione di valore
Deperibilità I servizi non possono essere prodotti prima del tempo e inventariati	I beni tangibili sono deperibili. Le possibilità tangibili e intangibili sono entrambe inventariabili. L'inventariare è un costo di marketing aggiuntivo.	Il valore è creato al momento del consumo e non in fabbrica	L'obiettivo normativo delle imprese dovrebbe essere ridurre l'inventariare e massimizzare i flussi di servizio

Tabella 1.4. Discussione di Vargo e Lush

rogazione di una lezione universitaria agli studenti, essa è omogenea da parte del docente, ma è percepita in modo diverso, eterogenea, da ciascun allievo.

Vargo e Lush fanno, altresì, delle precisazioni in merito all'inseparabilità dei servizi. Il cliente è coinvolto nell'evoluzione di molti beni materiali che vengono prodotti cercando di incontrare le sue esigenze (es. l'automobile, le case, il personal computer). Il coinvolgimento del cliente nella personalizzazione del bene per soddisfare le sue esigenze suggerisce che anche la produzione di questi beni (come i servizi) ha una caratteristica di inseparabilità tra produzione e consumo.

Si mette in discussione, infine, la deperibilità dei servizi che, anche se non immagazzinabili, si possono memorizzare in sistemi, edifici, macchine, conoscenza e persone (Gummesson, 2000), i clienti che partecipano ad alcuni processi di servizio acquistano conoscenza, e questa rappresenta una parte del valore del servizio da immagazzinare.

Vargo e Lush intendono spostare il focus della letteratura del marketing dei servizi da posizioni "manifatturo-centriche" verso posizioni più orientate alle persone coinvolte nei servizi. La giusta prospettiva dovrebbe essere, per gli autori, trattare i beni e la produzione di beni più come se fossero servizi e non più il contrario. Una critica a questa posizione viene da Anderson *e altri* (1997) i quali sostengono inutile la distinzione tra beni e servizi, ma il loro interesse risiede più nella relazione tra la soddisfazione del cliente, la produttività e la redditività del servizio. La distinzione tra beni e servizi non è altro che un sottoelemento della questione tra standardizzazione e personalizzazione, nella quale la qualità della standardizzazione è più importante nel determinare la soddisfazione verso i beni, mentre la qualità della personalizzazione è più importante per la soddisfazione verso i servizi. Ciò che importa qui sottolineare è che la ricerca sui servizi sta cercando di riformulare e rimodellare i concetti alla base, partendo dalla messa in discussione di alcuni punti rimasti fissi per anni e spostando l'attenzione sulla relazione tra i servizi e le persone.

1.4.3 Le caratteristiche innovative dei servizi

Nel tentativo di schematizzare le caratteristiche uniche dei servizi, distinte da quelle dei beni industriali Miles *e altri* (1995) hanno elaborato una teoria nella quale alle caratteristiche tipiche dei servizi hanno abbinato particolari aspetti di innovazione. Un tentativo di questo genere é stato effettuato anche da Sundbo (1994) che ha definito un elenco delle peculiarità dei servizi, divise per categoria (tabella 1.5).

Alcune di queste caratteristiche sono condivise anche da altre attività economiche e non soltanto attribuibili ai servizi. Ancora, alcune sono di natura tecnica, alcune di queste caratteristiche si riferiscono a "beni pubblici (la non esclusività e la non concorrenza), a infrastrutture (come l'assenza di costi marginali combinati con costi fissi di produzione). Inoltre, molte sono mutuamente dipendenti, o complementari, tra le diverse categorie, come quelle relative all'appropriazione e l'esclusività, oppure corollari della tesi relativa al consumo contemporaneo alla produzione.

In particolare poi, due aspetti sono condivisi da molte delle caratteristiche: l'intangibilità, spesso riferita alla presenza intensiva dell'informazione, e l'intensità della relazione tra produttore e utente del servizio, come condizione di contemporaneità nel tempo e nello spazio. In definitiva molte di queste caratteristiche sembrano ulteriori sviluppi delle quattro grandi caratteristiche di Lovelock, e delle sue derivazioni.

1.4.4 Il ruolo della conoscenza e della tecnologia

L'elenco delle caratteristiche fino ad ora presentato rinforza il concetto di eterogeneità del settore dei servizi, e la necessità di trattare le diverse tipologie di servizio in modo differenziato, di distinguere tra differenti processi di produzione dei servizi, di distinguere tra sistemi di erogazione di servizi e fornitura di servizi. Un modo è stato suggerito dal modello di Silvestro *e altri* (1992) e di Sundbo (1994), che distinguono tra servizi standardizzati e servizi personalizzati. La standardizzazione dei servizi, per esempio quelli di massa, implica la possibilità da parte di alcuni servizi di assumere un carattere di commodity, mentre invece servizi personalizzati possono all'inizio partecipare a mercati di scambio, ma è difficile immaginarli come commodity. Sulla base di queste considerazioni si evidenzia che le maggiori difficoltà nello sviluppare una teoria economica dei servizi sono collegate al concetto dei servizi professionali, soprattutto a quelli che generano conoscenza e informazione. Il carattere di questi servizi implica un serio problema relativo all'informazione, alla conoscenza e a come trattarle nei servizi, quali sono le loro caratteristiche e ruoli. E un ulteriore problema connesso a questo è la produttività dei servizi professionali, come misurarla e valutarla. E' così possibile distinguere tra servizi di consumo finale e servizi di intermediazione, ci sono perciò buone ragioni per credere che i servizi basati su conoscenza e informazione siano da trattare in modo differenziato rispetto agli altri.

1.5 I servizi di pubblica utilità

Nell'ambito del settore dei servizi, assumono particolare rilievo - per via della loro rilevanza nell'economia di ciascun paese - quelli cosiddetti di pubblica utilità intesi quali erogazioni, effettuate da enti pubblici o privati, tese a garantire il godimento dei diritti della persona alla salute, all'assistenza e previdenza sociale, alla istruzione e alla libertà di comunicazione, alla libertà e alla sicurezza della persona; sono considerati altresì servizi pubblici le erogazioni quali energia elettrica, acqua e gas.

Si tratta di sevizi che soddisfano i bisogni essenziali di un individuo ma con uno spiccato orientamento agli interessi più generali della collettività (Arrow, 1970; Parson, 1951). Si pensi, in tal senso, all'educazione: i sistemi di istruzione

Caratteristiche del processo di produzione dei servizi	Produzione libera e di tipo artigianale, anche su richiesta Ridotti costi di infrastrutture grazie all'utilizzo di reti di telecomunicazione Utilizzo di tecnologie IT per monitorare la forza lavoro Sistemi di gestione IT-based Labour intensive Contemporaneità nello spazio dell'utente Produzione non continua e economie di scala limitata Mediazione materiale degli input, o molto alta o molto bassa Unione di diversi processi di produzione Esternalizzazione e privatizzazione di servizi pubblici Apparente debolezza degli incentivi al cambiamento
Caratteristiche dell'output dei servizi	Immateriale/intangibile e ricco di informazione Cambiamento dello stato del prodotto verso dimensioni sociali e informative Il valore corrisponde agli input inseriti Non immagazzinabile Non esclusivo Non concorrente Personalizzabile sulle esigenze del cliente La qualità del prodotto dipende dalla qualità del fornitore
Caratteristiche dei mercati di servizio	Valore d'uso e non valore di scambio L'integrazione utente-produttore rende indistinguibili la produzione, la transazione e il consumo Diffusione entro reti confinate Non trasportabile Non esportabile Di difficile appropriazione Non rivendibile Facile duplicazione: trascurabili costi marginali di produzione, nessun prezzo di mercato Il costo è il diretto compenso degli input di lavoro Nessun trasferimento di diritti di proprietà Problemi di rappresentazione e di marketing Regolamentazione pubblica e privata
Caratteristiche del consumo di un servizio	Affidabilità nelle relazioni utente/fornitore Consumato mentre è prodotto Consumato dove è prodotto Utilità specifica del consumatore, consumer-intensive Soddisfazione psicologica Produttore integrato

Tabella 1.5. Categorie di servizi e caratteristiche

e formazione offrono ai cittadini una varietà di strumenti, che consentono loro
di ottenere benefici economici, sociali, culturali e politici (Levin, 2000), ma
rispondono anche a interessi pubblici facilitando la crescita economica e sociale
dei paesi sostenendo lo sviluppo del capitale umano (Lucas, 1998).

Per queste ragioni i servizi di pubblica utilità sono governati dall'attore pubblico che, facendosi interprete del consenso sociale, provvede a gestirli in forma diretta o sussidiaria, mantenendo il ruolo di supervisione. Infatti, indipendentemente dalla natura pubblica o privata del produttore del servizio, si attribuisce al termine "pubblico" un connotato di fruizione collettiva (Antonelli, 1998).

1.5.1 Le caratteristiche principali dei servizi di pubblica utilità

Dal punto di vista della teoria economica, i servizi di pubblica utilità sono, con intensità diversa, non rivali e non escludibili. Un bene è rivale quando il consumo da parte di un soggetto impedisce del tutto il godimento dello stesso bene da parte di altri, mentre è escludibile quando è legalmente e tecnologicamente possibile impedire ad altri di godere di quel bene.

La tabella 1.6 contiene una classificazione, anche se non esaustiva, dei servizi di pubblica utilità.

	Rivali	Parzialmente rivali	Non rivali
Escludibili		Energia, gas, acqua	
Parzialmente escludibili		Servizi socio-sanitari	
Non escludibili		Educazione	Trasmissione radio-televisiva di informazioni. Giustizia, Sicurezza

Tabella 1.6. Classificazione dei servizi pubblici

Le erogazioni di acqua, gas ed energia elettrica possono essere classificate tra i beni escludibili - il cui accesso è consentito solo pagando le relative utenze - e non rivali, salvo eventuali problemi di congestione.

Tra i beni i cui benefici sono totalmente non escludibili e non rivali rientrano le trasmissioni radio-televisive e i servizi atti al mantenimento dell'ordine pubblico e alla giustizia.

Per quanto concerne i servizi educativi di base, in paesi come l'Italia, nei quali tali prestazioni devono essere garantite a tutti indistintamente per legge, è possibile classificarli tra i servizi non escludibili, ma parzialmente rivali, nel caso in cui le risorse non siano sufficienti per far fronte alla domanda.

I benefici dei servizi socio-sanitari, infine, si pongono in una posizione intermedia poiché per usufruirne sono necessari particolari requisiti che li rendono parzialmente escludibili - stato di malattia o disagio sociale - e sono anche parzialmente rivali poiché vincolati alla disponibilità di risorse - strutture e personale - talvolta non sufficienti.

Con riferimento, in particolare, ai servizi educativi, sanitari e socio-assistenziale - definibili servizi di pubblica utilità alla persona - l'ente pubblico ha il compito di individuare adeguati meccanismi di esclusione o razionamento e di effettuare una differenziazione tra *insider* e *outsider* basata su logiche razionali e di giustizia sociale piuttosto che di mercato (Antonelli, 1998).

I servizi di pubblica utilità alla persona si caratterizzano innanzitutto per elevato coinvolgimento del fattore umano, si pensi, ad esempio, al lavoro di supporto a persone disagiate, in questo caso l'erogazione del servizio dipende esclusivamente dall'attività dell' "assistente sociale", senza l'ausilio di altre strumentazioni. Inoltre sono caratterizzati da un notevole grado di personalizzazione, che deriva dalle condizioni soggettive dell'utente, sulla base delle quali il servizio alla persona va progettato. Per questa ragione i servizi alla persona sono ritagliati sulla necessità dei singoli attori (Miles e Huberman, 1994) e, anche nel caso dell'educazione scolastica, dove il rapporto non è uno a uno, è richiesto un certo livello di personalizzazione in relazione al fatto che il docente debba relazionarsi con discenti caratterizzati da modalità di apprendimento differenti.

Terza caratteristica fondamentale è la presenza di asimmetrie informative tra produttore del servizio e utente. Per loro natura, infatti, i servizi alla persona sono *"experience good"* ossia servizi le cui caratteristiche - come qualità o prezzo - sono di difficile osservazione ex ante, ma identificabili solo dopo l'erogazione. Al contrario di *serch good*, come polizze assicurative o contratti di conto corrente, non sono facilmente apprezzabili prima dell'erogazione. In alcuni casi non sono neppure *experience good* ma piuttosto *credence good*, ossia servizi la cui qualità non può essere osservata direttamente neppure dopo la sua erogazione; è questo il caso di alcune cure sanitarie con effetti molto diluiti nel tempo.

Queste peculiarità rendono particolarmente delicato il tema della valutazione dei servizi alla persona il quale risente delle difficoltà di standardizzazione del servizio nel suo complesso o nelle sue componenti e, di conseguenza, richiede l'adozione di indicatori complessi di benessere concentrati non tanto sugli output immediati, quanto piuttosto sui risultati durevoli e globali delle condizioni dell'utente - i cosiddetti *outcome* (Vittadini e Anheier, 2000).

1.5.2 Modalità di erogazione e attori coinvolti

Le modalità di erogazione dei servizi di pubblica utilità dipendono dal modello di *welfare* adottato da ciascun paese.

Nell'ambito del settore dei servizi pubblici si manifestano in maniera più accentuata, rispetto ad altri comparti, condizioni strutturali che portano ad una minore efficacia sia degli interventi statali diretti, sia dei meccanismi di mercato. Viene a mancare, in particolare, l'effetto di riduzione di costi e di espansione della qualità a parità della ricchezza destinata al settore (Borgonovi e Del Vecchio, 2000). Accettata l'esistenza di una varietà dei bisogni che richiedono risposte altamente differenziate, le moderne democrazie tendono a concentrarsi su un'offerta gestita da una pluralità di soggetti - enti pubblici, imprese o aziende non profit, secondo il modello del *welfare mix*.

Nell'ambito dell'erogazione dei servizi pubblici, i rapporti tra stato e privati si articolano secondo differenti modalità: dall'esternalizzazione pura, ai lavori su progetti e valorizzazione delle iniziative dei privati, fino alle forme più articolate dei quasi-mercati (Glennerster e Le Grand, 1994).

L'esternalizzazione pura dei servizi avviene attraverso la stipulazione di una convenzione, privata o in seguito a un bando, tra attore pubblico e aziende private nell'ottica dell'affidamento di una commessa. Il caso tipico è quello della refezione scolastica o dell'assistenza agli anziani presso case di cura. La scelta di esternalizzare alcuni servizi è collegata, principalmente, a esigenze di riduzione dei costi, nella logica delle scelte di *make or buy*.

Quando gli obiettivi di base sono prefissati, ma le modalità per raggiungerli possono differenziarsi sensibilmente, l'ente pubblico può decidere di finanziare dei progetti, sollecitando, per ciascuna politica, la presentazione di proposte da parte di privati che, saranno valutate sulla base di criteri prefissati. Inoltre, l'attore pubblico può decidere la valorizzazione di iniziative di privati già esistenti poiché rappresentano casi di eccellenza nella gestione dei servizi alla persona o, più semplicemente, perché compatibili con la realizzazione della politiche. In questa categoria può essere fatta rientrare la gestione sanitaria della Regione Lombardia che prevede cure mediche a carico del servizio sanitario nazionale erogate sia da ospedali pubblici, sia da cliniche private, già presenti sul territorio, che presentano tutti i requisiti previsti da apposite procedure di accreditamento.

Infine, i rapporti tra stato e privati per l'erogazione di servizi pubblici trovano regolazione nei modelli di quasi-mercato, caratterizzati dalla separazione tra soggetto finanziatore ed ente erogatore, nonché da una maggiore libertà di scelta del tipo di servizio da parte dell'utente finale. I quasi-mercati sono sistemi di produzione e acquisto di tipo semiconcorrenziale all'interno di ambiti di intervento predefiniti (Fazzi, 2000), la cui realizzazione agevolerebbe l'attuazione di politiche di welfare maggiormente orientamento alla domanda.

Secondo questo modello, l'utente finale ha la possibilità di scegliere l'erogatore del servizio tra diversi attori che, mediante accreditamento, sono dichiarati idonei dall'ente pubblico finanziatore. Ciò che distingue un quasi-mercato dai normali meccanismi di negoziazione è l'esistenza di un ente pubblico finanziatore, l'offerta di servizi limitata a soggetti vincolati nel numero e nella qualità dal finanziatore e la domanda delimitata per legge, da particolari vincoli di accesso.

Gli strumenti tecnici per la realizzazione di queste strutture sono i voucher o i buoni di servizio.

I primi sono certificati rilasciati a soggetti con determinate caratteristiche a cui corrisponde un determinato valore monetario, che può essere speso presso le strutture accreditate pagate direttamente dall'ente pubblico, mentre il buono servizio è corrisposto direttamente all'utente, con una più limitata attività di controllo pubblico.

Diversi contributi hanno evidenziato alcune criticità nell'applicazione dei modelli di quasi-mercato. Innanzitutto particolari situazioni di disagio sociale possono limitare la capacità di scelta delle persone che non è detto siano in possesso dell'adeguata consapevolezza di fondo circa i propri bisogni - si pensi a tutte le erogazioni nell'ambito dei servizi sociali, ad esempio. E neppure la complessità intrinseca dei servizi alla persona e la presenza di inevitabili asimmetrie informative agevola scelte ottimali. Per far fronte a queste criticità, l'ente pubblico deve essere in grado di progettare e realizzare meccanismi di regolazione dell'incontro tra domanda e offerta attraverso adeguate campagne informative e strumenti di sostegno delle scelte di persone, quando non possano decidere autonomamente (Fazzi, 2000).

1.6 Le caratteristiche del processo di erogazione dei servizi

E' necessario ora analizzare le caratteristiche del processo produttivo dei servizi, essendo spesso il servizio confuso con il suo processo è bene ripartire dalle definizioni per distinguere i due concetti. Ripartendo da quelle esposte nella sezione precedente, e semplificando, si può pensare al servizio come un'esperienza finita e intangibile effettuata da un cliente, che veste anche il ruolo di co-produttore di valore in un processo, e questa esperienza trasforma lo stato del cliente. Questa definizione rivela alcune caratteristiche essenziali del processo del servizio (Spohrer *e altri*, 2007): 1) il cliente gioca un ruolo chiave nel produrre valore, quindi diventa co-produttore, 2) il cliente ha dei compiti e delle responsabilità nel processo, e 3) il valore prodotto spesso rappresenta il nuovo stato in cui è trasformato il cliente stesso o un suo bene.

1.6.1 Il processo produttivo dei servizi

La natura del servizio richiede, come visto, una speciale interazione tra cliente e fornitore, diversa da quella che esiste nelle tradizionali forme di transazione relative a scambi di beni. Karmarkar e Pitbladdo (1995) illustrano le varie fasi della transazione di un servizio dal punto di vista del cliente (figura 1.3). Alla fine di ogni fase il cliente passa in un nuovo stato, ad ogni stato corrispondono degli output o delle condizioni particolari. Questo tipo di modello è valido per la maggior parte dei servizi, ma non tutte le operazioni qui esposte possono apparire in tutti i servizi, come possono cambiare le operazioni che i diversi attori svolgono. Si tratta di un modello applicabile in larga misura poiché presenta un certo grado di generalizzabilità nel descrivere l'interazione all'interno del processo produttivo di un servizio.

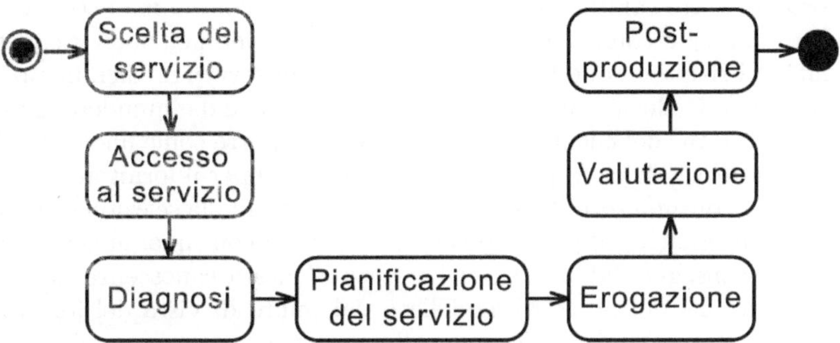

Figura 1.3. Il processo del servizio dal punto di vista del cliente

La prima fase per il cliente è la scelta di un servizio che risponda ai suoi bisogni e, una volta trovato, l'accesso.

La fase di accesso al servizio è l'operazione che il fornitore attua per portare il cliente al servizio, o l'attività necessaria al cliente per entrare in contatto con il fornitore del servizio. In questa fase si deve considerare la possibilità del coinvolgimento di terze parti che forniscono al cliente mezzi per accedere al servizio, sia fisicamente sia attraverso informazioni, come per esempio compagnie di trasporto o di comunicazione. Per queste prime due fasi le variabili da considerare sono soprattutto il tempo necessario per accedere e il costo del servizio.

La fase successiva è l'analisi del fabbisogno nella quale il cliente espone il problema e si aspetta da parte del fornitore una presentazione delle possibili soluzioni. Questa fase comprende l'inserimento di alcune informazioni relative alle aspettative del cliente, alla quantità di tempo per la risoluzione del problema, e anche il costo preventivato. La fase di analisi del fabbisogno può essere a sua volta descritta come un processo personale del fornitore che interpreta il problema e lo suddivide in sottoproblemi da affrontare in modo organizzato.

Identificata la soluzione del problema inizia la fase di pianificazione del servizio, generalmente descritta come la presentazione al cliente delle possibili alternative per rispondere al suo bisogno. Questa è quindi una fase di alta interattività, nella quale gli input del cliente sono necessari per procedere nel servizio e permettono la personalizzazione.

Segue la fase di erogazione vera e propria, che può essere standardizzata o personalizzata, a seconda del grado di intensità dell'interazione da parte del cliente. Da questa fase il cliente si aspetta dei risultati, che rappresentano gli output del servizio.

Seguono delle fasi di post-produzione, come la valutazione o una fase di supporto o di risoluzione di problemi riscontrati durante il processo. La valutazione è un momento particolare del servizio, perché può avvenire durante tutto il processo, in diversi momenti. In molti casi, i risultati di un servizio non possono essere valutati completamente nell'immediato, ma necessitano di periodi di analisi e condizioni successive all'erogazione per poter riconoscere la qualità dei risultati (questo vale per esempio per servizi medici, finanziari o di consulenza). Collegata alla valutazione del servizio è da intendere la ricerca della soddisfazione del cliente che il fornitore deve porre come uno degli obiettivi primari del servizio. A questo scopo è essenziale per il fornitore conoscere pienamente i consumatori, il modo in cui essi effettuano la selezione e la scelta tra le varie alternative, il processo vero e proprio di consumo, nonché la valutazione che consegue dall'utilizzo del servizio. Questa conoscenza del cliente è una dimensione del processo modellato dal punto di vista del fornitore, e verrà analizzato nel capitolo dedicato alla progettazione dei servizi.

1.6.2 Il cliente nel processo del servizio

Per comprendere il ruolo che il cliente riveste nel servizio e la sua relativa responsabilità, si pensi ad esempio ad un insegnante che assegna dei compiti agli studenti, o un medico che prescrive delle medicine al paziente, in entrambi i casi il fornitore del servizio (insegnante o medico) effettua un'operazione, ma anche il cliente (studente o paziente) effettua delle operazioni che cambiano il suo stato, l'insieme di queste operazioni costituisce il processo del servizio senza le quali il cliente non raggiungerebbe il suo obiettivo e non otterrebbe pienamente il valore del servizio.

Il cliente è parte integrante del processo di servizio poiché trae beneficio dalla creazione di una relazione con il fornitore e dal coinvolgimento in un'esperienza ad hoc, spesso creata appositamente per lui. Il cliente ha quindi esperienza dell'intero processo, e non solo del risultato finale.

In alcune fasi del processo di servizio il cliente veste dei ruoli di primaria importanza inserendo input e scegliendo il modo di erogazione a lui più congeniale, fino al conseguimento del risultato finale e alla valutazione del servizio erogato. Il cliente è potenzialmente importante anche per la fase di progettazione del servizio stesso, come si vedrà in un prossimo capitolo.

Nella letteratura si è spesso dedicata attenzione al cliente nel processo soltanto come una delle due parti, ma si è poco analizzata l'importanza che la domanda riveste all'interno dell'intero processo. La domanda è spesso il fattore che più influenza l'erogazione e il risultato finale, infatti, nei servizi la produzione e il consumo sono contemporanei ed esiste perciò una forte dipendenza del fornitore dal cliente (Pekkola, 2007).

Dal modello presentato si evince che il contatto e l'interazione tra i due attori avvengono principalmente durante le fasi di analisi del fabbisogno, pianificazione e erogazione, ma la presenza del cliente nel processo è attiva sia prima sia dopo questi momenti di interazione (Figura 1.4).

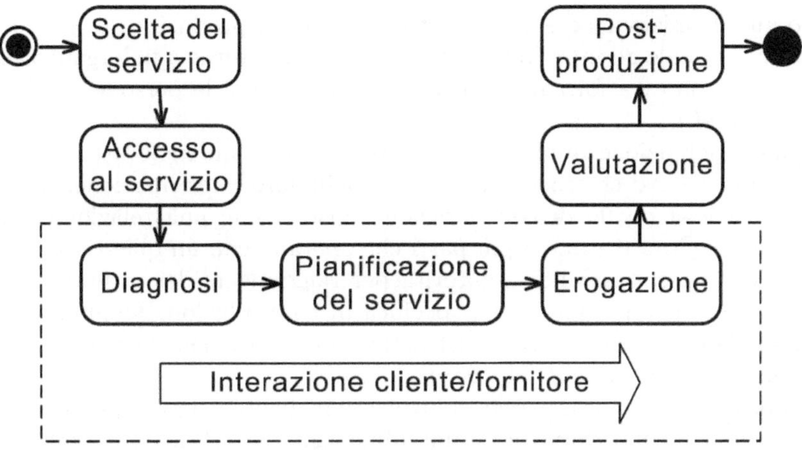

Figura 1.4. L'interazione tra cliente e fornitore nel processo del servizio

La parte del processo caratterizzata dall'interazione è da molti studiosi considerata il vero processo del servizio perché è comune ai due attori, ma dal lato del cliente l'esperienza del servizio è già in atto quando decide di sceglierne uno, quindi molto prima del primo contatto con il fornitore (Edvardsson e Olsson, 1996). Durante la fase di interazione si possono poi identificare alcuni momenti distinti di interazione: interazioni con tecnologie (computer, macchine automatiche ecc.) e interazioni con personale addetto al servizio. In questa ultima il cliente viene a contatto con una parte visibile del servizio costituita a sua volta di due parti, l'ambiente fisico e il personale che fornisce effettivamente il servizio.

Il modello suggerisce anche che il consumatore, nel momento in cui entra in contatto con una certa tipologia di servizi, sarà influenzato anche dagli altri clienti, anch'essi in contatto con lo stesso fornitore di servizi. In tutte queste fasi il cliente influenza l'andamento del processo inserendo degli input e creando del valore aggiunto. Diventa così attore attivo e co-produttore di valore.

1.6.3 La co-produzione di valore

La co-produzione è fondamentale nel processo di erogazione del servizio, ed è stata analizzata approfonditamente in letteratura. Un breve excursus degli studi sulla co-produzione è utile per comprendere questo importante elemento dei servizi (Ramirez, 1999),(Xue e Harker, 2003).

Il concetto è talmente centrale nella definizione di servizio da indurre molti esperti a usarlo estensivamente come definizione di servizio (Spohrer e Maglio, 2007).

Uno dei primi a parlare di co-produzione nell'economia dei servizi è stato Fuchs (1968), che ha identificato il cliente come attore di co-produzione. Secondo una definizione accettata in letteratura la co-produzione è un processo attraverso il quale gli input introdotti da persone, esterne a un'organizzazione produttiva, sono trasformati in beni o servizi che poi le persone riutilizzano (Ostrom, 1996).

Questa definizione implica che gli utenti hanno un ruolo attivo nel produrre beni e servizi che sono conseguenza della loro partecipazione. A questo concetto si lega quello di collaborazione, visto come una relazione mutuamente vantaggiosa tra due o più parti che operano con un obiettivo comune, condividendo responsabilità e autorità per raggiungere dei risultati. La collaborazione è, perciò, una forma specifica di co-produzione all'interno di un processo di erogazione, spesso sfruttato per migliorare delle lacune strutturali o informative della catena del valore.

Co-produrre significa, perciò, coinvolgere il cliente nel processo di servizio, e l'interazione cliente/fornitore è una dimensione strettamente correlata con il concetto di co-produzione e di collaborazione.

In precedenza Chase aveva focalizzato la sua analisi sul coinvolgimento del cliente nelle operazioni del servizio, sulla sua potenziale influenza sul processo di erogazione (Chase, 1978) nonché sul concetto di contatto del cliente inteso quale presenza fisica del cliente durante il processo del servizio e la relazione di questa presenza con il fattore tempo nel processo (Chase, 1981).

A partire da questa definizione, è stato costruito il Customer Contact Model (CCM) (Chase e Tansik, 1983), framework che ha influenzato molti lavori successivi soprattutto relativi all'efficienza e alla produttività dei servizi in ambito organizzativo.

Il coinvolgimento del cliente è indispensabile al completamento del processo di erogazione e produzione di un servizio, tuttavia il grado di coinvolgimento varia da servizio a servizio. In alcuni casi i clienti offrono una minima assistenza e restano poi inattivi per il resto del processo. In altri svolgono un ruolo più attivo, arrivando anche a sostituire il fornitore nelle attività di self-service. Lovelock e Young (1979) hanno suggerito che la partecipazione del cliente può aumentare la produttività di un'azienda con appropriati progetti di interfacce per operazioni di self-service, Mills e Morris (1986), invece, hanno approfondito il ruolo del cliente come "parziale", identificando le diverse fasi della partecipazione del cliente nel processo, dalla fase iniziale di esplicitazione delle aspettative del cliente, all'incontro con il fornitore, alle fasi di negoziazione e produzione, fino alla fase di rilascio definitivo. Nel processo il cliente acquisisce diversi ruoli, o meglio, diverse sfumature del ruolo di co-produttore del servizio. Gli autori parlano di "parziale" impiegato poiché il cliente, come partecipante attivo del servizio, apprende informazioni, competenze ed esperienze che lo rendono capace di eseguire attività come se fosse impiegato nel servizio.

In un'ottica di progettazione e organizzazione dei servizi è necessario tener presente che il valore che essi producono ha le stesse caratteristiche identificate da Lovelock per i servizi, l'inseparabilità, l'intangibilità, l'eterogeneità e la deperibilità, è un elemento dinamico, frutto di un'interazione, quindi non ha un solo padre o possessore, è contingente e attuale alla situazione e quindi mutevole, e soprattutto è co-prodotto dal cliente, frutto di una sinergia.

Il processo produttivo dei servizi è dominato quindi da relazioni che implicano differenti comportamenti e operazioni che coinvolgono attori di natura eterogenea. Si è visto come il processo del servizio porta a una co-produzione di valore interattiva. La co-produzione di valore avviene non soltanto nell'incontro tra cliente e fornitore di un servizio, ma anche tra organizzazioni, gruppi di aziende, partner, sempre più coinvolti in sistemi a rete, attivi anche nella progettazione dei servizi. In una rete diventa più complesso progettare e prevedere i requisiti e i bisogni del cliente per erogare un prodotto e/o un servizio, e anche la corrispondente catena del valore si complica.

1.6.4 La qualità del servizio e il cliente

Il valore del servizio, come si è visto, spesso è in una forma intangibile, tuttavia deve essere quantificato e valutato, questo implica una discussione sulla qualità del servizio, vista relativamente sia al processo sia ai risultati finali del servizio. La qualità del servizio è un concetto indistinto ed elusivo, di non facile definizione, soprattutto da parte del cliente. La spiegazione della qualità ha sempre posto problemi ai ricercatori che frequentemente evitano di darne una definizione per utilizzare poi sistemi matematici di misurazione. Parasuraman *e altri* (1985) nei suoi diversi lavori sulla qualità del servizio ha definito un modello concettuale per comprendere i vari aspetti della qualità. Ciò che interessa maggiormente in questo contesto è la qualità del servizio percepita dal cliente e la sua relazione con la produzione di valore nel processo di servizio.

L'importanza della qualità per le aziende e i clienti dei servizi è imprescindibile, è stato dimostrato dalla ricerca che puntare sulla qualità porta vantaggi strategici, soprattutto nel marketing, nell'abbassare i costi di produzione e nel migliorare la produttività (Anderson e Zeithaml, 1984).

Fino agli anni novanta la maggior parte dei lavori di ricerca si sono concentrati sulla qualità del prodotto, mentre la qualità dei servizi è diventato argomento di analisi soltanto recentemente, ciò ha richiesto un diverso approccio e l'utilizzo di conoscenza prima poco sfruttata.

Considerata l'intangibilità di molti servizi, è evidente la difficoltà di definire un sistema di misurazione degli output. Gli esperti discutono da tempo se e come i servizi possono essere misurati, registrati, testati o verificati per assicurarne la qualità. Un approccio utile può essere quindi studiare come il cliente percepisce il servizio per valutarne la qualità (Zeithaml, 1988). Inoltre, un'altra caratteristica tipica dei servizi, l'eterogeneità, implica un continuo cambiamento nei comportamenti dei diversi attori, dipendenti dalle situazioni, ambienti e sistemi di erogazione, quindi il comportamento del cliente non può essere un fattore unico per misurare la qualità, vista la sua difficile standardizzazione. La qualità nei servizi quindi non è un elemento ingegnerizzabile, né può essere progettata. Piuttosto è rilevabile durante l'erogazione del servizio e spesso deriva dall'interazione tra cliente e fornitore, dal grado di intensità della partecipazione del cliente e da quanto egli influenza il processo. Inoltre, la qualità è poco controllabile da parte del fornitore, soprattutto quando gli input del cliente sono molto precisi e richiedono competenze specifiche: ad esempio, un parrucchiere non è in grado di assicurare la qualità di un taglio che il cliente richiede se questo taglio non fa parte del bagaglio di competenze del fornitore.

Da tutte queste considerazioni si può qui cercare di elencare i punti salienti sulla qualità dei servizi. Sulla base della letteratura si possono delineare alcune caratteristiche della qualità dei servizi:

- Per il cliente la qualità di un servizio è più difficile da valutare della qualità di un prodotto;
- La percezione della qualità del servizio è risultato dal confronto tra l'aspettativa del cliente e la performance del servizio;
- La valutazione della qualità non avviene soltanto alla fine del servizio, ma durante tutto il processo di erogazione del servizio.

Il primo punto implica la differenza tra bene e servizio, la qualità del primo può essere giudicata da una serie di elementi tangibili o visibili: colore, forma, stile, confezione, ecc. Nei servizi gli aspetti tangibili sono limitati all'aspetto, competenza e comportamento del personale addetto al servizio (per esempio, il personale di uno sportello). In assenza di elementi tangibili il cliente deve far uso di altri fattori, alcuni di difficile misurazione: il prezzo, il tempo di risposta, l'accessibilità e la disponibilità del servizio ecc.

Il secondo punto è stato studiato a fondo dai ricercatori, Gronroos ha sottolineato che il cliente confronta il servizio che si aspetta con la percezione che riceve alla fine del processo di erogazione. Altri studiosi hanno sottolineato che la soddisfazione del cliente è in relazione alla conferma o meno delle aspettative. A questo è collegata la "promessa" che il fornitore offre al cliente, ossia la qualità che lo stesso promette al cliente. Zeithaml e Bitner (1996) affermano che c'è sicuramente una relazione fra le esperienze di un cliente avute in passato con un certo servizio e i livelli del servizio desiderato e del servizio previsto.

La valutazione del servizio è anche influenzata dal passaparola che avviene fra amici, familiari e altre persone che hanno già usato il servizio in passato. La percezione che il cliente ha del servizio quindi può essere influenzata da molti fattori che gravitano intorno all'intero processo di erogazione del servizio: l'abbigliamento e il comportamento del personale di contatto, l'ambiente fisico, gli altri clienti, sono tutti elementi che avranno un forte impatto sulla percezione dell'esperienza del servizio.

La valutazione della qualità può essere acquisita anche in momenti diversi del processo. Una valutazione, per esempio, motiva la scelta di un servizio, quindi è un momento importante dell'inizio del processo. Questa valutazione comincia non appena il consumatore ha deciso di acquisire un servizio da una determinata impresa, continuando poi durante tutte le fasi successive di consumo e post-consumo. La soddisfazione per un servizio ricevuto non dipende solo dalle caratteristiche degli elementi del sistema di erogazione del servizio: il personale di contatto, gli strumenti tecnici, il supporto fisico, la clientela e il sistema organizzativo interno; ma anche da come questi elementi si organizzano nel processo di produzione/consumo.

Un tentativo di unificazione dei diversi modelli è stato concepito da Grönroos (1990) che ha sviluppato un framework di criteri per la valutazione della qualità percepita dal cliente. Tali criteri sono la professionalità e competenza del fornitore, il comportamento del personale di contatto, l'accessibilità e flessibilità del servizio, l'affidabilità e la fiducia nei riguardi del fornitore, la capacità di risolvere i problemi da parte del fornitore, e la reputazione e la credibilità che il cliente pone nel fornitore del servizio. Si definiscono, inoltre, due differenti tipi di qualità del servizio: la qualità tecnica - che comprende il risultato che il cliente ha ottenuto dal servizio - e la qualità funzionale, che comprende il modo in cui è stato erogato il servizio (il sistema di erogazione).

Parasuraman *e altri* (1985) hanno altresì proposto un modello di sintesi della qualità nei servizi identificando gli aspetti legati alla qualità percepita sia dal cliente sia dal fornitore. Dal punto di vista del cliente entrano in gioco elementi come la comunicazione verbale, i bisogni personali, l'esperienze passate, l'aspettativa e la percezione finale del servizio. Dal punto di vista del fornitore, invece, gli elementi centrali sono il sistema di erogazione del servizio (incluso le condizioni pre e post-consumo), le comunicazioni con il cliente esterne al processo, le percezioni degli aspetti organizzativi e la loro traduzione in aspetti di erogazione. Nel modello sono poi esplicitate una serie di considerazioni che ribadiscono la qualità come risultato del confronto tra aspettative e percezione finale, in questa direzione gli autori hanno elencato i dieci fattori determinanti per la valutazione della qualità del servizio (box approfondimento 1.2).

Tutti i modelli sottolineano l'esigenza di definire strumenti di misurazione e analisi quantitativa del valore, della qualità e dei risultati finali.

1.6.5 La catena del valore dei servizi

A partire da Porter (1985) diversi autori hanno proposto un modello di catena del valore delle aziende soprattutto nel settore industriale. Di seguito si riporta un modello di catena del valore dei servizi che, data la complessità del fenomeno, non va ritenuta come esaustiva di tutte le possibili caratteristiche e peculiarità di un'azienda di servizi, ma è la proposta di un punto di partenza che sintetizza organicamente i suggerimenti proposti dalla letteratura fino ad ora esposti riguardanti sia l'articolazione di catene del valore sviluppate per settori specifici sia la valorizzazione di alcune attività chiave in grado di contribuire in misura notevole alla generazione di valore per i clienti (Fig. 1.5).

La catena del valore proposta è analizzata sotto due aspetti complementari. In primo luogo si analizzano le classificazioni delle attività, in secondo luogo si considerano alcuni processi composti da attività appartenenti a classificazioni

---

Approfondimento 1.2 I dieci fattori della qualità dei servizi

---

1. Fiducia: il servizio funziona al primo tentativo; il fornitore onora le sue promesse; si richiede accuratezza nella fatturazione e rispetto dei tempi.
2. Responsabilità: esiste volontà e tempestività da parte del fornitore nell'eseguire il servizio; il cliente si aspetta risposte pronte alle proprie richieste.
3. Competenza: il fornitore (il personale allo sportello come quello tecnico) possiede le competenze e le esperienze richieste dal servizio.
4. Accesso: il cliente ha facilità nel mettersi in contatto con il fornitore; il servizio è accessibile tramite vari mezzi di comunicazione; il tempo di attesa non è eccessivo; il luogo e gli orari sono comodi
5. Cortesia: caratteristiche come gentilezza, rispetto, considerazione e comportamento amichevole da parte del fornitore; importante è anche l'aspetto esteriore del personale addetto al servizio.
6. Comunicazione: le informazioni sono corrette e comprensibili al cliente; si fornisce una descrizione esaustiva del servizio, dei costi, della risoluzione dei problemi.
7. Credibilità: si sottolinea l'onestà e la trasparenza da parte del fornitore; è rilevante la reputazione dell'azienda che eroga il servizio.
8. Sicurezza: il cliente si aspetta assenza o limitazione dei rischi o incertezze, sicurezza fisica e finanziaria, e un alto grado di confidenza.
9. Conoscenza: il fornitore dimostra ottima conoscenza del cliente, dei suoi bisogni, requisiti, richieste, inoltre rende possibile personalizzazione e riconoscimento personale del cliente.
10. Tangibilità: sono importanti aspetti fisici del servizio, del personale, degli strumenti o equipaggiamento utilizzati per erogare il servizio, come le rappresentazioni fisiche del servizio (contratti o carte di credito).

I dieci fattori della qualità dei servizi, da Parasuraman *e altri* (1985)

---

diverse. La classificazione delle attività di supporto è sostanzialmente analoga alla catena del valore delle attività manifatturiere, l'unico cambiamento riguarda l'introduzione delle attività di gestione del know how, che sono viste come attività trasversali alla gestione delle risorse umane e allo sviluppo della tecnologia. Il know how è un asset fondamentale nelle imprese erogatrici di servizi, non solamente per le aziende che erogano knowledge intensive business services (KIBS), ma per tutte le aziende. Tale importanza è riconducibile ad una pluralità di fattori: l'importanza delle nuove tecnologie nell'erogazione dei servizi, l'importanza della conoscenza sui bisogni dei clienti e la spinta al miglioramento dell'erogazione dei servizi.

Le attività primarie sono state classificate nelle seguenti categorie:

- Predisposizione delle condizioni produttive: si tratta di tutte quelle attività che servono ad acquisire le tecnologie, le materie prime, le conoscenze necessarie per poter svolgere le attività di produzione ed erogazione del servizio.

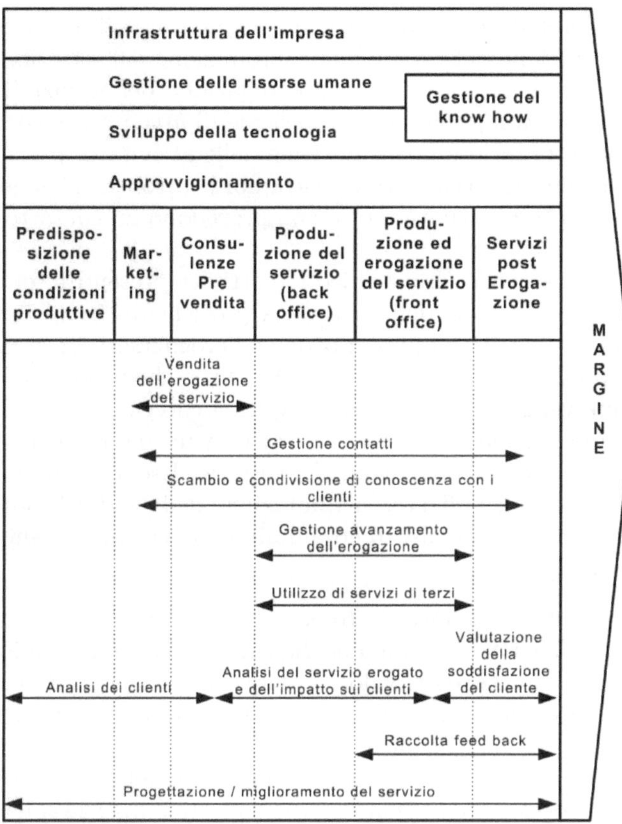

Figura 1.5. Un modello di catena del valore dei servizi riassuntivo dei concetti e dei contributi della letteratura esposti nel capitolo.

- Marketing: questa categoria raggruppa tutte le attività di promozione dei servizi nei mercati e il procacciamento della clientela; questo insieme di attività è stato spostato prima delle attività di produzione dei servizi perché, a differenza della catena del valore delle aziende manifatturiere dove il marketing, dal punto di vista logico, è un'attività successiva alla produzione, nel settore dei servizi generalmente occorre che il cliente decida di usufruire del servizio (e questo costituisce lo scopo del marketing) prima che il servizio possa essere prodotto ed erogato. In questa fase avvengono i primi scambi di informazioni tra futuri clienti e l'erogatore del servizio.

- Consulenza prevendita: con queste attività un produttore di servizi aiuta un potenziale cliente (che sta valutando se usufruire di un servizio) oppure un cliente già acquisito, a scegliere il servizio e la modalità di erogazione più adatta per soddisfare le sue esigenze. In questa fase si intensificano le operazioni di scambio di conoscenza tra il cliente e l'azienda, questa fase costituisce la base di partenza per una scelta ottimale da parte del cliente, permette all'erogatore di capire come personalizzare il servizio, e dà avvio della partecipazione del cliente alla coproduzione del servizio.

- Predisposizione delle strutture per l'erogazione dei servizi (back office): questa categoria comprende il sottoinsieme di attività che costituiscono il servizio vero e proprio e il sottoinsieme delle attività di preparazione per poi poter erogare il servizio, dove entrambi i sottoinsiemi sono caratterizzata dal fatto che le attività svolte non prevedono un contatto diretto con il cliente.

- Erogazione del servizio (front office): le attività presenti in questa categoria, assieme alle attività della categoria precedente completano l'insieme di attività che formano la preparazione e l'erogazione dei servizi. Tutte le attività di produzione ed erogazione del servizio che prevedono un contatto con il cliente vengono raggruppate in questa categoria.

- Servizi post erogazione: in questa categoria rientrano tutte le attività svolte dopo il termine dell'erogazione del servizio. Esempi sono la raccolta di feedback da parte del cliente, la valutazione della soddisfazione del cliente, l'invio dei documenti fiscali ed amministrativi comprovanti l'avvenuta transazione.

Come precedentemente introdotto, la catena del valore proposta in questo paragrafo si propone non come un modello chiuso, ma come il punto di partenza per lo sviluppo di catene del valore per specifici settori. Per questo motivo infatti nella catena mancano i riferimenti a processi o attività di produzione o di erogazione di servizi specifici.

Terminata la parte di analisi delle classificazioni delle attività saranno ora descritti alcuni processi che possono avere una forte influenza sulla produzione del valore all'interno dei settori considerati. A volte questi processi possono non essere stati pianificati esplicitamente, tuttavia hanno una forte influenza nella generazione del valore per chi usufruisce del servizio e pertanto saranno ora analizzati in dettaglio:

- Vendita dell'erogazione del servizio: questo gruppo di attività di cui fanno parte sia le attività di marketing sia le consulenze prevendita hanno come obiettivo il cercare di attirare possibili clienti per spingerli a consumare il servizio.

- Gestione contatti: questo processo comprende tutte le attività attraverso le quali si instaura e si gestisce un contatto con il cliente; per esempio la gestione di un cliente che visita una filiale, oppure il contattare telefonicamente un acquirente; in un'azienda le attività di contatto non è detto che facciano parte di un unico processo, le attività possono essere gestite da persone che fanno parte di unità organizzative diverse dell'azienda; è tuttavia auspicabile che ci sia coordinamento tra tutte le strutture che in un'azienda gestiscono il contatto con il cliente, per migliorare la qualità percepita dal cliente riguardo il servizio stesso.

- Scambio e condivisione di conoscenza con i clienti: come precedentemente introdotto, lo scambio di conoscenza tra chi eroga e chi usufruisce di un servizio è un componente fondamentale del servizio stesso; lo scambio di conoscenza può avvenire nel corso di attività appositamente previste (es. un consulto medico) oppure può svolgersi durante l'esecuzione delle normali attività di erogazione del servizio sotto forma di scambio di conoscenza tacita. Una corretta esecuzione del processo di trasferimento della conoscenza è fondamentale affinché il servizio fornito soddisfi le esigenze del cliente che ne usufruisce.

- Gestione avanzamento dell'erogazione: questo gruppo di attività hanno come scopo la gestione del coordinamento con l'utente per l'avanzamento dell'erogazione del servizio. Queste attività sono tanto più importanti quanto maggiore è il ruolo di coproduzione del servizio assunto dal cliente. Fanno parte di questa categoria per esempio, le attività di programmazione di esami medici, le attività di coordinamento con i fornitori, le attività di consegna di deliverable[1] in un servizio realizzato per mezzo di una logica di gestione a progetto.

- Coordinamento con altri fornitori di servizi: l'erogazione di un servizio viene spesso ottenuta combinando servizi esistenti, per esempio i pacchetti vacanze che comprendono viaggio, prenotazione degli alberghi, noleggio di auto; In questa tipologia di servizi, più fornitori contribuiscono a fornire un servizio al cliente, tuttavia risulta assente oppure presente ma con un ruolo molto ridotto la figura dell'intermediario che nasconde al cliente la presenza di fornitori diversi. In questo contesto, tutte le attività di coordinamento tra i soggetti che concorrono ad erogare un servizio rientrano nel processo di coordinamento tra fornitori; le attività di coordinamento possono essere pianificate o straordinarie, regolari o estemporanee, codificate o non codificate a seconda del tipo di servizio erogato e del tipo di collaborazione che si viene a realizzare; la mancanza di coordinamento può essere causa di disservizi nei confronti del cliente ed in generale di una percezione di bassa qualità, per questo motivo tale attività deve essere gestita accuratamente.

- Analisi dei clienti: le attività che fanno parte di questo processo permettono al produttore di un servizio di acquisire conoscenze generali sulle esigenze dei clienti, di identificare cluster di utenti con caratteristiche simili, sulla base delle quali possono essere progettati dei servizi su misura; questo processo è composto da attività svolte in diversi ambiti: le ricerche di mercato effettuate durante le attività di predisposizione delle condizioni produttive, il formarsi e l'evolversi del know how sulle caratteristiche e sulle esigenze dell'utente maturate durante le operazioni di marketing e di consulenza prevendita; le informazioni raccolte durante l'esecuzione delle diverse attività che compongono questo processo sono molto importanti

---

[1]Nella terminologia del Project Management, un *deliverable* è un oggetto, tangibile o intangibile che viene prodotto come risultato dell'esecuzione di una fase del progetto.

per la progettazione dei servizi, soprattutto per quei servizi che a causa della poca flessibilità dei processi e delle tecnologie impiegate, difficilmente possono essere personalizzati dopo il termine della fase di progettazione del servizio stesso.

- Analisi del servizio erogato e dell'impatto sui clienti: con questo gruppo di attività si valuta l'effetto dell'erogazione del servizio sui clienti, con lo scopo di individuare possibili miglioramenti da apportare nel servizio; questa è una delle fase più importanti per quanto riguarda la conoscenza dei requisiti e delle aspettative della clientela; le informazioni raccolte in questa fase possono essere utilizzate per personalizzare l'erogazione del servizio, per riprogettare l'erogazione del servizio al fine di migliorarne l'efficacia.

- Valutazione della soddisfazione del cliente: con questo gruppo di attività si intende valutare la soddisfazione del cliente per quanto riguarda il servizio ricevuto; la soddisfazione del cliente può essere misurata sia durante le attività di erogazione sia in seguito, per esempio durante operazioni di manutenzione periodica o ricontattando il cliente per sottoporgli un questionario.

- Raccolta feed back: con questo gruppo di attività, si raccolgono suggerimenti da parte degli utenti su come migliorare l'erogazione dei servizi; questo tipo di informazioni sono molto preziose per i progettisti.

- Progettazione / miglioramento del servizio: l'esecuzione di questo processo costituisce l'obiettivo di fondo di molti dei gruppi di attività evidenziati nei punti precedenti; l'evoluzione dei servizi è una condizione irrinunciabile per continuare a soddisfare le esigenze mutevoli dei clienti ed in generale per mantenere un elevato standard dei servizi erogati e quindi un vantaggio competitivo nel tempo.

1.7 L'importanza del contributo europeo alla service science

Quando si parla di service science si pensa immediatamente agli USA nonostante l'Europa abbia fornito nel corso degli anni interessanti contributi all'avanzamento della conoscenza. Indubbiamente ciò dipende dall'estrema frammentarietà della realtà europea dove non è possibile identificare un omogeneo gruppo di ricercatori ma è invece più corretto riferirsi ad una serie di centri di ricerca autonomi intorno ai quali si sono aggregati i contributi più importanti. Fra i più rilevanti centri di ricerca europei dedicati alla service science vanno ricordati il Center for Service Research University of Karlstad (Svezia), il Center for Service Studies, Roskilde (Danimarca), l'Institute d'Administration des Entreprises d'Aix-Marseilles (Francia), la Lehrstuhl fur Dienstleistungsmanagement, KU Eichstatt (Germania), il Department of Business Administration and Marketing della University of Basel (Svizzera), il Maastricht Academic Center for Research in Services MAXX presso la Maastricht University

(Paesi Bassi), la Norwegian School of Economics and Business Administration, Bergen (Norvegia), la School of Business Stockholm University (Svezia), il Servilab Laboratorio de Investigacion del Sector Servicios, Madrid (Spagna), la Warwick Business School, University of Warwick (Gran Bretagna) e la Swedish School of Economics and Business Administration (Helsinki, Finlandia) - Center for relationship marketing and service management.

Si tratta di centri di ricerca che hanno sviluppato specifici filoni di ricerca che si sono innestati nella forte tradizione nazionale e che stanno acquisendo una crescente importanza, seppur con difficoltà a raggiungere la massa critica necessaria per affermarsi.

Una recente analisi condotta sulle pubblicazioni effettuate nel triennio 2004-2006 su riviste internazionali referate ha evidenziato come il contributo al dibattito scientifico nazionale da parte di autori europei sia piuttosto rilevante e nettamente superiore rispetto ad altre aree disciplinari (Lemmink, 2005). Dei 560 articoli presi in esame [2] il 38,7% proviene da autori statunitensi, il 24,3% dalla Gran Bretagna, in cui ricercatori sono indubbiamente avvantaggiati dall'uso della lingua inglese, dai Paesi Bassi (4%), dalla Francia (4%), dalla Svezia (2,2%), dalla Spagna (2,2%) e dalla Germania (1,8%).[3]

Se si considerano le due conferenze sulla *service science* più influenti a livello internazionale (La "International Conference on Frontiers in Services" e la "International Research Conference on Services Quality QUIS") il ruolo degli Stati Uniti viene ulteriormente ridimensionato (tra il 29,2 e il 25% dei contributi presentati) mentre Gran Bretagna, Paesi Bassi e Svezia si confermano i tre paesi che contribuiscono maggiormente al dibattito sul tema. Alcuni studi che hanno mappato la nazionalità di origine degli autori che hanno partecipato alla conferenza prendendo in considerazione archi temporali decennali hanno evidenziato come l'europeizzazione del dibattito sulla *service science* sia un fenomeno relativamente recente (Fisk *e altri*, 2002). Il 64% degli autori di paper presentati alla conferenza "Frontiers in Services" negli ultimi 10 anni sono statunitensi mentre i norvegesi e i britannici insieme rappresentano solo l'8%.

Anche dai dati appena presentati emerge una estrema frammentazione del panorama europeo che suggerisce l'adozione di un approccio di analisi disgiunta delle diverse scuole. Pertanto il capitolo che segue è strutturato in

---

[2]Le riviste esaminate sono state indicate da un panel di esperti che hanno attribuito a ciascuna un punteggio atto a misurare la rilevanza e l'impatto della rivista stessa nel mondo della service science. Le riviste prese in esame sono: Journal of Service Research, International Journal of Service Industry Management, Journal of Service Research, Harvard Business Review, The Service Industries Journal, International Journal of Services, Technology and Management, Sloan Management Review e Journal of Business Research.

[3]A questi si aggiungono le pubblicazioni di australiani (5,6%) e di canadesi (2,7%).

tre parti: nella prima sono presentate le origini e le principali aree tematiche analizzate dalle diverse scuole, nella seconda sono approfonditi i principali contributi teorici ed empirici da parte delle scuole europee e nella terza sono presentate alcune considerazioni di sintesi che muovono da una valutazione comparata delle diverse scuole europee.

1.8 Il contributo scandinavo (Svezia, Finlandia, Norvegia)

1.8.1 Le origini

Nel contesto della letteratura sui servizi uno dei contributi più rilevanti è offerto dalla scuola scandinava, nota come Nordic School of Services; ad essa si deve certamente molta parte dei lavori sul tema dei servizi, considerati come meritevoli di attenzione da parte della ricerca fin dagli anni 70.

L'interesse ai servizi come fenomeno specifico porta, fin dai primi anni settanta, allo sviluppo, all'interno della scuola scandinava, di un approccio innovativo che ha aperto vari filoni di ricerca, in parte ancora non del tutto esplorati, ed ha offerto molti contributi in particolare riconducibili all'ambito del *service management* (Grönroos, 1991).

Nel corso degli anni '70 ed '80 la ricerca, in tema di *service management*, si concentra soprattutto sullo studio delle relazioni con il consumatore e più in generale sulle tematiche caratteristiche del marketing (*service marketing*) da una parte e sul problema della qualità dei servizi dall'altra.

La nota più caratteristica e rilevante dell'approccio di questa scuola è rappresentata dal riconoscimento, fin dall'inizio, del fatto che i servizi sono un oggetto in sé differente rispetto ai prodotti e, dunque, l'analisi di essi deve essere condotta sulla base di modelli e paradigmi di riferimento diversi; anche se molti concetti e framework interpretativi nati nel contesto degli studi precedenti sono poi stati utilizzati nell'analisi dei servizi, l'argomento di discussione non è stato la differenza tra beni e servizi e la natura della stessa - almeno in un primo tempo - ma la ricerca ha assunto un carattere di tipo più operativo e pragmatico, consentendo così la creazione di una rilevante massa di *service-oriented knowledge* che ha anche condotto all'evidenziazione delle caratteristiche specifiche dei servizi.

Nell'ambito scandinavo, ha costituito un importante elemento facilitatore per lo sviluppo delle conoscenze il forte interesse da parte del modo delle imprese, che ha rafforzato nel tempo il legame tra il mondo accademico e quello dell'impresa ed ha prodotto un "circolo virtuoso" dal quale entrambi hanno tratto e continuano a trarre notevole beneficio.

La prevalenza della ricerca sul campo è testimoniata anche dal fatto che sono stati per molto tempo preponderanti gli studi su casi rispetto alle *survey* ed alle analisi di tipo statistico. In un contesto nuovo ed inesplorato ciò ha permesso la verifica e lo sviluppo di modelli concettuali nuovi ed il superamento dei confini posti dalla ricerca precedente.

Le tematiche predominanti nei molti contributi della Nordic School of Services sono riconducibili alla macro area del *service management*, e principalmente alle aree del marketing, (*internal* marketing, *international*marketing) e della qualità dei servizi; sono, invece, quasi assenti l'approccio strategico e i contributi nell'area dell'*operations management* e delle *operations*, sulla quale si sono focalizzati i ricercatori appartenenti alla scuola anglosassone e statunitense in particolare (Grönroos, 1991).

Nell'ambito del marketing, la ricerca si è rivolta soprattutto al tema della relazione con il cliente ed ha condotto allo sviluppo del marketing relazionale e dell'idea di coproduzione di valore del servizio. Tale area resta ancora oggi preponderante, nonostante la visione da essa proposta sia stata criticata da più parti.

Le principali critiche alla visione relazionale dei servizi sottolineano come, all'estremo, l'organizzazione che produce il servizio sarebbe portata a focalizzarsi sulla relazione, piuttosto che sul servizio stesso; non tutti i *provider* hanno raggiunto livelli di eccellenza riguardo all'offerta di servizi; non tutti i servizi sono significativamente analizzabili dal punto di vista relazionale. Recentemente si sono, dunque, sviluppate anche in Europa, linee di ricerca e contributi riconducibili alle discipline di *operations* e *operations management* che hanno contribuito alla modificazione del paradigma proposto dal *service marketing* (Johnston, 1999).

Questi nuovi approcci, emersi in particolare nell'ambito della scuola Finlandese (Department of Industrial Engineering and Management e BIT Research Centre dell'Helsinki University of Technology), allargano la prospettiva fino a questo momento adottata, ponendo come oggetto di discussione altre problematiche legate ai servizi: migliore definizione del valore per il cliente; sviluppo di soluzioni efficaci in relazione a tale valore/esigenze del cliente; organizzazione del sistema di produzione per la *service delivery;* monitoraggio dell'efficacia e del design/schema/piano delle operazioni; modalità/metodologie per favorire la trasformazione di un business da *product dominated* in *service dominated.*

Dall'analisi delle principali riviste negli ultimi cinque anni e dei contributi più recenti offerti dalla Scuola Scandinava emerge un quadro che mostra come l'interesse per le tematiche legate ai servizi si sia confermato e, anzi, si sia accresciuto da parte del mondo accademico, sia nell'ambito delle discipline del marketing, del management e degli studi sulla qualità, sia in altri campi e con focus più innovativi.

Gli studi afferenti al *service management* si distinguono in due macro tipologie che si focalizzano su due macro aspetti: la relazione con il cliente, l'analisi dei vari aspetti della stessa e del comportamento del cliente/utente (*loyalty, communication, relationship marketing.....*), in primo luogo; in secondo luogo, la qualità del servizio nei suoi vari aspetti. Le due aree risultano fortemente correlate, sia per la finalità sia perché la caratteristiche di inseparabilità e "co-produzione di valore" nel servizio non rendono possibile una netta separazione tra la valutazione della qualità di per sé e la relazione che si instaura con il cliente.

1.9 Il contributo britannico (Cambridge, Manchester, Warwick, Cranfield)

La Gran Bretagna è stato uno dei primi paesi in cui si è acceso l'interesse per la *service science* da parte di quei ricercatori che si occupavano di *operations management*. Già nel 1955 oltre il 50% del PIL britannico era generato dai servizi ma ci vollero altri vent'anni prima che si comprendesse che anche la ricerca e la formazione dovevano orientarsi verso le specificità del settore dei servizi (Johnston, 1999). Ancora negli anni settanta si parlava di produzione e il contesto di riferimento principale era costituito dalla fabbrica. Il primo segnale di cambiamento nella direzione dei servizi può essere rinvenuto nei lavori di Johnson *e altri* (1972) e Buffa (1976) che erano intitolati *Operations Management*, a testimoniare il tentativo di estendere tecniche che erano nate in un contesto meramente manifatturiero anche in ambiti non manifatturieri e di servizi.

Successivamente trovarono grande sviluppo gli studi nell'ambito del marketing. A titolo di esempio si consideri la dissertazione di Johnson (1972) in cui l'autore si domandava se ci fosse differenza fra i prodotti e i servizi, seguita dal lavoro di Judd (1964) in cui si propone una classificazione dei servizi, fino al lavoro di Rathmell (1966) che invita gli studiosi di marketing a prestare maggiore attenzione al settore dei servizi. Gli europei Eiglier *e altri* (1977) e Bateson (1977) aderirono all'iniziativa lanciata dagli statunitensi fornendo contributi personali importanti.

Sul fronte invece delle *operations* il progresso nella ricerca era un po' più lento, dato che nella maggior parte dei casi si trattava di applicazioni di modelli nati nel contesto manifatturiero. In questo ambito, il lavoro che determina la svolta è rappresentato dall'articolo pubblicato su Harvard Business Review dal conte di Sasser (1976) seguito poco dopo dal libro Management of Service Operations (Sasser *e altri*, 1978). In definitiva in questa epoca furono messe le basi definitorie per il successivo sviluppo dei diversi filoni di ricerca. E già in questa fase il contributo degli autori britannici può essere considerato significativo.

E' solo negli anni ottanta che cominciano a svilupparsi e trovare diffusione i primi lavori concettuali sul mondo dei servizi. Si accettò in maniera definitiva che i servizi erano diversi rispetto ai prodotti (Lockyer, 1986) (Morris e Johnston, 1987) e si cominciarono a sviluppare modelli di interpretazione delle caratteristiche dei servizi e per la gestione dei servizi (Bowen e Schneider, 1985). In questi anni si avvia un vero e proprio filone di ricerca completamente distinto rispetto a quello legato alle attività manifatturiere (Mabert, 1982) (Sullivan, 1982).

Dalla metà degli anni ottanta alla metà degli anni novanta gli studi legati alla *service science* diventano vieppiù multidisciplinari. E' in questo periodo che si passa dalla formulazione di modelli teorici alla loro validazione e che gli autori britannici concentrano i loro sforzi in maniera particolare sui temi legati alla gestione della relazione del cliente ((Johnston, 1989)e Finn e Lamb (1991), solo per citare i più significativi) e sul suo effetto sulla performance (Voss e *altri*, 1992). Gli studi di marketing dei servizi hanno trovato le diverse scuole britanniche come uno dei baricentri più importanti a livello internazionale.

Quando si parla di filoni di ricerca britannici si fa riferimento a quattro poli di ricerca principali, che sviluppano prevalentemente temi legati al marketing dei servizi, anche se con focalizzazioni leggermente differenti. Si tratta dell'Università di Cranfield, della Warwick University, della Manchester Business School presso la Manchester University e dell'Università di Cambridge oltre alla Said Business School presso la University of Oxford, la University of Newcastle upon Tyne, la Durham University e la University of Essex.

I diversi centri di ricerca sono collegati grazie a SSMEnetUK, una rete di centri di ricerca della Gran Bretagna che si occupano di Service Science Management ed Engineering. L'obiettivo del network è di creare uno spazio multidisciplinare che favorisca l'integrazione di diverse discipline quali la *computer science*, la ricerca sulle attività, l'ingegneria, le scienze manageriali, la strategia, le scienze sociali e cognitive e le scienze legali. Gli obiettivi della rete riguardano la ricerca, la formazione ma anche l'adozione delle pratiche sviluppate dalla *service science*, volendo creare massa critica intorno al tema al fine di acquisire visibilità e migliorare la capacità di raccolta dei fondi di ricerca.

1.10 Il contributo tedesco

Il contributo tedesco alla ricerca sui servizi non è riconducibile, almeno nella fase attuale, ad un'unica scuola; nonostante la prevalenza, anche in Germania, del settore e delle attività di servizi nell'attività economica (70% PIL) la ricerca è ancora rivolta, come in molti paesi europei, alle tradizionali attività industriali e manifatturiere.

I contributi presenti non formano, dunque, un corpus disciplinare organico, e tuttavia è possibile a partire da essi, individuare alcune specificità e linee di sviluppo future.

I filoni principali di ricerca sono riconducibili alle aree del *service marketing* e della qualità dei servizi, anche se si sottolinea la presenza di alcuni studi recenti che si occupano di problematiche legate alla progettazione e alla gestione dei servizi e di aspetti connessi alle variabili tecnologiche.

Una prima nota distintiva della letteratura tedesca risiede nella attenzione rivolta ad aspetti strutturali e organizzativi delle imprese che offrono servizi, in particolare alla posizione, alle caratteristiche e al comportamento dei lavoratori, considerata come variabile determinante della qualità del servizio e della percezione che di essa ha il cliente/utente finale e, dunque, in definitiva della *customer satisfaction*. In questo senso, l'orientamento al cliente, espresso come competenze tecniche, competenze/capacità a livello sociale, motivazione e potere decisionale, dei lavoratori di un *provider* di servizi è considerato uno dei fattori determinanti il successo dell'impresa (Hennig-Thurau, 2004). Alcune analisi delle interdipendenze tra top management, lavoratori e clienti finali delle imprese di servizio, segnalano, inoltre, il legame tra *employee satisfaction* e *customer satisfaction*, mostrando che la soddisfazione dei lavoratori risulta il fattore che più influisce sull'orientamento e la soddisfazione dei clienti/utenti finali e, dunque sulla qualità percepita del servizio; di conseguenza le imprese dovrebbero porre attenzione alle necessità dei lavoratori, sviluppando strumenti di misurazione e monitoraggio della *employee satisfaction* e adottando uno stile di management *employee-oriented* e volto alla fidelizzazione, per ottenere un incremento nella qualità del servizio percepita dalla clientela (Kantsperger e Kunz, 2005).

La seconda caratteristica peculiare del contributo tedesco è costituita dalla propensione ad una discussione non solo sui contenuti del servizio ma anche sulle metodologie secondo le quali è possibile pervenire ad una più efficace analisi dei servizi, in modo da individuare anche le variabili chiave che devono essere considerate non solo nella valutazione della qualità, ma anche ai fini della progettazione e della gestione del servizio stesso (Specht *e altri*, 2007) (Matzler e Sauerwein, 2002).

Filoni principali:

- *Service marketing*. Anche in ambito tedesco, i primi studi sui servizi sono stati elaborati da ricercatori provenienti dal marketing, fortemente legati alla Nordic School of Services, tra i quali particolare importanza riveste Bernd Stauss. I principali contributi riguardano il tema della fidelizzazione del cliente, la determinazione dei fattori che contribuiscono alla stessa e gli effetti che i programmi e le azioni di fidelizzazione possono avere sui consumatori (Evanschitzky e Wunderlich, 2006); il problema della soddisfazione/fidelizzazione e della percezione del servizio durante la fase di *service encounter* è affrontato, in modo innovativo, da alcuni autori secondo un approccio interdisciplinare, che considera come fattore fondamentale per la percezione del cliente finale non solo il servizio in sé ma anche l'abilità e l'impegno dei lavoratori dell'impresa che offre il servizio e la percezione che di essi ha il consumatore. Tra le determinanti della *customer satisfaction* vengono incluse anche le caratteristiche e il comportamento dei lavoratori che appaiono, dunque, come dimensioni critiche da valutare e gestire in modo efficace (Specht *e altri*, 2007).

- *Service quality*. I principali studi sulla qualità dei servizi hanno come oggetto in primo luogo i modelli di misurazione della qualità in alcuni particolari contesti (Fassnacht e Koese, 2006); secondariamente il fenomeno della standardizzazione, la diffusione di esso nel settore dei servizi e la determinazione di standard opportuni per il diverso contesto; infine la discussione sui metodi che consentono la corretta identificazione dei fattori che definiscono la soddisfazione del cliente (con particolare riguardo ai service attributes) premessa fondamentale per la valutazione corretta della qualità del servizio, sia in ottica gestionale sia a fini di ricerca e analisi (Matzler e Sauerwein, 2002).

- *Service engineering* e *service design.* Data la crescente competizione a livello sempre più globale, anche nel mercato dei servizi si è imposta la necessità per le imprese di diversificare la propria offerta e di arrivare alla definizione di modelli di business in grado di facilitare la generazione di innovazioni e la realizzazione delle stesse in tempi molto rapidi.

  Alcune imprese, a questo fine, hanno percorso strategie di outsourcing soprattutto dei servizi non core; altre hanno adottato strategie di integrazione del core business con l'offerta di diverse tipologie di servizi accessori e di supporto; per gestire efficacemente tali strategie ed assicurare il successo della transizione il top management deve, tuttavia, tenere conto di alcune dimensioni fondamentali, legate sia alla dimensione organizzativa e allo sviluppo di capacità specifiche delle persone, sia alla diversa relazione che si instaura con il cliente finale, sia, infine, ad aspetti che riguardano specificamente le caratteristiche e la configurazione dell'offerta (Oliva e Kallenberg, 2003).

  Per questo motivo, sono sempre più centrali gli aspetti legati alla progettazione e allo sviluppo dei servizi attraverso la definizione di metodologie e modelli di processi interni (*service products* e *service systems*).

  La letteratura tedesca, in questo senso, presenta alcuni recenti contributi che si concentrano sull'elaborazione di prototipi e modelli di servizio, sull'integrazione tra la progettazione di beni e servizi, allo scopo di pervenire a configurazioni il più possibile customizzate, sul ruolo degli strumenti tecnologici e sull'apporto delle discipline tecnologiche ed ingegneristiche al contesto dei servizi.

Uno sguardo ai centri di ricerca che si sono fino a questo momento occupati di servizi conferma quanto emerso dall'analisi della letteratura con riguardo ai principali ambiti nei quali si collocano i contributi in materia. I due centri che si occupano in modo più consistente del tema dei servizi sono il Ludwig-Maximilians-Universitat Munchen, Institut fur marketing di Monaco, per quanto riguarda temi di marketing e Catholic University of Eichstaett-Ingolstadt, Department of Services Management di Ingolstadt che si occupa di tematiche di management e qualità. Ad essi va aggiunto il Fraunhofer Institute for Industrial Engineeering di Stoccarda che, a partire dalla propria identità tecnologica, si è recentemente occupato di temi legati alla progettazione, agli aspetti tecnologici (*technology management*) e alla qualità dei servizi.

1.11 Il contributo italiano

Lo studio dei servizi, nel contesto italiano, si concentra lungo due direttrici principali: da una parte l'economia politica ed industriale, nell'ambito della quale si distinguono importanti studi di provenienza italiana, a partire già dagli anni 70, poco dopo la prima trattazione del tema dei servizi ad opera di Fuchs (1965); dall'altra le analisi maggiormente legate al contesto aziendale-organizzativo che si specializzano, soprattutto negli anni più recenti, nelle tematiche legate all'innovazione e alla conoscenza.

1.11.1 Economia politica ed industriale

Il tema dei servizi ha ricevuto una prima trattazione negli anni Sessanta, quando Fuchs (1965) analizza il fenomeno della crescita dell'occupazione nel terziario negli USA e dimostra che dagli anni '50 solo una minoranza della popolazione è occupata nella produzione dei beni tangibili: si tratta, dunque, di un'economia terziarizzata, che l'autore denomina "*Service Economy*".

Questa analisi apre la strada allo studio dei servizi e, a partire da essa, si sviluppano una serie di importanti contributi, riconducibili al campo dell'economia industriale (Greenfield, 1966); (Browning e Singelmann, 1975); (Gershuny e Miles, 1983); (Giarini, 1986); (Akehurst e Gadrey, 1988); (Metcalfe e Miles, 2000); in Italia: (Momigliano e Siniscalco, 1982).

Parte della ricerca si volge allo studio dei legami positivi tra alcune tipologie di servizi e la produzione industriale e si afferma il concetto di "terziario industriale" (Vaccà, 1980) al quale appartengono l'insieme dei servizi che costituiscono funzioni di supporto nei confronti della produzione industriale. Tali servizi hanno un importante ruolo di controllo, orientamento e flessibilizzazione dei rapporti tra le grandi imprese e l'ambiente naturale, sociale ed esterno in generale, poiché consentono lo sviluppo di funzioni nuove (terziarie) deputate in modo specifico a tali attività.

In questi anni si assiste inoltre all'interno del sistema industriale al fenomeno noto come "terziarizzazione apparente", dovuta in primo luogo alla riorganizzazione del contesto produttivo e delle imprese attraverso l'esternalizzazione di parte delle attività svolte in precedenza all'interno delle organizzazioni, (terziarizzazione delle filiere industriali) (Momigliano e Siniscalco, 1982) e, dunque, allo sviluppo di un "terziario esterno indotto"; e secondariamente, al cambiamento della configurazione dell'offerta delle imprese, che si diversifica attraverso i servizi.

La crescente complessità del settore terziario e le diverse componenti che emergono all'interno dello stesso portano a ricercare criteri e modelli concettuali che consentano di operare delle distinzioni all'interno dello stesso. Attraverso stadi successivi si giunge alla definizione di tre sotto-settori:

1. Terziario per il sistema produttivo e servizi alla produzione (Greenfield, 1966); (Momigliano e Siniscalco, 1980) ,(Momigliano e Siniscalco, 1982).

2. Terziario avanzato. Termine introdotto dall'IRER nel 1979 e studiato in relazione a impiego del lavoro e dell'impatto dell'innovazione (Barbieri e Rosa, 1990). E' composto dai servizi per i consumi finali ed intermedi che svolgono un ruolo di catalizzatore per l'innovazione tecnologica: servizi di gestione, amministrazione, ricerca, istruzione e sanitari (Rullani, 1988), (Paiola, 2006). Una parte di essi è identificata e studiata da Bell (1973),Aron (1965) e Touraine (1982): i servizi innovativi della Post Industrial Economy. Divisione in settori terziario, quaternario e quinario e centralità della tecnologia intellettuale e della produzione di conoscenza astratta essenziale per lo sviluppo, anche industriale, delle economie moderne (Di Bernardo, 1992).

3. Servizi ad alta intensità di conoscenze ed informazioni (KIBS- Knowledge Intensive Business Services), studiati in particolare da Miles *e altri* (1995) e dalla scuola inglese del Centre for Reasearch on Innovation and Competition (CRIC), Manchester. In Italia Antonelli (1998) analizza la funzione dei KIBS a livello strategico nel contesto delle reti di conoscenza ponendo in evidenza l'importanza degli stessi nel processo di innovazione e il ruolo che essi rivestono come veicolo il trasferimento di conoscenze tacite fra attori, grazie alla loro caratteristica di relazionalità (Paiola, 2006).

Questa segmentazione individua ambiti di analisi tra loro complementari, aprendo nuove prospettive di analisi.

Le caratteristiche di intangibilità e relazionalità dei servizi così come il fatto che essi appaiono sempre di più fondarsi su conoscenze intellettuali (Bell, 1976) all'interno di un incessante processo di evoluzione tecnologica, pongono alle imprese di servizi il problema di come configurare i processi produttivi e la struttura organizzativa in modo tale da poter gestire la complessità dei servizi che risultano, a differenza dei processi industriali, perlopiù non standardizzabili e non replicabili (Paiola, 2006).

1.11.2 Economia della conoscenza e innovazione

La scuola italiana offre, inoltre, un importante contributo con riferimento alla creazione di valore nei servizi, visti come ambito nel quale essa si realizza attraverso modalità differenti rispetto a quelle tipiche del contesto industriale e riconducibili a diversi modi di gestione e presidio delle conoscenze, delle relazioni e della tecnologia.

Il processo innescato dall'industrializzazione dei servizi, dalla metà degli anni '80, lascia infatti alcune aree di arretratezza, in particolare le aree meno vicine alle attività di tipo industriale, e impone alle imprese che in esse operano la necessità di trovare modelli produttivi e gestionali che si adattino ad un contesto differente da quello industriale e dotato di caratteristiche specifiche, legate in particolare alla conoscenza e alle modalità di gestione e di circolazione della stessa.

In questo senso, si pone il problema della definizione dei criteri in base ai quali stabilire i confini tra ciò che appartiene al campo industriale e ciò che non vi appartiene e che deve quindi essere analizzato secondo logiche diverse (Rullani *e altri*, 2005): il metodo di generazione del valore è identificato come il principio discriminante tra i due contesti (Rullani, 1988).

Analisi successive mostrano come nel concetto di servizio e nelle imprese operanti nel contesto dei servizi rivestono un ruolo particolarmente importante gli aspetti tecnologici, come insieme degli strumenti che consentono la circolazione e la gestione dell'informazione e facilitano la generazione di nuova conoscenza e gli aspetti relazionali, ossia la propensione all'interazione e alla flessibilità delle imprese di servizio, come ambiti in cui si realizza la produzione di valore.

Il concetto di servizio, dunque, può essere riletto ed analizzato, anche nella sua evoluzione storica e nelle sue fasi successive secondo una chiave interpretativa che fa riferimento alle caratteristiche di immaterialità e relazionalità dei servizi e alla modalità particolare di gestione delle conoscenze, secondo le proposizioni caratteristiche dell'economia della conoscenza.

1.11.3 L'innovazione nei servizi

Il tema dell'innovazione è particolarmente importante nella letteratura italiana sui servizi ed è affrontato sia con riferimento al rapporto tra innovazione e ICT sia come innovazione dei settori più tradizionali, nonostante i contributi esistenti non costituiscano un corpus organico. Anche in questo caso, gli studi sono riconducibili alla duplice prospettiva macro-economica e dell'economia della conoscenza.

In particolare gli studi sull'innovazione si sono occupati di analizzare la struttura del settore italiano dei servizi connessi alle imprese, (in particolare servizi ICT), la sua composizione interna e le sue peculiarità rispetto al contesto internazionale, e di definire le attività di sevizio in relazione al problema della costruzione di una corretta informazione statistica necessaria per valutare in primo luogo la capacità di innovare nel settore e, in secondo luogo, il suo impatto sul sistema economico e sulla competitività del sistema Paese (Antolini e Ciccarelli, 2007).

Il tema dell'innovazione è stato ampiamente trattato anche con riguardo alle analogie e alle differenze che nell'affronto di esso devono essere tenute in considerazione rispetto alle analisi riguardanti i settori tradizionali e manifatturieri. Alcuni elementi evidenziati dagli studi sull'innovazione nel contesto industriale, infatti, sono validi e riscontrabili anche nel contesto dei servizi, e tuttavia la maggior parte delle attività e degli indicatori, utilizzati come parametri e misure di innovazione si differenzia notevolmente nei due contesti (es. attività di R&D formalizzate, indicatori di misurazione degli input e degli output, indicatori di cambiamento tecnologico, ecc.); questo fatto ha rappresentato e rappresenta tuttora una difficoltà nella definizione e nello studio dei fenomeni innovativi caratteristici del settore dei servizi (Sebastiani, 2006).

1.12 Un quadro di sintesi

Dall'analisi sin qui condotta si evidenzia, innanzitutto, il raggiungimento di un grado di maturità della disciplina che, da una fase di esplorazione è approdato a una fase di consolidamento e articolazione della disciplina stessa. Inoltre, in tale panorama articolato dal punto di vista geografico, va registrata l'importanza che la ricerca europea ha avuto nell'ambito degli studi di marketing, con particolare attenzione alla esplorazione delle relazioni con il cliente. Alla scuola europea possono essere attribuiti i contributi più importanti relativi al marketing relazionale e al marketing esperienziale valutando le relazioni fra azienda e consumatore ma anche fra consumatore e consumatore. In questo ambito si sta aprendo un ulteriore filone di ricerca che esplora nella stessa logica le relazioni *business to business* che non sono state adeguatamente esplorate fino ad ora. Si tratta quindi di applicare le medesime categorie logiche ad un diverso oggetto passando dai servizi orientati al consumatore finale ai servizi orientati verso clienti intermedi e business.

Il contributo emergente degli studiosi europei riguarda poi il tema dell'innovazione; si tratta di un filone di ricerca che si innesta in una forte tradizione continentale che si è sviluppata negli anni novanta intorno ai temi del *knowledge management* e/o dell'economia della conoscenza in Italia. Inizialmente l'ambito di analisi ha riguardato i settori manifatturieri con riguardo in maniera particolare alla conoscenza codificata ed esplicita ma è stato successivamente esteso al settore dei servizi, prima privati e poi pubblici, e focalizzato in misura maggiore sulla conoscenza tacita e non codificata.

Anche il tema dell'internazionalizzazione delle imprese di servizi, che continua ad essere prerogativa di giapponesi ed australiani, comincia ad acquisire un'importanza crescenze; in particolare i lavori condotti in questo ambito sono focalizzati sui temi dell'*offshoring* e dell'*outsourcing* internazionale.

Lo scarso orientamento culturale che fatica a trasferire negli ambiti disciplinari il grado di interdisciplinarietà delle nuove tecnologie (IT, high tech) ha fatto sì che i filoni di ricerca tecnologico ed operations, visti nella prospettiva dei servizi, siano poco sviluppati in Europa. Solo la Germania si sta muovendo in questa direzione cercando di verificare la trasferibilità di modelli di management delle operations concepiti nel contesto manifatturiero nel mondo dei servizi. Tali segnali possono anche essere interpretati come un ritardo culturale da parte della comunità accademica che sembra non essere adeguatamente sensibile ai cambiamenti che stanno caratterizzando il contesto industriale e produttivo europeo.

Inoltre il tema delle *operations* è stato spesso relegato ai margini del dibattito accademico internazionale perché frequentemente il concetto di servizio è associato all'evoluzione del modello di business aziendale da integrato verticalmente a esternalizzato. In tale contesto si giustifica la rilevanza che sta acquisendo il tema dell'outsourcing nel campo della ricerca sui servizi. Di conseguenza i contributi sono fortemente orientati alla gestione delle relazioni e non dei processi e pochi studi si occupano dei processi tipici dei servizi, dei modelli organizzativi ma piuttosto di come costruire una rete di interlocutori che gestisca le diverse attività in maniera coordinata.

Il focus settoriale scelto da ciascuna scuola rispecchia le specificità del contesto geografico di provenienza. In termini generali, i settori maggiormente indagati sono quelli dei servizi ad alto contenuti di conoscenza (in particolare i *professional services*) e della sanità. Va in questa sede sottolineato che la multidisciplinarietà ed il multiculturalismo tipici del continente europeo costituiscono un interessante background che può riservare opportunità e minacce per quanto riguarda lo sviluppo della *service science*. Da una parte, infatti, il contributo europeo al progresso della *service science* può essere molto importante proprio in virtù del forte orientamento multiculturale che è tipico del contesto europeo. Ad esempio, le caratteristiche e la varietà delle normative in tema di lavoro rendono l'Europa un contesto interessante per lo studio dei servizi a supporto del mercato del lavoro nei diversi contesti. Inoltre, a livello settoriale, l'Europa può offrire un contributo innovativo all'analisi dei servizi pubblici (*Health care* ed *education* fra i primi) che sono in Europa più rilevanti rispetto agli USA.

Dall'altra però l'abitudine a ragionare concentrandosi sulle eccezioni (piuttosto che sulle regole) rende più difficile agli europei impostare un ragionamento che aiuti ad interpretare attività caratteristiche dei servizi e nel contempo astragga dal contesto specifico; ciò ha favorito lo sviluppo di quei filoni tematici della *service science* in cui si focalizza l'attenzione su dimensioni specifiche del servizio ma non differenziate a livello di settore (ad esempio nei servizi la relazione con il cliente è sempre cruciale e così si spiega il fiorire di ricerche sul marketing relazionale).

Se si analizzano le relazioni e i collegamenti fra i diversi centri di ricerca fuori e dentro l'Europa, le connessioni e gli scambi più importanti sono ancora fra USA ed Europa a causa della necessità di fortificare il legame con il centro propulsore della disciplina per promuovere l'identità del centro di ricerca e l'affermazione nei singoli mercati nazionali della disciplina stessa.

Ciononostante esistono alcuni tentativi di creare collegamenti fra le diverse scuole europee anche se nella maggior parte dei casi di tratta di esperienze ancora limitate all'iniziativa individuale. Sono invece numerose le iniziative editoriali e pubblicistiche orientate alla promozione del contributo europeo.

2

Progettazione, realizzazione e valutazione dei servizi: i temi principali

2.1 Introduzione

In un processo di erogazione dei servizi sono rilevabili alcune componenti principali: progettazione, realizzazione e valutazione che si legano tra loro in un processo volto alla soddisfazione delle esigenze dell'utente ed al presidio costante di condizioni di qualità.

Nella *fase di progettazione* del servizio si analizzano le diverse componenti della prestazione e si disegna il processo di erogazione congiungendole. La progettazione avviene gestendo il *trade-off* tra standardizzazione - per i processi a basso valore aggiunto - e personalizzazione - per i passaggi delicati dell'interazione umana che vanno gestiti nell'ottica della differenziazione e del soddisfacimento delle esigenze particolari del singolo cliente.

In alcuni studi pionieristici di progettazione dei servizi si sosteneva la necessità di ispirarsi al modello scientifico sostituendo, quando possibile, tecnologie e meccanismi alle persone. In seguito si è preso atto che tale prospettiva aveva un campo di azione limitato ai servizi facilmente standardizzabili come ad esempio *call center* e gestione del magazzino e si è rivelato, quindi, inadatto per prestazioni nelle quali è particolarmente forte la relazione tra cliente e fornitore.

Nella *fase di erogazione* è molto significativo lo studio della speciale interazione tra cliente e fornitore; la co-produzione intesa quale processo attraverso il quale gli input introdotti da persone esterne - clienti finali - a un'istituzione, sono trasformati in beni o servizi che poi le persone riutilizzano. I momenti fondamentali dell'erogazione sono rappresentati da:

- l'accesso, attività necessaria al cliente per entrare in contatto con il fornitore che coinvolge, talvolta, terze parti (agenzie di comunicazione, gestori di mezzi di trasporto e così via),
- l'analisi del fabbisogno del cliente,
- le modalità di svolgimento della prestazione e

- la fase di post-produzione - tesa a supportare il cliente nella soluzione di eventuali problemi riscontrati durante il processo.

Il cliente è un attore fondamentale del processo poiché coinvolto in tutte le fasi. Allo stesso modo è centrale il ruolo degli attori che interfacciano nell'erogazione gli utenti. Il valore economico dei servizi, infatti, dipende fortemente dal comportamento organizzativo, in particolare dal livello di soddisfazione, fedeltà e produttività del personale che richiede una accurata selezione e formazione.

Le attuali pressioni globali hanno altresì impattato sulle modalità di erogazione dei servizi ponendo l'accento sui processi di *offshoring, nearshoring* e *inshoring*, nonché sulle modalità operative di implementazione delle strategie di internazionalizzazione nel settore dei servizi.

La *fase di valutazione* del servizio è l'ultimo momento del processo. I contributi, in questo ambito, si concentrano sugli aspetti legati alla valutazione della qualità del servizio secondo i tre aspetti fondamentali di efficienza - rapporto input/output - efficacia - in termini di *outcome* di lungo termine - e *customer satisfaction*. Il processo di valutazione è condizionato fortemente dalla dimensione immateriale del servizio, sia perché la qualità del servizio dipende fortemente dal confronto tra aspettative individuali e performance effettiva, sia perché si tratta di una valutazione che non avviene soltanto alla fine della prestazione, ma durante tutto il processo.

Di seguito, per agevolarne l'esposizione i contributi che affrontano i temi della progettazione, realizzazione e valutazione sono presentati in maniera sequenziale, riflettendo il fatto che spesso queste attività si susseguono nel tempo. E' importante tuttavia ricordare che esistono aree di sovrapposizione sia nel contesto operativo, in cui le imprese e in generale le istituzioni si trovano spesso ad affrontare questi temi in maniera congiunta e interdipendente, sia nella letteratura che a tale contesto si ispira ed è finalizzata.

2.2 La progettazione dei servizi

La progettazione è la fase nella quale si analizzano le diverse componenti di un servizio e si disegna il processo di erogazione congiungendole. L'obiettivo è identificare la struttura e le componenti dei servizi in modo da poterli modificare, gestire e controllare (Zhao *e altri*, 2004, 2006).

Progettare un servizio è un'attività complessa che richiede l'integrazione e l'interazione con altri sistemi costituiti da persone, prodotti, *business*, equilibri economici, sistemi politico-sociali e sistemi informativi. Nel caso di servizi molto complessi, particolare peso è dato all'integrazione di competenze provenienti da discipline diverse che offrono metodologie di *design*, tecniche e architetture specifiche.

Tale interdisciplinarietà porta ad affermare la necessità, nell'attività di progettazione di un servizio, di creare *team* di lavoro costituiti da persone con esperienze professionali differenti in grado di cogliere eventuali *gap* tra chi eroga e chi riceve il servizio (Glushko e Tabas, 2008).

Alcuni contributi di carattere più generale offrono dei principi-guida alla progettazione. Rientra in questo ambito il modello di Kellogg e Nie (1995) che, partendo da studi precedenti, propone un framework teorico per la definizione delle strategie nel settore dei servizi. Secondo questo approccio le caratteristiche che differenziano i servizi sono intensità dell'influenza del cliente nel processo di erogazione, da un lato, e intensità dell'elemento intangibile, dall'altro. Ne deriva una matrice con l'indicazione di alcune strategie di massima da perseguire (costo vs differenziazione) nelle diverse situazioni.

Altri contributi più operativi riguardano, invece, la progettazione del contatto con il cliente (Kellogg e Chase, 1995); (Chase e Tansik, 1983), la formalizzazione del processo di erogazione del servizio (Shostack, 1977), (Zhao e *altri*, 2004), (Zhao e *altri*, 2006), la progettazione di sistemi per garantire la qualità dei servizi (Harvey, 1998); (Behara e Chase, 1993), (McManus e Hutchinson, 1996), il disegno di sistemi di controllo di gestione e *budgetary control* (Brignall, 1997). L'immaterialità dell'attività di erogazione, inoltre, apre la scienza dei servizi alle discipline legali, con riferimento particolare alle questioni di *privacy* e protezione dei dati, proprietà intellettuale e contrattualistica (Samuelson, 2000). Per quanto riguarda la dimensione del contatto con il cliente Kellogg e Chase (1995) hanno determinato, da uno studio sulle attività infermieristiche, come un servizio possa essere progettato tenendo conto di dimensioni quali la durata del contatto, la ricchezza delle informazioni e la profondità delle stesse.

In sede di progettazione assume, altresì, rilevanza la riflessione sul concetto stesso di servizio. Tale concetto definisce in che modo e come il servizio possa essere progettato, per questa ragione una fase preliminare di progettazione richiede l'approfondita analisi del servizio erogato, delle sue caratteristiche intrinseche e delle fasi del processo che lo generano (Goldstein e *altri*, 2002). La progettazione del servizio avviene gestendo il *trade-off* standardizzazione-personalizzazione. In altri termini, mentre per le fasi e i processi a basso valore aggiunto è opportuno seguire la via della razionalizzazione, i passaggi più delicati perché collegati alla dimensione intangibile e di interazione umana dei servizi devono essere gestiti nell'ottica della differenziazione e del soddisfacimento delle esigenze particolari del singolo cliente (Rust e Miu, 2006).

Levitt (1972), in particolare, affronta il tema dell'industrializzazione dei servizi e, ispirandosi ad aziende come McDonald's e Transamerica, descrive in che modo si potrebbe applicare un approccio di produzione meccanizzata ai servizi. Suggerisce che le aziende sostituiscano, quando possibile, tecnologie e sistemi a persone. Se tali principi sono validi per progettare servizi facilmente standardizzabili, come nel settore dei *call center* (Head, 2003) o la gestione del magazzino, il più delle volte, quando esiste una più stretta relazione cliente-produttore, la progettazione scientifica dei servizi non ha successo, per effetto del coinvolgimento della dimensione umana (Chase e Apte, 2007). In tempi più recenti i processi di razionalizzazione suggeriti dalla produzione in linea dei servizi sono stati considerati nuovamente suggerendo l'applicazione della Lean Manufactoring - processo di riduzione degli sprechi (Womack e Jones, 2003) - al settore dei servizi (Miina, 2007).

Anche Dietrich (2006) ritiene che dal campo industriale sia possibile trarre importanti informazioni per la gestione dei servizi. Con riferimento alla pianificazione delle risorse, l'autore ha analizzato la possibilità di adottare i principi matematici, ben noti nell'ambito industriale, al settore dei servizi individuando alcuni processi chiave nell'ambito dei servizi: previsione della domanda (numero, dimensione, contenuto delle principali contrattazioni); previsione dei tempi e delle modalità di approvvigionamento; stima dei costi relativi ad acquisizione e formazione delle risorse; allocazione delle risorse per le attività programmate; definizione dei prezzi.

Estremamente rilevanti sono, infine, i contributi sulla progettazione dei servizi che utilizzano l'approccio della catena del profitto. Froehle e Roth (2004), in particolare, hanno studiato il modello di contatto con il cliente e la catena del profitto dei servizi costruendo e sviluppando una scala multi-item per valutare la partecipazione dei clienti e la percezione della loro esperienza al momento del contatto e in relazione all'impiego di differenti strumenti tecnologici. La distinzione tra sistemi ad alto o basso contatto sono la base di classificazione dei servizi utilizzabile dai manager per sviluppare un sistema di erogazione dei servizi più efficace. A partire da questo concetto Chase e Tansik (1983) identificano un numero di proposizioni che riguardano i sistemi a contatto elevato proponendo alcuni semplici principi generali per la realizzazione di un sistema di erogazione dei servizi. Un concetto collegato è l'attuale suddivisione tra front-office e back-office. Il vantaggio di tale suddivisione è stata, in alcuni casi, la possibilità di decentrare o esternalizzare le attività di back-office gestendole in remoto e trasferendole in paesi nei quali tali attività possono essere erogate a prezzi inferiori (Metters, 2008). Sul fronte della dimensione organizzativa della progettazione di un servizio, Gremler (1994) offre un importante contributo con riguardo alla progettazione delle reti interne di servizi, focalizzando l'attenzione sulle relazioni che sussistono tra cliente-fornitore di servizio interni. Obiettivo dell'autore è applicare i modelli di valutazione della *customer satisfaction*, indirizzati tradizionalmente ai clienti finali, all'interno dei confini aziendali.

2.2.1 Focus sulla dimensione tecnologica nella progettazione dei servizi

Le applicazioni dei principi dell'ingegneria e della tecnologia informatica alla progettazione dei servizi rappresentano un punto focale della scienza dei servizi, nell'ambito della quale si tenta di definire metodi per convertire in modo scientifico la strategia in formula competitiva e per modellizzare i processi, così come l'adozione di un approccio quantitativo nella previsione e nel ragionamento. Emerge l'opportunità di applicazione di modelli matematici all'analisi della domanda, alla pianificazione dell'offerta, e ad altri processi ricorrenti -

Approfondimento 2.1 Progettazione del Pronto Soccorso all'Istituto Clinico Humanitas, parte 1

Un caso interessante di progettazione e innovazione di servizi è quello dell'Istituto Clinico Humanitas, nel quale sono state adottate alcune innovazioni che in seguito si sono diffuse nell'ambito sanitario. L'Istituto Clinico Humanitas è un ospedale policlinico privato for profit accreditato con il Servizio Sanitario Nazionale. Nato in seno al gruppo italiano industriale Techint, Humanitas è stato aperto al pubblico nel 1996 ed è il frutto di un progetto ispirato da diverse esperienze internazionali nel campo del settore della sanità privata. Attraverso studi preliminari, il bacino di utenza viene individuato nell'area metropolitana a sud di Milano e l'edificio che accoglie l'Istituto viene fatto costruire a Rozzano. L'anno successivo Humanitas raggiunge un accordo con la Facoltà di Medicina e Chirurgia dell'Università degli Studi di Milano per consentire, all'intero dell'Istituto, l'attività didattica delle Scuole di Specializzazione.

Nel progetto iniziale non era previsto il servizio di Pronto Soccorso, ma con gli anni una serie di circostanze hanno portato il management di Humanitas a progettare l'ampliamento delle attività dell'Istituto in questa direzione.

Secondo le loro previsioni, infatti, l'assenza di un'unità di Pronto Soccorso avrebbe potuto screditare, agli occhi dei cittadini, l'affidabilità dell'ospedale privato poiché non in grado di offrire i medesimi servizi garantiti da un ospedale pubblico. Inoltre, la zona a sud di Milano non era sufficientemente coperta da servizi di pronto intervento e l'apertura di un'unità di Pronto Soccorso avrebbe garantito, attraverso il sistema delle convenzioni con il pubblico, maggiori entrate.

La progettazione del nuovo servizio di Pronto Soccorso avviene nel rispetto dei principi generali che ispirano la gestione quotidiana dell'Istituto Humanitas: adeguata gestione dei flussi dei pazienti, forte sistema di incentivazione dei medici, utilizzo di una concezione moderna e funzionale degli spazi, diffusione ai medici di report utili a gestire efficacemente i posti letto.

Nel 2003 iniziano i lavori di realizzazione. Attraverso analisi di benchmarking su altri ospedali lombardi, statunitensi, svedesi e olandesi sono state individuate alcune delle pratiche migliori per la gestione di servizi di pronto soccorso.

Continua

come, ad esempio previsioni sul fatturato e allocazione del personale - per ottimizzare i processi decisionali in relazione a tutte le componenti del servizio (Abe, 2005).

In questo ambito, il lavoro di Glushko e McGrath (2005) i quali hanno studiato le reti di servizi per le imprese - le cosiddette *Business Services Network* - evidenziando l'importanza della semantica nell'attività di scambio di documentazione, propone una nuova disciplina di ingegnerizzazione della gestione documentaria attraverso tecniche di analisi e progettazione di software che regolano lo scambio di informazioni tra imprese. Sempre nell'ambito della progettazione dei software Böttcher *e altri* (2003) affrontano l'argomento evidenziando la rilevanza della problematica dell'interdipendenza che esiste tra servizi e software che li gestiscono. Le caratteristiche intrinseche del servizio

Approfondimento 2.2 Progettazione del Pronto Soccorso all'Istituto Clinico Humanitas, parte 2

L'attenta fase di progettazione del servizio si è connotata per un'attenzione particolare alla gestione innovativa degli spazi, delle persone e delle attrezzature mediche.

Gestione innovativa degli spazi

La progettazione degli spazi ha seguito il medesimo criterio utilizzato in fase di *triage* (il processo con il quale si classificano i malati che si presentano al pronto soccorso sulla base della gravità per poi procedere alle cure dando priorità ai pazienti con quadro clinico più complesso). In questo senso è stata predisposta un'entrata apposita per i casi più gravi, contraddistinti dal codice "rosso", equipaggiata con stanze di rianimazione e camere operatorie. La seconda entrata dà accesso alla sala d'aspetto per casi meno gravi (codici "verde" e "bianco") e alla relativa sala visite nonché un'area *open space* equipaggiata con quattordici posti letto - separati da paratie - per i casi di gravità intermedia (codice giallo). Si prevedono anche locali separati per gli accompagnatori e locali per le radiografie a disposizione esclusivamente del pronto soccorso.

Un nuovo modello di gestione delle

risorse umane

Per le unità di pronto soccorso, i due modelli prevalenti adottati per la gestione del personale, prevedono (1) staff completamente dedicato al pronto soccorso che lavora su turni o, in alternativa (2) turnazione dello staff di altri reparti in pronto soccorso per periodi di un mese. Per far fronte a problemi di eccessivo stress del personale del primo modello e possibili limiti di competenze del secondo, in Humanitas si progetta un approccio alla gestione delle risorse umane differente, in base al quale si costituisce un gruppo di medici specializzati nelle emergenze che seguono sia i pazienti del pronto soccorso, sia i degenti in corsia.

Le attrezzature mediche di supporto

Per non impattare sull'attività ordinaria dell'ospedale, il reparto di pronto soccorso è dotato di macchinari per raggi X e laboratori di analisi dedicati e attivi ventiquattrore su ventiquattro con la possibilità, per i radiologi, di analizzare le radiografie dei pazienti anche dal computer di casa, per i casi meno urgenti.

Fonte: Bohmer (2006).

influenzano necessariamente le caratteristiche del software, allo stesso modo la fattibilità tecnica è una dimensione dalla quale non si può prescindere nella progettazione. Alla luce di tali considerazioni, gli autori propongono la definizione simultanea di architettura del servizio e del software di supporto (software-service-co-design) attraverso modelli, metodi e strumenti che tengano in considerazione tale interrelazione. Rientrano sempre in questo filone i numerosi contributi tesi ad analizzare l'uso di internet nella fase di progettazione di un servizio (Zhao e Sampiao 2005a, 2005b e 2006; (Eleyan *e altri*, 2004); (Van Moorsel, 2001), (Van Moorsel, 2005); (Bennett *e altri*, 2001); (Zhao *e altri*, 2004).

Accanto a questi lavori particolarmente applicativi se ne affiancano altri di carattere più generale che si pongono l'obiettivo di individuare alcuni principi guida per la progettazione della dimensione tecnologica dei servizi. Di particolare interesse è il lavoro di Kang (2006) il quale definisce un *framework* utile per guidare la realizzazione di una soluzione tecnologica nel settore dei servizi. Secondo l'autore il valore aggiunto di un servizio può essere incluso nel sistema/processo di produzione del servizio (*knowledge-embedded*), o, in alternativa, nel lavoratore (*knowledge-based*). Tale suddivisione rappresenta una utile classificazione dei servizi ai fini della progettazione della tecnologia sottostante. Infatti, il ricorso alla tecnologia e la sua gestione nel settore dei servizi possono creare difficoltà, perché i metodi tradizionali potrebbero essere inappropriati per via, in particolare, della stretta relazione produttore-consumatore. Il cliente e l'erogatore del servizio, infatti, devono interagire, scambiandosi informazioni e impegni. Di conseguenza, la tecnologia utilizzata deve avere un'elevata capacità di trattare le informazioni, e deve tenere in considerazione non solo il fatto che il cliente fornisce le informazioni di partenza per la fornitura del servizio, ma anche del fatto che spesso egli è direttamente coinvolto nel processo produttivo. La tecnologia - che comprende anche competenze, know-how, e organizzazione del lavoro - diventa pertanto un fattore competitivo di importanza cruciale, e va gestita nei modi adeguati a migliorare la qualità del prodotto finale (modi che a loro volta possono essere molto diversificati tra i diversi sotto-settori dei servizi). Per comprendere il differente approccio di progettazione tecnologica da adottare tra servizi *knowledge-based* e servizi *knowledge-embedded* l'autore presenta degli esempi interessanti, riportati nella Tabella 2.1.

2.3 Implementazione e gestione dei processi di erogazione dei servizi

I primi tentativi strutturati di applicazione dei principi di management al settore dei servizi si ritrovano in Leffingwell (1917), uno dei primi autori ad applicare i principi della "organizzazione scientifica del lavoro" proposti da Taylor (1911) alle attività di settori quali quello bancario, assicurativo, della revisione contabile, e degli ordini per corrispondenza, con l'obiettivo di individuare delle routine che, una volta sistematizzate e assimilate, potessero governare ogni aspetto del funzionamento delle imprese in questi settori. Tuttavia, a differenza dei processi analizzati da Taylor, quelli caratterizzanti le attività di servizio erano fortemente influenzati dalla necessità di adattarsi alla varietà e alle esigenze dei clienti: ad esempio era difficile prevedere in maniera accurata il numero di ordini per corrispondenza. Leffingwell affrontò questo problema ricorrendo al c.d. "principio di eccezione", cioè alla separazione dei casi difficili dagli altri e al loro invio ad un esperto per la gestione (Leffingwell e Robinson, 1943).

Un altro settore che ha visto l'applicazione dei principi dell'organizzazione scientifica del lavoro, e successivamente dell'ingegneria industriale, è quello della sanità, come mostrano gli studi di Barnes (1949) sulla disposizione e organizzazione delle sale operatorie finalizzate a facilitare il lavoro di chirurghi

Esempio	Obiettivo della tecnologia
Utilizzo di software grafici altamente sofisticati in un'impresa che produce servizi di progettazione grafica per l'arte, l'editoria e la produzione di video.	La tecnologia serve a migliorare e supportare le capacità e competenze della forza lavoro, e non a sostituirle; consente all'utilizzatore di ottenere benefici in termini di maggiore velocità (efficienza), capacità di creare un repertorio di progetti che possono essere riutilizzati (ripetibilità) e maggiore accuratezza dei disegni (qualità). La scelta della tecnologia e dei metodi di formazione e addestramento riflettono le esigenze dei singolo individuo/lavoratore. Una tecnologia selezionata in modo appropriato consente poi al lavoratore/produttore del servizio di personalizzarlo in base alle esigenze specifiche del cliente. *Knowledge-based*
Utilizzo di nuove tecnologie della comunicazione per trasmettere lezioni via satellite o via internet.	Il ruolo del docente o istruttore rimane fondamentale, così come lo sono la sua formazione e il suo coinvolgimento nel processo. La tecnologia estende le capacità del docente, consentendogli di raggiungere studenti in luoghi non altrimenti raggiungibili con i metodi tradizionali. E' importante che il docente conosca le opportunità e le limitazioni legate alla tecnologia, il che a volte può richiedere formazione ulteriore. E' fondamentale selezionare la tecnologia appropriata per il tipo di servizio erogato. *Knowledge-based*
Utilizzo di tecnologia in un servizio automatizzato di lavaggio autoveicoli.	Molti obiettivi perseguiti sono simili a quelli del caso *knowledge-based*, tuttavia è molto diverso il ruolo della persona (lavoratore/erogatore del servizio) che interagisce con la tecnologia. In questo caso il valore aggiunto è incorporato nella tecnologia, non nel lavoratore, che invece si limita a metterla in funzione (ad esempio schiacciando un bottone quando necessario). In questi casi possono risultare utili strategie di adozione della tecnologia elaborate con riferimento al settore manifatturiero. *Knowledge-embedded*
Utilizzo di tecnologie di tracciamento degli ordini o di ottimizzazione delle consegne nel settore delle consegne/trasporti a domicilio.	Il lavoratore (autista del camion) dipende fortemente dalla tecnologia nelle sue attività giornaliere, che organizza in base alla sequenza e all'ordine "dettati" dal sistema. La formazione e coinvolgimento del lavoratore sono relativamente poco profondi, così come la personalizzazione del servizio e il feedback del cliente. Il cliente interviene nel processo e spesso interagisce con la tecnologia, ad esempio controllando on-line lo stato di avanzamento della sua consegna, e svolge quindi un ruolo maggiore nel processo complessivo. La tecnologia deve essere più utilmente orientata al miglioramento delle capacità del sistema, e non della forza lavoro. *Knowledge-embedded*

Tabella 2.1. Servizi *knowledge-based* e servizi *knowledge-embedded*. Fonte: Kang (2006)

Approfondimento 2.3 University of Phoenix Online: progettare l'istruzione online per studenti lavoratori, parte 1

University of Phoenix Online (UPO) è una divisione di Universiy of Phoenix (UP), a sua volta parte di Apollo Group, un gruppo for-profit e quotato in borsa che eroga istruzione superiore e professionale agli adulti lavoratori. Nel 2008 University of Phoenix gestiva 80 campus e 114 centri per l'apprendimento in 39 stati americani, District of Columbia, Porto Rico, due province canadesi, in Messico e nei Paesi Bassi. La faculty è composta da circa 1.500 docenti stabili, a cui si aggiungono più di 20.000 docenti associati. Nei primi anni 2000 UPO aveva una quota di mercato dell'industria e-learning pari circa al 13%.

UP è stata fondata nel 1976 da John G. Sperling, che si rese conto di come l'istruzione universitaria fosse a quei tempi progettata ed erogata in modi poco adatti alle esigenze di adulti lavoratori. UP venne quindi progettata per facilitare in particolare l'apprendimento degli adulti.

Il modello di erogazione è quindi diverso da quello di un'università tradizionale, con i corsi progettati sulla base delle esigenze di studenti professionisti e lavoratori, con l'obiettivo di migliorare le loro prospettive occupazionali.

Di conseguenza, non vi sono i corsi generali e obbligatori frequenti nelle altre università, abbreviando così la durata complessiva degli studi. Nei programmi dei corsi si attribuisce particolare attenzione all'applicabilità dei concetti piuttosto che all'aspetto teorico.

Gli studenti devono avere almeno 23 anni di età e un'esperienza lavorativa di almeno 5 anni; devono essere impiegati a tempo pieno al momento dell'iscrizione, e sostengono un esame iniziale per essere ammessi. L'università poi invia agli studenti ammessi il software necessario da installare sul proprio computer, insieme ai libri di testo e ad altro materiale, e colloca ciascuno studente in un gruppo di apprendimento di piccole dimensioni (equivalente alla classe di appartenenza dello studente per la durata del corso di studi). Dopo un "incontro" iniziale con il docente, agli studenti è richiesto di collegarsi almeno un certo numero di volte alla settimana; un sistema di rilevazione verifica che questo accada, pena l'espulsione dal gruppo. Gli studenti sono valutati sulla base di progetti di gruppo, lavori di ricerca, e analisi di casi, e non sulla base di esami scritti.

Continua

---

e infermiere. D'altro canto, in quel periodo i tentativi di applicazione operativa dei principi dello *scientific management* alle attività di servizio erano spesso rifiutati dai colletti bianchi. Inoltre, le difficoltà legate alla misurazione e alla quantificazione nei servizi rendevano difficile il monitoraggio e il controllo dei processi da parte dei manager. Di conseguenza, il Taylorismo non ebbe lo stesso successo nell'applicazione al lavoro dei colletti bianchi rilevato nell'applicazione al lavoro dei colletti blu (Chase e Apte, 2007).

La letteratura sviluppata successivamente dimostra come, data la diversità dei servizi, sia difficile definire dei principi sufficientemente generali sulla gestione delle *operations* negli enti erogatori. Tuttavia, alcuni autori hanno affrontato il problema suggerendo una classificazione dei servizi in base ad

Approfondimento 2.4 University of Phoenix Online: progettare l'istruzione online per studenti lavoratori, parte 2

Nell'ottica della massima applicabilità di ciò che viene insegnato, la faculty viene selezionata non solo in base al possesso di una laurea o dottorato nella materia da insegnare, ma anche di un'esperienza lavorativa di almeno cinque anni nello stesso settore. Tutti i docenti frequentano poi un programma di formazione di 10 settimane prima di entrare in classe. Ad essi si affianca un ampio ricorso a docenti part-time.

In generale UP si caratterizza per un investimento particolarmente ridotto nelle infrastrutture: non ci sono ad esempio biblioteche o strutture sportive. Tuttavia, un ampio numero di pubblicazioni viene messo a disposizione dal *Learning Resource Center*, che inoltre fornisce assistenza per ottenere libri in formato cartaceo dalle biblioteche locali degli studenti. Ad esso si affianca un call center che impiega alcune centinaia di persone, e che fornisce assistenza agli studenti sulle questioni più varie, dalla scelta dei corsi alla richiesta di supporto finanziario, all'assicurarsi che gli studenti non si sentano isolati. La tecnologia utilizzata nei corsi online è pure relativamente semplice, per facilitare l'accesso tramite modem dial-up, e per rispondere alla convinzione che l'interazione tra le persone - seppur online - sia più importante dell'interazione con la tecnologia.

L'approccio al marketing è orientato da una visione dello studente quale "cliente", per cui tutte le funzioni sono progettate per venire incontro alle sue esigenze. Il fatto di essere un'istituzione orientata al profitto si riflette nello stabilire i prezzi per i corsi leggermente superiori a quelli equivalenti nella università statali. In genere il margine atteso viene stabilito prima del prezzo del corso: se tale margine è difficilmente ottenibile, il corso non viene offerto. Tuttavia, i costi non risultano essere un deterrente poiché molti studenti ricevono un finanziamento dal proprio datore di lavoro.

Fonti: Phoenix Ac. Report (2008); Regani S. (2004).

alcune dimensioni chiave, con l'obiettivo di proporre delle linee guida utili dal punto di vista manageriale (Chase e Apte, 2007). Tra i primi a dare un contributo in questo senso, Lovelock (1983) sostenne l'importanza di focalizzare l'attenzione su categorie specifiche di servizi, e propose le già citate cinque modalità di classificazione che vanno oltre i confini dei singoli settori, e piuttosto si basano su: (i) la natura del servizio e le caratteristiche del ricevente, (ii) la relazione con il cliente e la natura del processo di erogazione, (iii) il grado di personalizzazione del servizio e la discrezionalità esercitata dal personale erogatore, (iv) la natura della domanda e dell'offerta, e (v) il metodo di erogazione. Seguendo un approccio analogo, Schmenner (1986) suggerì l'utilizzo di una matrice dei servizi definita dal grado di interazione con il cliente e di personalizzazione su uno degli assi, e dal grado di intensità della forza lavoro sull'altro: in questo modo si ottengono quattro categorie di servizi che possono essere utilizzate per comprendere le sfide manageriali che si manifestano per ciascuna categoria, e per progettare i cambiamenti strategici più appropriati. Ancora negli anni '80 Heskett (1987) propose un framework basato sulla "visione strategica del servizio" (*strategic service vision*), che comprende l'identificazione del segmento di mercato target, lo sviluppo del servizio che ne soddisfa i bisogni, la formulazione di una strategia operativa che lo supporti, e la progettazione di un sistema di erogazione che sostenga la strategia operativa. Tra le strategie di maggiore successo implementate da alcune imprese (in maniera particolare dalla Southwest Airlines) l'autore individua le seguenti: (1) stretto coordinamento della relazione tra marketing e *operations*; (2) una strategia costruita sulla base degli elementi chiave della "visione strategica del servizio"; (3) la capacità di re-indirizzare il servizio strategico verso l'interno e focalizzarlo su gruppi di dipendenti particolarmente importanti; (4) la valutazione degli effetti di scala sull'efficienza e sull'efficacia; (5) lo sfruttamento delle informazioni per generare nuovi business. D'altro canto, Chase e Apte (2007) osservano come l'avvento di Internet abbia diminuito la rilevanza della "visione strategica del servizio" a beneficio di altri approcci strategici prescrittivi come la "strategia oceano blu" (*blue ocean strategy*) (Kim e Mauborgne, 2005).

2.3.1 Gestire le relazioni con gli utenti

In altri contesti, soprattutto di matrice europea, l'attenzione per le tematiche legate più in generale alla gestione si è sviluppata da un focus iniziale sulla dimensione del marketing. Alla fine degli anni '70 furono due studiosi scandinavi, Grönroos (1982) e Gummesson (1977), a riconoscere la necessità di costruire nuovi framework per il marketing dei servizi, per il quale i tradizionali modelli interpretativi, elaborati con riferimento ai beni fisici, risultavano applicabili solo in parte. Vennero introdotti in questi anni concetti che si sarebbero poi rivelati importanti per gli sviluppi futuri, sia per lo studio della relazione con il cliente, sia per l'analisi e la progettazione della struttura interna delle imprese di servizi. Il primo fu quello di "part-time marketers" ("marketers outside the marketing department", (Gummesson, 1977)); l'idea fu accolta e sviluppata in seguito (Grönroos, 1978, 1982; Lehtinen, 1986) portando alle nozioni di ciclo di vita della relazione con i clienti (*customer relationship life cycle*) e di funzione interattiva di marketing (*interactive marketing function*), definita come "l'impatto a livello di marketing delle interazioni tra i part-time marketers, le altre risorse e i clienti come un mezzo per costruire relazioni durevoli con i clienti" (Grönroos, 1978, 1982, 1990; Gummesson, 1977, 1987; Lehtinen, 1986); venne inoltre riconosciuta la necessità di una funzione di marketing interno come mezzo mediante il quale è possibile ottenere il continuo *commitment* da parte dei lavoratori (Grönroos, 1978; Grönroos, 1991). Negli anni 70 gli studi di Gronroos e Gummesson sottolinearono il fatto che era riduttivo considerare la funzione marketing limitatamente alla sua accezione di parte delle funzioni e della struttura aziendale ed era, invece, necessario pensare alle attività, alle responsabilità e alla funzione del marketing come parte integrante della gestione globale (*overall management*) dell'azienda.

Da tali presupposti si sviluppò e prese forma l'idea di *service management* introdotta da Normann (1984) e sviluppata in seguito in diversi contesti applicativi. Normann propose un modello concettuale fondato sulla gestione dei servizi da parte dell'azienda secondo una logica di mercato e che dunque considerava il concorso, oltre che delle tradizionali attività e strutture di marketing anche delle attività di gestione della qualità, di marketing interno e di *overall management* (Grönroos, 1991).

Nel corso dell'ultimo decennio, si è intensificata l'attenzione degli studiosi per il filone della relazione con il cliente, poiché la crescente competizione in un mercato sempre più globale ha imposto a tutte le imprese, comprese le imprese di servizi, l'affronto del problema della *retention* dei propri clienti e dello sviluppo delle capacità interne, allo scopo di giungere ad una configurazione dell'offerta in grado di prevenire i sempre più frequenti fenomeni di *switching*.

Il tema della relazione con il cliente è stato soprattutto affrontato nella prospettiva caratteristica del *relationship marketing*. I particolare, allo scopo di individuare i fattori fondamentali che consentono la creazione di relazioni durevoli e di lungo periodo, sono stati studiati i comportamenti dei clienti, i cambiamenti che in essi avvengono e le conseguenze che comportano a livello di decisioni di gestione all'interno delle imprese di servizi.

In questo senso la comparazione tra i comportamenti dei consumatori in contesti competitivi e non competitivi ha condotto a risultati importanti, sottolineando l'importanza della comprensione dei fattori che guidano e determinano tali fenomeni: l'orientamento al cambiamento costituisce infatti una caratteristica comune, anche se esistono differenziazioni in termini di frequenza e di tipologia di cambiamento tra i due ambiti (Tronvoll, 2007).

Tra i fattori evidenziati come rilevanti per la fidelizzazione della clientela e per limitare l'insorgere di fenomeni di *switching* che devono essere considerati a livello di decisioni di management, sono stati in particolare studiati: l'equità percepita nelle transazioni (Olsen e Johnson, 2003); l'appartenenza, il commitment e il grado di frequentazione di club di clienti; il ruolo delle "intenzioni" nei comportamenti di acquisti ripetuti come elemento esplicativo e potenzialmente previsivo della soddisfazione di un cliente (*assessing behavior before it becomes behavior*) (Soderlund e Ohman, 2005). Alcuni studi più recenti, allo scopo di identificare i fattori di qualità di un servizio percepiti come più rilevanti, hanno utilizzato metodologie video-based che consentono la diretta visione delle reazioni e dei comportamenti dei clienti *(service encounter/ service experience)* (Echeverri, 2005).

Un'attenzione particolare è stata rivolta allo studio dei c.d. *service attributes,* intesi sia come servizi accessori, sia come particolari caratteristiche associate al core service e all'importanza che essi rivestono ai fini della soddisfazione e fidelizzazione del cliente (Gustafsson e Johnson, 2004). Diversi studi mostrano come i *service attributes* costituiscano un canale rilevante di potenziamento della relazione con il cliente e come un incremento degli stessi possa avere effetti positivi sulle dimensioni della relazione tra il consumatore ed il brand, sia a livello di investimenti (diretti ed indiretti), sia a livello di utilizzo del core service offerto (Nysveen *e altri*, 2005).

Approfondimento 2.5 Mayo Clinic: costruire un brand di successo nei servizi sanitari, parte 1

Creata nel 1863, Mayo Clinic è il più grande gruppo integrato non-profit di erogazione di servizi sanitari e di cura a livello internazionale. Nel 2007 il gruppo impiegava più di 2.500 tra medici e scienziati, e più di 42.000 operatori sanitari localizzati nei tre centri di Rochester (Minnesota), Jacksonville (Florida) e Scottsdale/Phoenix (Arizona). In queste strutture vengono curate complessivamente più di mezzo milione di persone l'anno, con un fatturato totale nel 2005 pari a 5.8 miliardi di dollari. Il focus primario è sulla cura, ma altre attività chiave comprendono l'istruzione universitaria e la formazione, nonché la ricerca in campo biomedico. Il successo del brand dipende in maniera cruciale dai valori di base, codificati nel *Mayo Clinic Model of Care*, un documento che viene distribuito a tutti i dipendenti. Si tratta di un modello di cura di qualità elevata, e vicina alla sensibilità del paziente, che integra specializzazioni diverse nel lavoro in team. Particolare attenzione è inoltre attribuita a elementi quali: il tempo dedicato all'esame delle condizioni del paziente e alla analisi del fabbisogno; la relazione con il medico curante del paziente; l'utilizzo delle più avanzate tecnologie diagnostiche e terapeutiche; il personale di qualità elevata e fortemente identificato con i valori dell'istituzione; un ambiente di ricerca e istruzione scientificamente avanzato; remunerazioni basate sulla qualità e non sulla quantità; leadership dei medici; record dei pazienti integrati ed elettronicamente gestiti.

A partire dagli anni '80 del secolo scorso, il management si è reso conto del fatto che il nome e la reputazione dell'ospedale avevano un valore che poteva essere utilizzato nella realizzazione di nuove attività. Tra queste, tre presentavano il maggiore impatto potenziale sul brand: (i) l'espansione geografica con l'apertura delle strutture di Jacksonville e Scottsdale/Phoenix; (ii) la trasformazione dei *Mayo Medical Laboratories* da servizio regionale a nazionale e internazionale; (iii) la pubblicazione di documenti e materiale informativo su temi legati alla salute.

- Espansione geografica. Nelle due nuove strutture sono state predisposte le condizioni per ricreare la stessa esperienza vissuta dal paziente nella struttura di Rochester, seppur su dimensioni inferiori. Sono quindi stati riprodotti il design degli edifici e degli ambienti interni, nonché i processi (di registrazione e di comunicazione con i clienti, ad esempio); in secondo luogo sono stati trasferiti alcuni medici e personale amministrativo da Rochester alle nuove strutture, per facilitare anche il trasferimento della cultura e l'allineamento dei valori.

Continua

Un filone piuttosto ampio è, poi, quello delle ricerche sui sistemi tecnologici avanzati e sugli strumenti di comunicazione, visti come mezzi per creare e mantenere relazioni durevoli con i clienti (Nielsen, 2002); (Nysveen *e altri*, 2005). Con riferimento ai settori, la maggior parte degli studi si concentra sui settori finanziario e delle telecomunicazioni.

Grande importanza riveste anche il concetto della co-creazione di valore nei

Approfondimento 2.6 Mayo Clinic: costruire un brand di successo nei servizi sanitari, parte 2

- Mayo Medical Laboratories. Il laboratorio clinico impiega più di 800 persone, e da tempo offre servizi di laboratorio per esami clinici sofisticati ai medici e agli ospedali della regione. Tali servizi includono non solo l'effettuazione delle analisi e la fornitura dei relativi dati, ma anche la consulenza dal medico della Mayo Clinic al medico curante del paziente sui risultati e le relative implicazioni. Nel corso degli anni '80, la copertura geografica di questo servizio si è estesa al mercato nazionale e successivamente anche a quello internazionale.

- Pubblicazioni sulla salute. Oggi Mayo Clinic pubblica una varietà di documenti e informazioni attraverso media cartacei ed elettronici. Più di 800.000 abbonati ricevono la sua newsletter a pagamento, in cui Mayo Clinic non pubblicizza i propri servizi, ma fornisce informazioni utili, aggiornate e affidabili sulla salute, rinforzando così la propria reputazione. Esempi di media elettronici includono pubblicazioni su cd rom, e il sito internet MayoClinic.com.

Il management riconosce l'importanza del brand, e ha messo in atto strutture e meccanismi per difenderlo dalle minacce esterne ed interne. Per ciò che riguarda le minacce esterne, il brand è registrato e protetto a livello internazionale, e ogni suo utilizzo improprio è perseguito dall'ufficio legale interno. Minacce interne includono invece la possibilità che emergano proposte contrarie ai principi ispiratori del *Mayo Clinic Model of Care*, e che possono generare conseguenze dannose per la reputazione e per il brand. Per affrontare questo rischio sono state elaborate le *Mayo Clinic Brand Management Guidelines*, che servono da punto di riferimento nei processi decisionali, e che stabiliscono ad esempio (i) che un prodotto o servizio contrassegnato dal brand "Mayo" deve essere sotto il controllo completo di Mayo Clinic; (ii) che il brand non deve essere utilizzato per attività o prodotti che possono banalizzare il nome o l'istituzione; (iii) che le Guidelines devono essere rispettate in ogni interazione dei membri della Mayo Clinic con altri enti o imprese, ad esempio nell'ambito di un rapporto di consulenza per un ente for-profit.

Fonte: Berry e Seltman (2007).

servizi, analizzato ad esempio nel contesto della scuola finlandese e norvegese. Molti contributi approfondiscono in questo senso il tema della conoscenza, in particolare: il problema del trasferimento della conoscenza customer-specific, vista come importante veicolo di creazione di valore per il cliente (Natti *e altri*, 2006) e il ruolo dei sistemi di key account management (KAM) come facilitatori di tale processo; le dinamiche di circolazione di conoscenza mediante la formazione di comunità di pratica (*communities of practice*) come luoghi di accumulazione delle conoscenze legate alle relazioni con i clienti (Natti e Still, 2007). La maggior parte di queste analisi è svolta con riferimento alle imprese di servizi professionali.

Altri autori (Edvardsson *e altri*, 2005) sottolineano il contributo apportato al *core service* da specifici aspetti che caratterizzano e possono differenziare i servizi: sono stati studiati i servizi pre-vendita e il loro ruolo nell'incrementare il valore del *core service* e sono stati proposti modelli di simulazione (ambienti simulati, hyperreality) che consentono ai clienti di testare il servizio nella fase precedente il consumo o l'acquisto (*service experience*); allo stesso filone appartengono studi sugli aspetti temporali e spaziali dei servizi che creano valore per il cliente, specialmente nel contesto degli *e-services*. Nell'ambito della scuola norvegese il tema del coinvolgimento degli utenti è stato affrontato in una prospettiva differente, con particolare riguardo agli effetti diretti ed indiretti che il coinvolgimento dei clienti/utenti finali ha sull'impresa che offre servizi e in particolare sulla propensione dei lavoratori a permanere nell'impresa stessa (Hansen *e altri*, 2003).

Accanto alle citate aree tematiche, soprattutto negli ultimi anni , si è assistito ad un incremento della letteratura volta ad analizzare e riconsiderare i paradigmi che, fino ad oggi hanno costituito il framework di riferimento, allo scopo di sviluppare nuovi modelli e schemi interpretativi che tengano conto di alcuni mutamenti intervenuti nel contesto dei servizi.

Come sottolineato in precedenza, tra i più importanti contributi, si ricorda l'analisi di Lovelock e Gummesson (2004), che analizzano i principali paradigmi proposti nell'ambito del marketing dei servizi mettendo in discussione il modello di fondo, basato sulle quattro caratteristiche di intangibilità, eterogeneità, inseparabilità e deperibilità distintive dei servizi rispetto ai beni. Gli autori elaborano un framework alternativo, sulla base della constatazione che vi è una differenza tra gli scambi sul mercato che comportano il passaggio di proprietà dal produttore/provider al cliente e quelli che, al contrario, non danno luogo ad un passaggio della proprietà di un bene. Tipicamente, nel contesto dei servizi, il beneficio offerto non si sostanzia nella proprietà di un oggetto ma consiste in un accesso o in un possesso temporaneo, in contropartita del quale il cliente/utente paga una *fee* di accesso o di noleggio (*rentals*). La prospettiva *rental/access* rappresenta una lente diversa attraverso la quale considerare ed analizzare i servizi ed ha importanti implicazioni su come il tempo è percepito, valutato e consumato e sulla nozione di servizi come mezzi di condivisione di risorse.

Gummesson (2005) propone una nuova prospettiva di analisi nell'ambito del marketing dei servizi, osservando come la visione *one-to-one*, tipica dei tradizionali approcci di *relationship marketing* ed efficace in passato, debba essere superata. Nel contesto attuale le persone e le organizzazioni risultano immerse in reti complesse di relazioni reciproche (network society) nelle quali diversi network di clienti incontrano diversi network di fornitori, sia di beni che di servizi. Un'evoluzione del marketing da un approccio *one-to-one* ad una prospettiva *many-to-many* sembra, di conseguenza, essere necessaria per tenere in considerazione il mutato contesto e poter ottenere un vantaggio competitivo nel mercato globale, sia per quanto concerne i beni, sia per quanto riguarda i servizi.

Approfondimento 2.7 Facebook, la rete sociale che crea valore attraverso le relazioni, parte 1

Facebook è nata nel febbraio del 2004, quando Mark Zuckerberg, diciannovenne e studente di Harvard pensò di creare uno strumento che collegasse, on line, tutti gli studenti del campus nella logica di una rete basata su connessioni reali attraverso cui le persone possono condividere informazioni. Nel giro di un mese, più di metà degli iscritti ai corsi di laurea dell'ateneo si erano registrati al sito con una propria pagina. Zuckerberg colse al volo le enormi opportunità dello strumento e si gettò nella promozione del sito riuscendo ad estenderlo al Mit, alla Boston University e al Boston College. A partire dal 2006 Facebook venne aperto anche alle scuole superiori e alle grandi aziende. Attualmente chiunque può registrarsi su Facebook anche fuori dai confini statunitensi. Nel 2007 Facebook ha prodotto un fatturato di circa 150 milioni di dollari e contava 300 dipendenti. Dati più recenti mostrano come, a giugno 2008, Facebook abbia veicolato il 45,3% del traffico sui social network in Gran Bretagna (contro il 15,7% di giugno 2007), e il 16,9% negli Stati Uniti (contro l'11,6% dell'anno prima). Diversi investitori, tra i quali anche Microsoft, hanno notato il potenziale di crescita di Facebook che si finanzia vendendo spazi pubblicitari alle aziende le quali possono contare su un bacino di utenza di 50 milioni di persone. L'interesse di grossi investitori ha portato Facebook ad essere annoverata tra le imprese-internet più capitalizzate al mondo.

Basata sulle tecnologie Web 2.0, che caratterizzano il passaggio dalla rete statica a quella capace di creare e gestire contesti dinamici, Facebook è una comunità virtuale costituita da individui entrati in contatto tra loro attraverso la rete.

Rispetto alle altre social network virtuali, che consentono di raggiungere altre persone attraverso l'esplicitazione di legami non noti tra individui, il successo di Facebook è riconducibile, soprattutto, alla sua idoneità ad essere considerato uno strumento di comunicazione, alla stregua delle e-mail, di Skype e dei telefoni cellulari. Inoltre il suo obiettivo è la gestione di una rete sociale che esiste non solo virtualmente, ma anche nella vita reale. In altri termini Facebook non è utilizzato per instaurare nuove relazioni con persone sconosciute, ma di mantenere e coltivare le relazioni esistenti.

Continua

2.3.2 Promuovere e sostenere la capacità innovativa

Un altro tema particolarmente importante nell'ambito del management dei servizi è quello della promozione e gestione dell'innovazione - finalizzata all'aumento della produttività, così come alla ricerca di nuovi servizi o nuove modalità di erogazione, etc. - per il contributo che esse possono dare sia alla differenziazione nel settore dei beni (Paulson, 2006; Abe, 2005), sia allo stesso settore dei servizi. Nella letteratura, il tema dell'innovazione tende in genere a sovrapporsi a quello dello "sviluppo di un nuovo servizio" (SNS, o *new service development, NSD*), che si differenzia invece dalla "progettazione del servizio" pur essendone una naturale estensione (Menor *e altri*, 2002). Johnson *e altri* (2000), ad esempio, distinguono la progettazione dei servizi dalle attività di

Approfondimento 2.8 Facebook, la rete sociale che crea valore attraverso le relazioni, parte 2

Il meccanismo di impiego del servizio prevede, in seguito all'iscrizione al sito in qualità di utenti, la possibilità di ricercare per nome o per indirizzo e-mail i propri conoscenti e chiedere la loro disponibilità ad essere annoverarti nella lista dei propri contatti. Con l'accettazione si ha accesso alle loro comunicazioni, soprattutto, alla lista dei loro contatti ai quali chiedere, eventualmente, la disponibilità ad essere inseriti nella propria.

Tra le applicazioni a disposizione degli utenti si ricordano, a titolo esemplificativo, la pagina personale - the Wall - sulla quale lasciare messaggi e link, lo spazio per caricare fotografie e filmati l'area delle informazioni personali - Status - l'area News, nella quale leggere le notizie relative ai contatti personali e il software "Work with me" che consente ai dipendenti già registrati su Facebook di fare conoscere agli amici dei gruppi d'incontro le offerte di lavoro delle loro aziende e mettere in evidenza gli annunci più interessanti.

Attraverso questa strumentazione si offre agli utenti un servizio di incontro, comunicazione e informazione che facilita l'interazione tra individui distanti fisicamente nel quale la creazione di valore relazionale, ma anche economico per l'azienda Facebook, è imprescindibile dalla presenza dei suoi utenti. Il successo di Facebook, infatti, è positivamente correlato alla crescita dei suoi utilizzatori i quali concorrono direttamente ad arricchire i servizi offerti.

Fonti: FaceBookster (2009); Conti (2008); Rathore e Sethuraman (2008a,b).

SNS poiché la prima riguarda il contenuto dettagliato e la configurazione di un servizio (Fitzsimmons e Fitzsimmons, 2006), e la strategia riguardante le *operations* (Roth e Jackson III, 1995), mentre le seconde fanno riferimento al processo complessivo di sviluppo di una nuova offerta di servizi.

Una prima questione fondamentale concerne ciò che si intende per "nuovo servizio", di cui sono state proposte una varietà di definizioni e classificazioni. Ad esempio, Lovelock (1984), riprendendo alcuni concetti proposti da Heany (1983), definisce un nuovo servizio in termini di offerta nuova o *outcome*, che può essere radicale o incrementale. Tax e Stuart (1997) focalizzano invece l'attenzione sull'entità del cambiamento rispetto ad un sistema di servizio esistente, o sulla configurazione dei processi operativi e di coloro che ad essi partecipano. Tutti questi elementi sono componenti del "concetto di servizio" (*service concept*), che rappresenta il modello operativo che a sua volta comunica ai clienti e ai dipendenti ciò che essi devono aspettarsi di ricevere e dare (Fitzsimmons e Fitzsimmons, 2006). Alla base di questa definizione vi è la convinzione che i servizi siano essenzialmente insiemi di interazioni tra i partecipanti, i processi, ed elementi fisici (Johnston, 1999). Ogni modifica nel concetto di servizio che richiede competenze diverse da quelle esistenti può essere considerata un servizio nuovo.

Definire che cosa costituisca un nuovo servizio è importante, sia per i responsabili della pianificazione strategica che devono predisporre il mix appropriato di servizi nel proprio portafoglio di offerta, sia per comprendere come il consumatore (o il mercato) percepisce un nuovo servizio: questa può essere definita come "novità esterna" (*external newness*). Altrettanto importante, soprattutto per i ricercatori nella tradizione dell'*operations management*, è la "novità interna" (*internal newness*), cioè il livello di cambiamento nei sistemi esistenti richiesto per implementare il processo di erogazione del nuovo servizio (Menor *e altri*, 2002). Sia la novità esterna che quella interna sono elementi importanti di un nuovo servizio, ma hanno implicazioni diverse per il processo di sviluppo (Tatikonda e Zeithaml, 2001). La novità esterna rileva, ad esempio, nella definizione delle strategie di posizionamento sul mercato o nella pianificazione delle promozioni; la novità interna riguarda le attività specifiche che devono essere sviluppate e implementate rispetto al *service concept* affinché il nuovo servizio sia operativo.

Accanto a queste argomentazioni di base e definitorie, la letteratura affronta poi una varietà di temi specifici. Ad esempio, Chesbrough (2003) propone l'applicazione ai servizi del concetto di *open innovation*, che si differenzia in modo radicale dal modello tradizionale di innovazione "chiusa" che evolve in maniera lineare dalla R&S fino alla fase di commercializzazione di beni e servizi. Il paradigma di "innovazione aperta" enfatizza il ruolo di una rete complessa di interazioni tra imprese diverse (fornitori, concorrenti, partner, consulenti e imprese specializzate, etc.), che generano una varietà di input e output per il processo innovativo. Esso emerge inizialmente nei settori dell'elettronica e IT, ma si diffonde rapidamente anche ad altri settori (Huston e Sakkab, 2006).

Diversi autori enfatizzano il ruolo degli utenti quali fonte di innovazione, in un contesto in cui la ricerca di soluzioni a minor costo e maggiore produttività genera uno spostamento dei servizi da *high-contact* a *low-contact*, con un ruolo crescente per l'utente in termini di co-produzione del servizio stesso. In questa prospettiva diventa importante investigare quale ruolo giocano un design intuitivo, processi user-friendly, formazione, e incentivi finanziari nell'influenzare il comportamento del consumatore. Chesbrough (2003) sottolinea l'opportunità di studiare modalità innovative e a basso costo di erogazione dei servizi sviluppate nei paesi in via di sviluppo - soprattutto in settori quali servizi sanitari, bancari, micro-finanza e telecomunicazione cellulare - per valutarne la trasferibilità nei paesi avanzati. Altri studiosi (Magnusson *e altri*, 2003); (Kleijnen *e altri*, 2005) hanno considerato i benefici derivanti dal coinvolgimento del cliente nel processo di innovazione dei servizi, in particolare nelle fasi di progettazione e sviluppo. I risultati hanno mostrato che tale coinvolgimento produce effetti positivi sulla capacità di innovare e sulla performance degli erogatori, e che l'interazione costituisce, dunque, un luogo privilegiato e un mezzo facilitatore per la produzione di idee innovative e di valore, per l'utente finale così come per l'impresa produttrice di servizi.

Cusumano *e altri* (2006) suggeriscono l'ipotesi che il modello tradizionale del ciclo di vita del prodotto - con il passaggio nel tempo dall'innovazione di prodotto a quella di processo (Abernathy e Utterback, 1978; Utterback,

Approfondimento 2.9 IDEO: progettare e realizzare l'innovazione nel design dei servizi, parte 1

Creata nel 1991 dalla fusione di quattro pre-esistenti imprese di design, IDEO fornisce servizi di design e consulenza per lo sviluppo di prodotti innovativi, e dal 1997 è attiva anche nel campo del design dei servizi. IDEO impiega professionisti con esperienza e competenze in una varietà di campi: dall'ingegneria meccanica ed elettrica al design industriale, all'information technology, alla psicologia cognitiva, etc. Nel 2008 impiegava più di 550 persone, e disponeva di otto uffici distribuiti tra Stati Uniti, Europa, e Cina. IDEO incoraggia la mobilità del personale tra uffici e progetti per favorire la diffusione di nuove idee ed assicurare la condivisione di conoscenza; è inoltre diffusa la convinzione che le sedi localizzate in paesi diversi offrano accesso non solo alla clientela, ma anche ai talenti locali. L'impresa è organizzata per aree di attività (una delle quali è "service design") in maniera simile ad altre imprese di consulenza.

Le competenze distintive di IDEO sono nel campo del design e dell'innovazione. Fondamentale nel processo creativo è la c.d. "collaborazione radicale" che caratterizza il rapporto con il cliente e con i partner esterni coinvolti nel progetto. Diversamente dalla maggior parte delle società di consulenza, IDEO general-

mente porta il cliente presso le proprie sedi e nel proprio ambiente, assicurandosi che il cliente stesso sia intensamente coinvolto nel processo creativo, per evitare sorprese dell'ultimo momento o errori costosi. Parte dell'attività di consulenza consiste nell'insegnare ai clienti come essi stessi possono diventare più innovativi.

Per quanto il processo innovativo che caratterizza IDEO sia in continua evoluzione, esiste un percorso di base che caratterizza tutti i progetti, inclusi quelli nel design dei servizi. Il percorso si compone dei seguenti cinque stadi:

1. *Osservare*: IDEO non si limita a utilizzare ricerche di mercato e dati aggregati, ma dedica tempo e risorse ad osservare gli utenti per comprendere i loro bisogni e i contesti e modalità in cui consumano i prodotti/servizi.

2. *Sintetizzare*: tutti i dati e le informazioni raccolte vengono sintetizzati per dare origine ai principi guida da seguire nella progettazione della soluzione.

3. *Generare idee*: IDEO ricorre ad una varietà di modi - inclusi processi di brainstorming governati da regole codificate - per generare possibili opportunità.

Continua

1994) - lasci il campo ad un modello del ciclo di vita del "prodotto, processo e servizio". In questo modello, imprese nate come manifatturiere (tipicamente nei settori dell'elettronica e IT), raggiungono nel tempo una fase di sviluppo in cui una quota preponderante del loro fatturato è generata dalla vendita di servizi anziché di beni.

Johnson *e altri* (2000) mettono invece in luce le differenze tra lo sviluppo di un nuovo prodotto e quello di un nuovo servizio, e introducono una "matrice dell'innovazione-sviluppo nuovo servizio" che prende in considerazione il ruolo del contatto con il cliente nella progettazione del sistema di erogazione del servizio. Questa matrice consente, secondo gli autori, di distinguere tra (i)

Approfondimento 2.10 IDEO: progettare e realizzare l'innovazione nel design dei servizi, parte 2

4. Rifinire: questa fase prevede la costruzione rapida di prototipi provvisori e non sofisticati, per rifinire le idee e individuare subito eventuali problemi che potrebbero successivamente rivelarsi costosi.

5. Implementare: l'implementazione è il risultato naturale di un processo iterativo di realizzazione di prototipi.

La raccolta di informazioni e dati avviene con approcci e modi diversi (mappe comportamentali, viaggio del consumatore, diario visuale, interviste agli utenti estremi, narrazioni, etc.) che vengono registrati su "schede metodologiche" che spiegano come e quando devono essere utilizzati. Queste schede diventano così uno strumento di condivisione della conoscenza, così come lo è la "Scatola Tecnologica": un contenitore di gadget e materiali che viene tenuto in ciascuna sede, per alimentare la creatività e facilitare la comunicazione di nuovi concetti.

Nel design dei servizi il processo innovativo segue le stesse cinque fasi di base, seppur con alcuni adattamenti. Ad esempio, una modalità comune di raccogliere le informazioni è la mappa del "viaggio del cliente" (*customer journey*), uno schema di tutti i momenti che l'utente attraversa nell'usufruire del servizio. In questo modo il designer può dedicare attenzione a ciascun momento, e prendere in considerazione tutti quei punti chiave nel contesto del servizio in cui l'utente interagisce con alcune componenti particolari del servizio stesso. Analogamente una "architettura esperienziale" (*experience architecture*) prototipizza una singola interazione tra l'utente e il sistema di servizio, mentre il "percorso verso la partecipazione" (*path to participation*) schematizza l'evoluzione di interazioni ripetute nel tempo tra l'utente e il sistema.

Fonti: IDEO sito web (2009); Sosa e Bhavnani (2006).

---

standardizzazione dell'offerta di servizi e (ii) industrializzazione, e fornisce nuovi spunti per l'innovazione di processo.

Pine e Gilmore (1998) individuano opportunità di innovazione nella creazione di "esperienze di servizio" (*service experience*), concetto che riflette la necessità di trovare nuove fonti di valore a seguito del fatto che beni e servizi assumono sempre più il carattere di commodities. In questa prospettiva, le imprese dovrebbero fare leva sul servizio per attirare il cliente in qualità di "ospite" e creare per lui un'esperienza memorabile; esempi di successo in questo senso sono rappresentati dai parchi di divertimenti Disney e dalle caffetterie Starbucks. Voss *e altri* (2008) riprendono questi temi, sviluppando i requisiti strategici necessari per far emergere queste esperienze innovative.

Data la centralità delle persone nella promozione dell'innovazione, si sta sviluppando anche un filone di ricerca finalizzato a comprendere come si possa promuovere lo sviluppo di competenze innovative: Miles e Jones sono fra i maggiori esponenti in questo ambito (Miles, 2005; Jones e Miller, 2007; Jones *e altri*, 2001; Jones e Hadjivassilou, 2002; Jones *e altri*, 2008). Nei loro lavori essi enfatizzano la diversità delle attività di servizio e dei processi innovativi collegati, e identificano di conseguenza diverse tipologie di basi conoscitive e

Approfondimento 2.11 Innovazione dell'intrattenimento al Cirque du Soleil, parte 1

L'intrattenimento offerto da Cirque du Soleil rappresenta un esempio di servizio innovativo soprattutto nella prospettiva esterna (*external newness*). Fondato nel 1984 a Montreal dall'artista circense Guy Laliberté, in occasione dei festeggiamenti per i 450 anni della scoperta del Canada, Cirque du Soleil, infatti, propone spettacoli totalmente nuovi nel contenuto e percepiti come assolutamente originali dal pubblico, fruitore del servizio.

E' stata chiara, sin dall'inizio, la differenza tra gli spettacoli tradizionali del circo e quelli di Cirque du Soleil nei quali non vi erano numeri con gli animali ed era grande la cura per le luci, la musica e i costumi.

Negli anni successivi, con il supporto di finanziamenti governativi, Cirque du Soleil ha portato i suoi spettacoli in tutto il Canada e negli Stati Uniti.

A partire dagli anni Novanta al tour si sono aggiunte tappe in Europa e in estremo Oriente.

Da allora gli spettacoli si sono differenziati e moltiplicati fino trasformare Cirque du Soleil in una azienda di tremila dipendenti impegnati in sette spettacoli in tournée e sette spettacoli stabili e il valore delle sue azioni si aggira attorno al miliardo e mezzo di dollari.

Per il successo ottenuto, nel 2006 Guy Laliberté viene insignito del premio di imprenditore dell'anno di Ernst & Young.

Cirque du Soleil si è sempre distinto dagli altri spettacoli poiché rappresenta un connubio tra rappresentazione teatrale e circense; e per mantenere l'originalità, i membri del cast e il team di supporto sono sempre all'erta e aperti rispetto a possibili innovazioni. Per ciascuno spettacolo si concepisce un tema centrale al quale si agganciano diverse scene che possono differire da una replica all'altra adattandosi alla presenza di numerosi artisti-ospiti. Rispetto al circo tradizionale si fa largo impiego delle corde elastiche per esercizi aerei.

La parte musicale è prodotta in esclusiva e le colonne sonore di ogni spettacolo sono differenti una dall'altra poiché si adattano, nello stile, al tema centrale. I musicisti di Cirque du Soleil, inoltre, eseguono dal vivo tutti i brani.

L'allestimento delle scene richiede attrezzature costose come piattaforme ruotanti, gru, meccanismi di sollevamento, strumentazione informatica high tech e cuffie con effetto surround per ciascuno spettatore.

Continua

di modelli organizzativi delle reti. Il lavoro di Van Helvert e Fowler (2004) focalizza l'attenzione sull'interazione umana con i servizi mentre Sako *e altri* (2006) analizzano i servizi adottando una prospettiva sociologica.

2.3.3 Gestire le risorse umane

Il valore economico dei servizi dipende fortemente dal comportamento organizzativo, che deve quindi essere analizzato nella prospettiva sia del fornitore che dell'utente; a questo proposito la teoria organizzativa computazionale può supportare simulazioni via computer per esaminare la performance organizzativa (Hidaka, 2006). Quest'area include anche il tema della gestione delle

Approfondimento 2.12 Innovazione dell'intrattenimento al Cirque du Soleil, parte 2

Ai costumi è attribuita molta importanza. Oltre ad essere estremamente curati nei dettagli e a richiedere diverse ore di realizzazione, ognuno di essi è descritto minuziosamente in un manuale e viene custodito con i relativi accessori (maschere, parrucche, cappelli, scarpe e così via).

Anche sul fronte del marketing e della comunicazione l'approccio di Cirque du Soleil è innovativo.

Quando è in programma uno spettacolo in una nuova area, un gruppo del team di cinque o sei persone, i cosiddetti "promotori locali", si presenta sul posto almeno otto mesi prima per trovare un luogo ideale di allestimento e per instaurare delle relazioni con autorità locali e persone in vista della zona, in modo da ottenere i permessi necessari e le adeguate sponsorizzazioni. I "promotori locali", inoltre, danno inizio all'attività di comunicazione preventiva dell'evento in modo da stimolare la curiosità delle persone, prima ancora dell'arrivo del circo.

Per quanto concerne la pubblicità, si avvalgono di strumenti innovativi e poco costosi; ad esempio, prima che il circo si sia insediato, gli artisti danno un saggio delle loro performance nei bar e nei luoghi pubblici in generale, dando l'impressione che qualcosa di veramente unico sta per arrivare in città.

Cirque du Soleil si è creato una nicchia di mercato nell'ambito dell'intrattenimento dal vivo. Tradizionalmente il circo è indirizzato ai bambini, Cirque du Soleil, al contrario, trova nel pubblico adulto, che frequenta il teatro, il suo target. Allo stesso modo, non è pomposo, ma elegante e ricco e si focalizza sull'espressione artistica piuttosto che sulla suspense. Piuttosto che offrire un servizio per far fronte ad una domanda esistente, ha utilizzato la sua capacità di innovare e creatività per creare un nuovo servizio e, quindi, conquistare un nuovo pubblico.

Fonte: Gupta e Pawar (2007).

risorse umane, con riferimento ad esempio al miglioramento della capacità delle persone di rispondere in modo rapido e flessibile al cambiamento. La "catena del profitto nei servizi" (Heskett *e altri*, 1997) collega la redditività e la crescita del fatturato delle imprese di servizio alla soddisfazione e alla fedeltà dei propri dipendenti: redditività e fatturato sono influenzati dalla fedeltà dei clienti, che a sua volta dipende dal valore percepito del servizio. Poiché un elemento chiave nella produzione di questo valore è il coinvolgimento di personale soddisfatto, fedele, e produttivo, questa visione suggerisce di attribuire particolare attenzione a questioni di gestione delle risorse umane quali selezione e formazione, diffusione adeguata delle informazioni, e progettazione dei sistemi premianti. Numerosi studi in una varietà di settori - banche, grande distribuzione, agenzie di autonoleggio - mostrano una elevata correlazione tra la soddisfazione dei dipendenti dell'impresa erogatrice e quella dei clienti: ne consegue che le pratiche di gestione delle risorse umane non solo influenzano i dipendenti, ma generano degli "effetti di spillover" anche sui clienti (Bowen *e altri*, 1999).

Un ruolo cruciale in proposito è svolto dal personale a contatto diretto

Approfondimento 2.13 R-project: Un software opensource per l'analisi statistica

Nel 1996 il Journal of Computational and Graphical Statistics pubblica l'articolo dal titolo "R: A language for data analysis and graphics" nel quale gli autori, Ross Ihaka e Robert Gentleman dell'Università di Auckland, presentano le fasi di progettazione e implementazione di R, un nuovo linguaggio informatico per l'analisi statistica dei dati.

Sulla base di questa esperienza nasce R-Project, una community di ricercatori di area statistico-informatica il cui obiettivo è realizzare un software gratuito attraverso il quale gli studiosi possano effettuare analisi statistiche nei più svariati ambiti della ricerca.

Nel 1997 nasce l'R Development Core Team, gruppo internazionale di statistici di tutto il mondo impegnati nello sviluppo e nella distribuzione del programma.

Da allora è possibile accedere al sito www.r-project.org e acquisire gratuitamente il pacchetto R, costituito da una varietà di strumenti di gestione, analisi e rappresentazione grafica dei dati, sotto i vincoli della General Public Licence (GPL). Secondo la filosofia del software opensource, il codice sorgente di R può essere modificato, migliorato e integrato e il proprio contributo è a disposizione degli altri utilizzatori.

R è soggetto costantemente a miglioramenti resi possibili dall'intervento dei membri della community che ne evidenziano le lacune e propongono le soluzioni più adeguate. La sua diffusione, presso università e centri di ricerca, è agevolata dalla disponibilità di numerosi manuali prodotti dal Development Core Team, nonché dagli utilizzatori, spesso docenti universitari, che offrono gratuitamente le loro dispense, in diverse lingue. Gli aggiornamenti del software e della manualistica sono resi noti ai membri della community attraverso un sistema di newsletter.

A partire dal 2003 l'attività di raccolta dei contributi e diffusione del progetto è affidata alla R Foundation for Statistical Computing, un ente non profit nato per volontà del R Development Core Team con l'obiettivo di creare un punto di riferimento per individui e istituzioni pubbliche e private che intendono interagire con la community di R e fornire supporto all'innovazione nel campo del calcolo statistico. La fondazione raccoglie inoltre contributi, anche di natura economica, da parte di diverse istituzioni universitarie e centri di ricerca internazionali.

Il momento di confronto tra gli utilizzatori di R è rappresentato dalla conferenza annuale, dal titolo UseR!, che, a partire dal 2004, invita autorevoli relatori a discutere dei nuovi sviluppi di R e propone i contributi degli utilizzatori di R nei più diversi ambiti di ricerca; dalla medicina, all'economia, agli studi sociologici e così via.

Questa articolata creazione e gestione di relazioni tra esperti dell'area della statistica e dell'informatica ha consentito lo sviluppo, negli anni, di un ambiente statistico gratuitamente utilizzabile, completo, relativamente semplice da utilizzare e flessibile.

Fonte: R-project (2009).

con i clienti (*frontline employees*, o FLEs), che attraversando i confini tra diverse funzioni (Bowen e Schneider, 1988) influenza in maniera determinante l'erogazione e la costruzione del rapporto con il cliente (Booms e Bitner, 1981); (Babakus *e altri*, 2003). Questi soggetti sono direttamente coinvolti nell'implementazione della strategia di marketing (Brown *e altri*, 2002), e il loro comportamento determina la percezione dei clienti in termini di qualità e performance del servizio (Mohr e Bitner, 1995); (Rust *e altri*, 1996); (Yoon *e altri*, 2001). Particolarmente importante è quindi la definizione di adeguate modalità di gestione del personale a contatto diretto con il cliente, con particolare attenzione per temi quali (Bowen, 2002): (i) il supporto organizzativo al personale destinato a confrontarsi in maniera continua con le esigenze dell'utente, e a soddisfare le richieste a volte conflittuali del management e dei consumatori; (ii) vantaggi e svantaggi della responsabilizzazione del personale per l'efficacia del servizio; (iii) definizione di modalità di compenso (in termini di remunerazione monetaria, status, e contenuto lavorativo) che promuovano la qualità dell'erogazione; (iv) attenzione alle caratteristiche del contesto lavorativo che contribuiscono all'eccellenza del servizio al cliente.

Alcuni di questi temi si collegano direttamente alla prospettiva della valutazione e del miglioramento della qualità (di cui si parlerà oltre): è il caso, ad esempio, dei modelli di "connessione" utilizzati per esaminare le relazioni tra dati sui dipendenti e sui consumatori, al fine di individuare modalità per migliorare la qualità del servizio e la soddisfazione del consumatore. Altri autori (Bitner *e altri*, 1994, 1990) sottolineano l'importanza della formazione e del consentire al personale una certa autonomia nel relazionarsi con i clienti in modi che garantiscano una elevata qualità del servizio. Formazione e autonomia del personale diventano ancora più critici in caso di fallimento nell'erogazione (*service failure*), in cui il personale a contatto diretto con il cliente deve cercare di porvi rimedio (*service recovery*). A questo proposito Hart *e altri* (1990) sottolineano l'importanza della formazione nel fornire ai dipendenti l'approccio e le competenze richieste nei processi di *service recovery*, ma notano anche come l'impresa debba garantire loro il potere di agire in maniera indipendente. Hocutt e Stone (1998) propongono un modello che descrive il ruolo della responsabilizzazione (*empowerment*) dei dipendenti in un contesto di service recovery, e mostrano come responsabilizzazione e appagamento dei dipendenti di alcune imprese di ristorazione influenzino la correttezza percepita (in termini di sensibilità e cortesia) dello sforzo di *service recovery*, elemento che a sua volta ha un impatto sulla soddisfazione del cliente. Ancora nel contesto delle imprese di ristorazione, Yoo *e altri* (2006) mettono in luce quattro attributi chiave delle strategie di *service recovery* collegate alla gestione delle risorse umane: remunerazione monetaria, riconoscimento, responsabilizzazione, e coerenza dei metodi di remunerazione monetaria. In una prospettiva leggermente diversa, Rod *e altri* (2008) esaminano il ruolo di alcuni fattori di stress occupazionale (definiti come quei fattori fisici, psicologici, sociali o organizzativi che richiedono uno sforzo sostenuto in termini fisici e/o psicologici) nell'influenzare i tentativi di *service recovery* in un ente erogatore di servizi pubblici da poco soggetto a trasformazione organizzativa e istituzionale. D'altro canto, ancora in uno studio sulla qualità del servizio negli enti pubblici, Gowan *e altri* (2001) osservano l'importanza di prendere in considerazione le attitudini e aspettative dei manager delle imprese erogatrici (oltre a quelle dei dipendenti e dei clienti) e di evidenziare eventuali differenze tra le tre categorie di attori, tenendone conto nella progettazione e valutazione dei programmi di miglioramento del servizio al cliente.

2.3.4 Coordinare la distribuzione dei processi su scala internazionale

Apte e Mason (1995) offrono uno dei primi contributi che affronta seriamente il fenomeno della globalizzazione dei servizi ad elevata intensità di informazione, osservando come tali servizi siano sempre più spesso disaggregati dalle imprese in risposta alle pressioni della competizione globale, e per trarre vantaggio dalle opportunità offerte dalle ICT e dai differenziali nel costo della forza lavoro. Gli autori esaminano sfide e opportunità legate a questi processi, e sviluppano un quadro teorico che identifica criteri e linee guida per selezionare in maniera efficace le attività di servizio da disaggregare su scala globale. In particolare, essi suggeriscono che le attività caratterizzate da elevata intensità di informazione, basso contatto con il cliente, e bassa necessità di presenza fisica sono più efficacemente assoggettabili ad outsourcing a livello globale.

Queste ipotesi sembrano essere confermate dalla crescente diffusione del *business process outsourcing* (BPO), e dell'offshoring delle attività di back office, soprattutto nelle economie emergenti. Cresce di conseguenza l'opportunità di esaminare i fattori che facilitano e ostacolano il commercio internazionale dei servizi, inclusi quelli istituzionali e/o legati ad accordi multilaterali (WTO General Agreement on Trade in Services), nonché i fattori trainanti dal lato della domanda e dell'offerta. Particolare attenzione dovrebbe essere dedicata a fattori che generano opportunità e sfide nel commercio di servizi, tra cui: (i) creare e gestire una forza lavoro inter-culturale efficace; (ii) promuovere un orientamento globale favorevole all'istruzione, alla condivisione di conoscenza e all'innovazione; (iii) creare un sistema efficace per trattare le questioni relative alla tutela della proprietà intellettuale, e alla sicurezza informatica (Karnik *e altri*, 2006). Altri temi rilevanti includono (Sako *e altri*, 2006): le pressioni verso la differenziazione pur nel contesto della standardizzazione richiesta ai fornitori off-shore; il rischio che l'outsourcing nei servizi possa inibire l'innovazione; la rilevanza della prossimità tra fornitore e utente; la modularizzazione dei processi. In una prospettiva diversa, Karmarkar (2008) sottolinea l'opportunità di analizzare le differenze tra paesi pur in un contesto di globalizzazione dell'informazione e dei servizi ad elevata intensità di conoscenza: si rilevano influenze di tipo linguistico e culturale sui servizi informativi, e sulle modalità di utilizzo delle nuove tecnologie.

Pur in presenza di studi che - ad esempio - cercano di quantificare la dimensione dei processi di *offshoring* dei servizi, e il relativo impatto sull'occu-

Approfondimento 2.14 Accor: progettare educazione e formazione in un gruppo multinazionale, parte 1

Il gruppo Accor Hotel è una multinazionale francese leader in Europa e il terzo maggiore gruppo nel settore dell'hotellerie. Con oltre 4.000 hotel (per un totale di circa 500.000 camere), ha una presenza in 100 paesi (nel 2007). Oltre che nel settore alberghiero, Accor opera anche nel settore dei casinò, della ristorazione (Es. Ticket Restaurant) e delle agenzie di viaggio. Il fatturato del gruppo nel 2007 era pari a 8.121 milioni di euro di cui solo il 32% prodotto in Francia. Si tratta dell'unico gruppo internazionale che offre servizi destinati a tutti i segmenti di mercato, dagli hotel di lusso a quelli economici pur generando il 56% del fatturato con gli hotel economici. Il portafoglio di hotel di Accor si articola anche dal punto di vista geografico, dei brand e del tipo di management. Nel 2007 l'Europa costituiva il 71% del fatturato del gruppo mentre il nord America rappresenta il 11%.

Il gruppo è cresciuto nel tempo soprattutto grazie ad una serie di acquisizioni effettuate intorno al nucleo centrale costituito dalle catene Novotel e Ibis. Nel 1975 acquisì Mercure, nel 1975 Sofitel, nel 1980 Jacques Borel International; passò quindi agli USA acquisendo, nel 1999, SPIC (casinò), Red Roof Inns e CGIS a cui seguì il lancio nel 2000 di Accorhotels.com. Nel 2001 decise di entrare in Cina grazie a una partnership con Zenith hotel International e Beijing Tourism Group che consentì l'apertura di un hotel Ibis. Nel 2002 ha ampliato ulteriormente la sua presenza in Zenit acquisendo le catene Zenith e Pacific. Dal punto di vista organizzativo il gruppo è strutturato in tre divisioni: Accor North America, Accor Business e Leisure e Accor Economy Lodging.

Il gruppo Accor non è semplicemente un insieme di marchi e di camere di hotel; si tratta di una realtà che offre servizi di alto livello occupando 150.000 persone disperse in 10.000 siti geografici in 140 paesi in tutto il mondo. Poiché la qualità del servizio costituisce il vantaggio competitivo di aziende come Accor, il gruppo ha sempre investito numerose risorse per programmi di formazione e di addestramento del personale. E' stata infatti una delle prime imprese europee a creare un centro di formazione e di addestramento, l'Academie Accor che è riconosciuto come uno dei maggiori fattori di successo dell'azienda, oltreché un elemento di orgoglio. La creazione dell'accademia fu un passaggio importante nella storia di Accor in quanto determinò la conclusione della tradizione orale che caratterizzava il gruppo - che formava i nuovi dipendenti affiancandoli a un supervisore - e la creazione di programmi strutturati e formalizzati di educazione. Lo sviluppo internazionale di Accor ha reso necessaria la revisione dell'approccio aziendale alla formazione per fare sì che il gruppo avesse un approccio coerente a livello internazionale per tutte le sue filiali e per il personale delle diverse nazionalità. Infatti molti clienti Accor sono viaggiatori globali interessati a ricevere un servizio di alta qualità che sia coerente in tutte le località del mondo. Gran parte dei dipendenti di Accor sono impiegati in turni e interagiscono direttamente con il cliente finale e per questa ragione la loro azione non può essere controllata ex post ma questi devono essere in grado di prestare un servizio eccellente in ogni momento. Pertanto i training sono importanti per poter raggiungere rigorosi standard di igiene, di servizio e operativo.

Continua

Approfondimento 2.15 Accor: progettare educazione e formazione in un gruppo multinazionale, parte 2

Nel settore dell'hotellerie e dei servizi in generale il turnover dei dipendenti è elevato e in alcuni casi raggiunge il 100% all'anno. Nonostante Accor sia al di sotto di questi livelli, deve continuamente assumere nuove persone e di integrarle nell'organizzazione. A questo si aggiunge che in alcuni casi Accor non è il solo proprietario ma gestisce gli hotel in collaborazione con altre aziende o affida gli hotel a terzi soggetti con accordi di franchising.

L'Academie Accor è definita come una "service university" con la missione di "Conseiller, former et accompagner, developper". L'Academie è attiva in vari ambiti: marketing e vendite, qualità del servizio, organizzazione, management e risorse umane ma anche nella ricerca nei servizi per la ristorazione. I destinatari prevalenti della formazione sono i capi reparto/supervisori, a cui sono offerti programmi di formazione per sviluppare competenze tecniche, di general management e di supervisione con l'obiettivo di promuovere un miglioramento attivo degli standard nei team di lavoro. A un livello successivo vengono organizzati corsi di formazione per dipendenti di diversi brand, offrendo un'opportunità di comprensione della struttura complessiva del gruppo e scambio di idee e networking che potrebbe condurre ad opportunità di carriera. L'Accademia offre anche un contributo alla costruzione di una coerente identità di gruppo.

L'Academie è stata concepita come un'entità autonoma, anche dal punto di vista finanziario. Pertanto le diverse società del gruppo pagano per acquistare i servizi dell'accademia e questo fa sì che sia posta in concorrenza con le altre istituzioni che offrono programmi di formazione sul territorio. L'Academie ha uno staff composto da 70 dipendenti, inclusi i 24 formatori fulltime. Il campus ubicato ad Evry si compone di un hotel, due ristoranti, dieci aule, una cucina per insegnare e sperimentare, un centro informativo e in dipartimenti audio/video/multimedia. In Academie sono formati circa 9.000 dipendenti all'anno; di questi 3.000 seguono corsi ad Evry mente altre 6.000 persone sono formate in loco dai cosiddetti globe trainers che erogano corsi standard o corsi su misura per una particolare nazione o linea d'affari. I formatori si incontrano annualmente nell'Academie per confrontarsi sulle tecniche di formazione e cercare di identificare un approccio comune. Durante questi incontri sono anche identificati i country coordinators che lavorano con i globetrainers, le risorse umane e i manager operativi. I materiali utilizzati per i programmi di formazione sono standardizzati centralmente e quindi tradotti in diverse lingue. L'offerta è quindi completata da corsi a distanza erogati via internet.

Fonte: Sito Web Accorhotels (2009); P.M. (2003); Patel e Thadamalla (2007).

Approfondimento 2.16 EBay: l'outsourcing del servizio clienti, parte 1

La società eBay nacque come sito per consentire ai collezionisti di dialogare e commerciare su Internet con altri collezionisti. Il fondatore Pierre Omidyar lanciò la prima Auction Web il primo maggio del 1995. Nel giro di poche settimane i compratori e i venditori iniziarono ad affollare il servizio ed entro la metà del 1997, eBay poteva vantare quasi 800 mila aste ogni giorno. EBay conseguì profitti sin dall'inizio e cominciò a prendere in considerazione le proposte di alcune società di Venture Capital ad entrare nell'impresa. Agli inizi del 1998 Omidyar trasferì a Margaret Whitman l'amministrazione della società, sia per premiare le sue eccellenti doti di brand building e l'immediata adesione ai valori della comunità, sia per potersi concentrare sugli aspetti strategici. La prima offerta pubblica di grande successo per eBay fu lanciata nel settembre di quell'anno. Grazie ad una forte strategia di marketing, sviluppatasi tramite campagne pubblicitarie nazionali, accordi ed alleanze con America On-Line e Web TV, eBay riuscì a diventare un nome familiare tra la gente, che la identificava come la più grande "community" commerciale al mondo per le aste on-line. Il numero di utenti registrati è cresciuto in maniera esponenziale ed eBay oggi è considerata uno dei siti Internet più visitati al mondo. A un anno dal suo lancio in Borsa, eBay aveva una capitalizzazione di mercato pari a 19 miliardi di dollari. Diversamente dalla maggior parte delle Internet start-up, eBay ha cominciato a conseguire profitti sin dalla sua nascita, chiudendo bilanci sempre positivi. Nel 2007 la community eBay annoverava 84,5 milioni di utenti attivi nel mondo e vende ogni giorno 112,3 milioni di articoli diversi divisi in migliaia di categorie operando in 39 paesi al mondo. Nel solo secondo trimestre del 2008 eBay ha fatturato 1,46 miliardi di dollari con una crescita annuale del 13%. Il 56% del suo fatturato è originato dai siti internazionali.

Continua

---

pazione nei paesi avanzati da cui tali processi hanno origine, ad es. (Bardhan e Kroll, 2003; Garner, 2004; Mann, 2003; van Welsum e Vickery, 2005), Bitner e Brown (2006) rilevano una relativa scarsità di studi sulle sfide e criticità insite nell'*offshoring*. Gli autori auspicano quindi: (i) a livello macro, maggiore attenzione per i costi e i benefici dei processi di *nearshoring* (esternalizzazione verso paesi terzi a basso costo ma geograficamente vicini) e *inshoring* (esternalizzazione o outsourcing a beneficio di imprese localizzate nello stesso paese di quella che esternalizza) oltre a quelli di *offshoring*; (ii) a livello micro, maggior focus sulla modellizzazione dei processi di *offshoring*, sulla valutazione dei rischi, e sul confronto dei livelli qualitativi associati a diverse opzioni di outsourcing.

2.4 La valutazione dei servizi

La gestione di un sistema di valutazione e monitoraggio della qualità del servizio si è rivelata fondamentale, soprattutto negli ultimi anni, per l'ottenimento

---

Approfondimento 2.17 EBay: l'outsourcing del servizio clienti, parte 2

Il successo di eBay è legato soprattutto alla sua capacità di creare un ambiente sicuro dove i diversi attori possono interagire liberamente. A tale scopo un ruolo centrale è affidato all'assistenza clienti. In origine tale servizio era affidato a 75 dipendenti basati in 17 diversi stati degli USA che rispondevano 24 ore su 24 alle e-mail dei clienti. Successivamente eBay decise di creare un servizio clienti a San Josè in aggiunta alla rete di operatori in remoto. Un passaggio fondamentale fu rappresentato dall'introduzione di Kana, un sistema di gestione della posta che consentiva di predisporre risposte automatiche per le domande più comuni dei clienti offrendo anche la possibilità di personalizzare il messaggio. La tecnologia, unita ad un ulteriore potenziamento del personale del servizio clienti contribuì ad elevare i livelli di soddisfazione dei clienti. La vertiginosa crescita del successo di eBay indusse l'azienda ad aprire un nuovo centro di assistenza clienti con 1000 dipendenti nello Utah e successivamente anche due centri più piccoli a Berlino e a Sidney per poter sostenere la forte crescita sui mercati internazionali. Nel 2001, dopo che imprese leader nel loro campo come American Express GE e Citibank avevano deciso di fare outsourcing dei loro servizi clienti, eBay assunse uno dei più importanti manager della principale società di outsourcing statunitense che, propose di effettuare un primo esperimento di outsourcing negli Stati Uniti e solo nel 2002 procedette con un'esperienza di outsourcing in India, a Bangalore. Al di là di qualche piccola lamentale da parte dei clienti con riguardo alla qualità dell'inglese scritto utilizzato nelle mail, il risultato in termini di soddisfazione dei clienti risultò anche migliore rispetto a quello ottenuto dal call center in USA. Inoltre il costo di gestione dello stesso era la metà rispetto a quello statunitense. C'erano altre opportunità per poter introdurre l'outsourcing: innanzitutto si poteva passare dal 30% al 50% del servizio clienti affidato all'esterno, con un risparmio di 3,9 milioni di euro all'anno. Inoltre esistevano opportunità di outsourcing di attività quali la Trust and Safety, attività di monitoraggio della correttezza delle transazioni on line. Una terza area di intervento era quella di ricercare almeno un altro fornitore di servizi di outsourcing per poter ottenere ulteriori benefici di tipo economico. Dopo il successo ottenuto con la prima esperienza eBay decise di attuare con grande successo anche le altre tre opportunità di sviluppo.

Fonte: Sito Web eBay (2009); Newman *e altri* (2006).

---

di un vantaggio competitivo, per il mantenimento dello stesso nel tempo (Reed *e altri*, 2000) e per migliorare le performance dell'impresa.

I contributi, in questo ambito, si concentrano sugli aspetti legati alla valutazione della qualità del servizio secondo i tre aspetti fondamentali della efficienza, efficacia e *customer satisfaction*.

Come in fase di progettazione e realizzazione, anche in ambito valutativo i diversi autori hanno considerato le peculiarità dei servizi. In tal senso autori come Shostack (1977) e Shostack (1984) hanno definito le caratteristiche che differenziano un servizio da un prodotto (intangibilità, inseparabilità/ simultaneità di produzione e consumo, eterogeneità e *perishability*) e che dunque rendono diversa anche l'analisi della qualità dei servizi dall'analisi della qualità dei prodotti.

Con riferimento al ruolo particolarmente attivo del cliente finale, è stato evidenziato quanto l'efficienza potenziale di un sistema di servizio sia funzione del livello di contatto con il cliente incorporato nel processo stesso di creazione del servizio (Chase, 1978). In particolare, quanto minore è il contatto diretto tra il cliente e il sistema di servizio, tanto maggiore è la potenzialità che il sistema ha di funzionare in modo efficiente; viceversa, più il contatto diretto è forte, minori sono le potenzialità di raggiungere elevati livelli di efficienza in termini di rapporto input/output.

In diversi ambiti disciplinari si è affrontata la tematica della valutazione dei servizi, tenendo a mente tali peculiarità.

In particolare, mentre nell'area dell'operations management si è affrontato il tema della qualità dei processi di erogazione delle prestazioni, nell'area marketing ci si è concentrati, soprattutto, sulla qualità del servizio in relazione alla soddisfazione dei clienti finali. Altri studi hanno analizzato, infine, la valutazione delle performance delle aziende erogatrici.

2.5 Valutare la qualità dei processi di erogazione dei servizi

Tra i contributi principali nell'area della valutazione della qualità dei processi di erogazione dei servizi, si ricorda il Data Envelopment Analysis (DEA) di Charnes *e altri* (1978). Adottato in particolare nell'area dei servizi pubblici, il DEA è un approccio sviluppato nel contesto di imprese di servizi con caratteristiche di elevata dispersione geografica e con un elevato numero di unità organizzative che possono rendere difficile la quantificazione e la misurazione degli *output* e delle *performance* delle singole unità. Il DEA misura l'efficienza decisionale mediante l'applicazione di tecniche di programmazione lineare all'analisi degli input e degli output del processo decisionale, al fine di addivenire ad una migliore pianificazione e ad un maggiore controllo delle attività decisionali. Il modello è stato in seguito esteso da Bunker *e altri* (1984) che hanno dimostrato l'applicabilità dello stesso a casi nei quali le unità operano in contesti geografici contrassegnati da rendimenti di scala crescenti, decrescenti ovvero costanti e sono caratterizzate da input e output multipli. Frei e Harker (1999) hanno utilizzato una variante del DEA applicato al settore delle banche *retail* mostrando quanto l'inefficienza di un processo di business sia dovuta alla scelte di progettazione del processo e non tanto alla fase di esecuzione ed implementazione dello stesso.

Sul tema del miglioramento della qualità del processo di produzione di un servizio e, di conseguenza, della qualità del prodotto finale è di particolare interesse il modello di Chase e Stewart (1994) i quali hanno sviluppato un framework per l'applicazione nel contesto dei servizi delle metodologie di prevenzione degli errori tipiche dell'approccio Total Quality Management e correntemente utilizzate nel contesto manifatturiero per prevenire o limitare gli errori umani nel processo produttivo. L'idea di base consiste nel rilevare compiti ripetitivi che richiedono particolare attenzione e di tenere sotto controllo le possibili fonti di riduzione di concentrazione.

Sempre nella prospettiva di elaborare un approccio scientifico per analizzare le attività aziendali che caratterizzano l'impresa utente del servizio, rientra il Business Process Modeling (BPM) (Chesbrough e Spohrer, 2006), (Hidaka, 2006) quale tecnica per suddividere le attività in componenti ed evidenziare i flussi di lavoro e informazione tra esse intercorrenti, con l'obiettivo di individuare le componenti su cui indirizzare il servizio per massimizzarne l'efficacia e valutare l'impatto del servizio stesso sugli indicatori di performance.

Il concetto di BPM incorpora tutte le attività legate alla trasformazione della conoscenza riguardante i sistemi di business in modelli che descrivano i processi posti in essere (Scholz-Reiter e Stickel, 1996), al momento attuale o da progettare per il futuro. Tali attività si sostanziano in una molteplicità di tecniche e metodologie che consentono al management di migliorare l'efficienza e la qualità dei processi[1].

Come nelle fasi di progettazione e implementazione dei servizi, anche in sede di valutazione il processo di standardizzazione di alcuni aspetti dell'erogazione dei servizi assume particolare rilievo. In particolare si pone attenzione alla identificazione di adeguati standard di riferimento il cui perseguimento consente una gestione efficace ed efficiente delle procedure.

La più completa e recente tassonomia degli standard di servizio è stata elaborata da Vries (1999) il quale ne identifica diversi adattabili ai singoli enti ovvero per le relazioni tra essi, nell'ambito della gestione del personale, del processo di erogazione, dei risultati, dei supporti materiali necessari all'erogazione, della comunicazione tra cliente e azienda, delle comunicazioni interaziendali e delle comunicazioni ai fornitori. Vries suddivide inoltre gli standard di servizio in *requiring* e *measurement*. Mentre i *requiring standards* stabiliscono schemi di requisiti per le singole imprese o per le relazioni tra le stesse, i *measurement standards* descrivono i metodi per controllare se i criteri dati negli standard di requisito sono rispettati.

Altri studi sugli standard nel settore dei servizi riguardano l'applicazione delle procedure ISO 9000 nei servizi finanziari (Docking e Dowen, 1999);(Karapetrovic e Willborn, 2001) e nei servizi pubblici (Chu e Wang, 2001).

2.5.1 Valutare la qualità del servizio

A partire dalla fine degli anni Settanta, sono state condotte diverse indagini rivolte all'individuazione dei fattori determinanti la qualità di un servizio ed è

---

[1]Alcune delle principali tecniche riconducibili alla definizione di BPM sono: flowcharting, tecniche IDEF, simulazione (discrete event simulation e system dynamics), tecniche Knowledge-based.

Approfondimento 2.18 Verisoft: misurare la performance per elevare lo standard di qualità del servizio, parte 1

Verisoft è un'azienda statunitense che sviluppa software di tipo verticale utilizzati da architetti, imprese del settore aereo, imprese biotecnologiche. Con un fatturato annuo pari a 1,1 miliardi di dollari Verisoft ha altri margini di profitto e cresce con tassi del 30-40% all'anno.

Il successo di Verisoft è in gran parte legato all'eccellenza del suo servizio clienti e del team di supporto tecnico che vengono coordinati dal call center in Moncton, New Brunswick, Canada. La scelta di localizzare il call center in Canada è stata determinata dai livelli eccellenti di educazione della comunità, dall'infrastruttura tecnologica di alta qualità disponibile nella regione a supporto delle imprese di telecomunicazione e dei call center in particolare, oltre ai programmi di formazione specifici disponibili localmente. Circa 100 tecnici dedicati al servizio clienti sono collocati in Canada e lavorano con il supporto di una dozzina di specialisti basati a Dallas. Il modello prevedeva che il call center risolvesse il 90% delle chiamate mentre i casi più complessi venivano affidati agli specialisti di Dallas. La scelta di delocalizzare era legata alla necessità di ridurre i costi e la decisione di spostarsi in Canada era legata alla necessità di fornire un servizio di migliore qualità grazie alla prossimità geografica. Altre aziende invece hanno deciso di delocalizzare in location più distanti quali l'India e questo poteva alla lunga creare problemi di competitività per VeriSoft che era quindi sempre alla ricerca di sistemi per controllare e contenere il livello dei costi.

Continua

---

subito emersa come centrale la correlazione tra qualità dei servizi, percezione e fiducia degli utenti finali (Gummesson, 1977). La qualità di un servizio dipende, infatti, sia da variabili tecniche, sia da variabili più immateriali, connesse alla qualità dell'interazione, questa seconda dimensione sembra aver l'impatto più significativo sulla soddisfazione finale del cliente (Grönroos, 1983); (Lehtinen, 1986). Da tali considerazioni ha preso origine il modello della qualità percepita di Grönroos (1982) migliorato da analisi successive (Grönroos, 1983), (Grönroos, 1991) attraverso le quali si è evidenziato come la qualità percepita di un servizio sia fortemente influenzata delle aspettative del cliente, delle sue precedenti esperienze e del valore che il cliente percepisce nel momento dell'acquisto.

Nonostante la qualità sia stata definita in letteratura in vari modi e secondo varie prospettive, l'approccio adottato dagli studi appartenenti all'area marketing (Lehtinen e Lehtinen, 1982; Lewis e Booms, 1983; Sasser *e altri*, 1978; Parasuraman *e altri*, 1991; Zeithaml *e altri*, 1988a; Garvin, 1988; Grönroos, 1988, 1982) ha dimostrato in modo chiaro come, pur considerando il fatto che è più difficile per il consumatore valutare la qualità di un servizio rispetto a quella di un bene, tuttavia la qualità percepita risulta dal confronto tra le aspettative del consumatore e la performance effettiva del servizio. La valutazione della qualità non è funzione solo dell'outcome ma coinvolge anche la

Approfondimento 2.19 Vertisoft: misurare la performance per elevare lo standard di qualità del servizio, parte 2

Il tipo di prodotti trattati da VeriSoft richiedeva un'assistenza clienti e tecnica di alto livello. I loro clienti sono professionisti preparati nei loro ambiti professionali ma non molto competenti in fatto di software. Gli addetti al servizio clienti riscontravano che spesso i clienti chiamavano proponendo domande molto semplici ma le risposte dovevano essere fornite in maniera tale da non sembrare accondiscendenti o paterni per evitare di irritarli. Il servizio clienti aveva il compito di analizzare il problema e proporre la soluzione più adatta oppure dirottare il cliente verso gli uffici di Dallas. Nel 2007 il CEO dell'azienda decise di introdurre una serie di semplici misure di performance: durata della chiamata (tempo necessario per assistere il cliente nella risoluzione dei suoi problemi), tempo necessario a mettere il cliente in contatto con un tecnico specialista, soddisfazione del cliente (misurata attraverso un survey a un cliente su dieci che avesse contattato il servizio clienti). Inoltre, talvolta e in maniera casuale le conversazioni fra il cliente e i rappresentanti del customer service venivano registrate ed ascoltate per valutare la qualità dal CEO e dal supervisore di turno. Ai dipendenti era stato comunicato che tali misurazioni non sarebbero state utilizzare per definire i percorsi di carriera e gli aumenti di stipendio. Il risultato mostrava che per i tre indicatori la distribuzione aveva la forma di una gaussiana con due code che identificavano i migliori dipendenti e quelli che fornivano le prestazioni peggiori.

L'utilizzo di un tale sistema era costoso ed inefficiente: la customer service era costosa da gestire mentre le modalità di misurazione della performance utilizzate inducevano il personale del call center a trasmettere ai tecnici specializzati un numero elevato di casi per migliorare la loro produttività; per questa ragione, nel contempo i tecnici erano utilizzati in maniera impropria per risolvere anche casi non particolarmente complessi. Alcune riflessioni condotte dal CEO dell'azienda e dal responsabile del personale hanno portato alla decisione di pubblicare periodicamente le performance dei diversi dipendenti per stimolare la competizione fra di loro e far innalzare automaticamente lo standard di performance aziendale. Il risultato di tale intervento fu quello di ridurre le code della distribuzione spostandone la media verso l'alto e ampliando la fascia centrale della distribuzione.

Fonte: Gandz (2008).

valutazione del processo di erogazione del servizio stesso. Tuttavia essa resta ultimamente determinata dall'utente finale/consumatore e, dunque, i criteri di valutazione della stessa devono essere definiti a partire dalla percezione del consumatore (Carr e Littman, 1990); (Grönroos, 1982).

I contributi di Grönroos (1988), Parasuraman *e altri* (1991), Zeithaml *e altri* (1988a) e Parasuraman *e altri* (1985) in particolare, hanno mostrato che la qualità percepita dal consumatore/utente finale dipende dal confronto delle aspettative dello stesso sul servizio che riceverà e la percezione della performance effettiva dell'impresa che offre il servizio in un dato momento; più elevata è la percezione rispetto alle aspettative, maggiore sarà il livello di qualità percepita; più bassa è la percezione rispetto alle aspettative minore il livello della qualità percepita (Zeithaml *e altri*, 1988b).

Gli stessi autori hanno sviluppato il Gap Model (Parasuraman *e altri*, 1985) che valuta la qualità di un servizio sulla base dell'ampiezza del gap tra servizio atteso e servizio effettivamente percepito. Tanto maggiore è la distanza, quanto minore è la qualità del servizio erogato. La scala di misurazione adottata è denominata SERVQUAL ed è costruita su ventidue items raggruppabili in: aspetti tangibili del servizio, affidabilità, rispondenza, sicurezza ed empatia nei confronti dell'utente finale. Il modello si pone come strumento utilizzabile in un'ampia varietà di contesti di business ed offre uno schema di base in grado di misurare le aspettative raggruppando la clientela in diversi segmenti, a seconda del livello di qualità percepita. Per aziende con un elevato numero di unità organizzative, il modello consente, inoltre, di individuare il livello di servizio offerto dalle singole unità e di raggrupparle in cluster omogenei.

Ulteriori studi, ad opera degli stessi autori (Parasuraman *e altri*, 1993), (Parasuraman *e altri*, 1994a),(Parasuraman *e altri*, 1994b) hanno poi affrontato il problema dell'interpretazione e dell'operazionalizzazione delle aspettative, in risposta ad alcune critiche (Teas, 1994),(Teas, 1993); tali analisi hanno condotto a una concettualizzazione ed operazionalizzazione delle stesse in due livelli: servizio desiderato e servizio adeguato. Mentre il primo rappresenta il livello di servizio che i clienti ritengono che l'impresa possa e debba erogare, il secondo è invece il livello minimo di servizio considerato accettabile dai clienti. Dalla comparazione tra livello percepito e livello desiderato è possibile determinare una "Misura della superiorità del servizio" (servizio percepito rispetto al servizio desiderato) e una "Misura dell'adeguatezza del servizio" (servizio percepito rispetto al servizio adeguato).

I livelli di servizio compresi tra il livello adeguato e il livello desiderato costituiscono la Zona di Tolleranza e la performance del servizio è considerata soddisfacente (tollerata) se il livello di servizio percepito si trova nella zona superiore al livello adeguato e inferiore (o uguale) al livello desiderato.

In assenza di competizione, qualsiasi livello appartenente alla zona di tolleranza può essere considerato sufficientemente soddisfacente dall'impresa di servizi; nel caso in cui si introduca la competizione, che amplia l'offerta e la gamma di alternative per il cliente/utente finale, la Zona di Tolleranza si riduce poiché il cliente è in grado di ottenere un livello di servizio che non sia semplicemente abbastanza soddisfacente ma può, al contrario, mirare ad un livello di piena soddisfazione delle sue aspettative.

Un secondo strumento, altrettanto diffuso nella prassi, è il ServPerf (Cronin Jr e Taylor, 1992) che, rispetto al ServQual, risulta di più facile utilizzo poiché si concentra esclusivamente sulle percezioni del cliente finale e non considera le sue attese. Anche se meno dettagliato, il ServPerf consente di far fronte ad alcuni limiti del ServQual che derivano dall'instabilità delle dimensioni considerate, dall'ambiguità dell'interpretazione delle aspettative e dalla affidabilità del punteggio differenziale, talvolta limitata.

Approfondimento 2.20 Deutsche Post World Net: gestire i risparmi negli acquisti introducendo un sistema di misurazione delle performance, parte 1

Deutsche Post World Net (DPWN) è uno dei più importanti fornitori di logistica nel mondo ed è una delle imprese più importanti nel panorama imprenditoriale tedesco. Con un fatturato netto pari a oltre 63 miliardi di euro nel 2007 e un totale di dipendenti pari a 500.000 l'impresa opera in oltre 220 nazioni e territori in tutto il mondo. Il gruppo ha tre core business: MAIL, il servizio postale nazionale ed internazionale, EXPRESS/LOGISTICS, il fornitore di servizi di consegna e logistica pacchi che offre una one stop supply chain solution utilizzando il marchio DHL e il segmento FINANCIAL SERVICE che offre servizi e soluzioni finanziarie utilizzando il marchio Postbank.

Deutsche Post fu fondata 500 anni fa da parte della monarchia asburgica per sviluppare il sistema postale. Nel 1989 la privatizzazione e la trasformazione in una società per azioni quotata in borsa portò alla nascita di DPWN. La trasformazione da attore pubblico a privato avvenne in tre fasi; immediatamente dopo la privatizzazione si avviò un processo di profonda trasformazione che portò alla ridefinizione della strategia distributiva, alla riduzione del numero dei punti vendita con l'obiettivo di aumentare l'efficienza, ridurre i costi e riportare l'azienda alla redditività. La seconda fase fu rappresentata dalla creazione di nuove piattaforme di business per potere generare ulteriori opportunità di crescita e poter competere con i principali concorrenti, costituiti da imprese statunitensi come UPS e FedEx. Il primo passaggio in questa fase è stato rappresentato dalla acquisizione di DHL e di Postbank. La terza fa-

se fu completata grazie all'integrazione delle attività acquisite e dallo sviluppo strategico e si è svolta grazie al lancio del programma STAR. L'obiettivo di STAR era di ottimizzare i processi, sfruttare a pieno le sinergie nel gruppo e pertanto aumentare il valore per rimanere competitivi nel contesto fortemente concorrenziale in cui le aziende operano.

In considerazione della pervasività e la rilevanza di tale attività, uno dei principali progetti del gruppo è rappresentato dall'ottimizzazione della funzione acquisti per poter beneficiare di notevoli risparmi di costo. Per migliorare la trasparenza organizzativa è stata anche adottata un'organizzazione a matrice e con categorie di prodotti globali (16 macro categorie) ancorati alle regioni. Ciascun responsabile di categoria è responsabile di coordinare i processi di acquisto e dell'applicazione di requisiti omogenei a livello di gruppo. Le organizzazioni locali per gli acquisti sono preposte a presidiare la corrispondenza fra gli acquisti e le effettive esigenze del mercato locale. La trasparenza è stata ulteriormente promossa dalla comunicazione e dall'analisi dei volumi di spesa. I dati di spesa vengono infatti trasferiti ad un sistema centrale: il cubo di spesa che si otteneva grazie alla convergenza di queste informazioni è utilizzato come un prerequisito per identificare i potenziali di risparmio, aggregare tra di loro i grandi volumi di spedizione e ridurre i fornitori di base come conseguenza del processo di acquisizione (si veda Fig. 2.1).

Continua

Approfondimento 2.21 Deutsche Post World Net: gestire i risparmi negli acquisti introducendo un sistema di misurazione delle performance, parte 2

La trasparenza nell'analisi dei costi non era però sufficiente in quanto non era possibile trasformare immediatamente i risparmi di costo in profitti. Inoltre non c'era coerenza nell'analisi delle decisioni di acquisto rispetto alla struttura di costo totale oltre a una incoerente e fuorviante valutazione della performance degli acquisti. Non era facile poter monitorare i risparmi di costo e nella maggior parte dei casi i risparmi venivano comunque spesi in altre aree mentre questo non sarebbe accaduto se i risparmi di costo fossero stati dedotti dai budget delle diverse unità.

Pertanto la soluzione adottata da Deutsche Post fu di introdurre un sistema di indicatori orientati al futuro mediante la identificazione di tipologie di risparmio di costo parametrate rispetto al costo totale di erogazione del servizio, lo sviluppo di scenari di risparmio per le differenti tipologie di risparmio e la loro assegnazione a determinate categorie di costo e, infine, la definizione di regole di calcolo dei risparmi coerenti per ciascuno scenario.
Fonte: sito aziendale, Jahns *e altri* (2008).

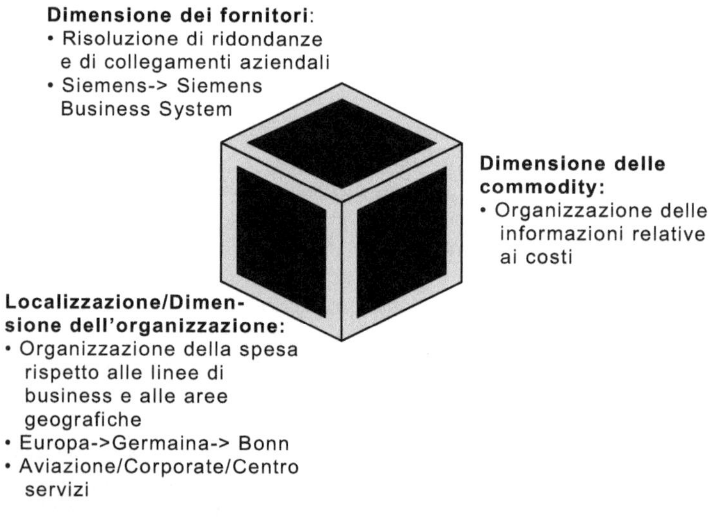

Figura 2.1. Deutsche Post Word Net: dimensioni aziendali

2.5.2 Le performance delle aziende di servizi

Nell'ambito degli studi sulla valutazione dei servizi, assume particolare rilievo, infine, il filone di ricerca che analizza il legame tra la performance operativa e i driver di business, che fa seguito ai lavori seminali di Voss *e altri* (1995) e di Heskett *e altri* (1997) sulla catena del profitto dei servizi.

In particolare modo si cerca di approfondire il tema dell'impatto delle decisioni strategiche sulla performance, suscitando quindi un notevole interesse sul tema anche da parte dei manager. Questo filone di ricerca è direttamente collegato a quello sulle balanced scorecard incentrato sulla misurazione della performance (Kaplan e Norton, 1996).

Obiettivo è comprendere come le aziende disegnino e diano attuazione a sistemi di misurazione della performance allineati con la loro strategia incoraggiando comportamenti appropriati piuttosto che disfunzionali. Si tratta di lavori che sono stati condotti considerando sia il settore privato che quello pubblico. Il tema della co-creazione di valore viene esplorato considerando non solo l'impatto sull'esperienza dell'interazione fra il consumatore e l'impresa ma anche dell'interazione fra consumatore e consumatore. In particolare, vengono analizzate le risorse dei consumatori che usufruiscono dei servizi (risorse fisiche, sociali e culturali) che vengono integrate, grazie agli strumenti di ICT, con quelle di altri consumatori che usufruiscono del medesimo servizio. Le nuove tecnologie forniscono anche un importante supporto nel processo di acquisto in quanto consentono al cliente di poter apprezzare i benefici del servizio mediante delle simulazioni (Edvardson *e altri*, 2006).

Il framework, sviluppato da Heskett (1987) e noto come "strategic service vision" offre una metodologia che consente, in primo luogo, l'identificazione del segmento di mercato target, secondariamente lo sviluppo del concetto di servizio allo scopo di rispondere alle esigenze del segmento di mercato scelto come target, in terzo luogo la formulazione di una strategia operativa a supporto del servizio ed infine la progettazione di un sistema di delivery che supporti tale strategia.

Dall'analisi su un consistente numero di imprese di servizio operanti prevalentemente nel contesto statunitense, le strategie che risultano essere di maggior successo sono caratterizzate da un forte coordinamento tra il marketing e i processi operativi, attenzione agli elementi di una strategic service vision, la capacità di ridirigere la strategia verso l'interno dell'impresa, in particolare focalizzandosi sui lavoratori chiave, la valutazione degli effetti di scala su efficienza ed efficacia del servizio e l'utilizzo dell'informazione per la generazione di un nuovo business (innovazione).

Sulla base della visione di fondo espressa nell'elaborazione della Strategic Service Vision, Heskett *e altri* (1997) hanno sviluppato un ulteriore modello, la Service Profit Chain.

Il framework, sviluppato da Heskett *e altri* (1997), e noto come Service Profit Chain, consente di legare l'andamento dei profitti e la crescita dei ricavi di un'impresa di servizi alla soddisfazione e alla fidelizzazione/fedeltà dei clienti. In particolare, gli autori mostrano come i profitti e la crescita dei ricavi dipendano dalla fedeltà/fidelizzazione dei clienti, a sua volta determinata dal valore percepito del servizio offerto e, dunque, dalla soddisfazione delle esigenze e delle aspettative del cliente stesso. Elemento fondamentale allo scopo di produrre servizi di qualità elevata, è dato dalla soddisfazione, fidelizzazione e produttività dei lavoratori dell'impresa stessa; dunque il management deve porre un'attenzione particolare ai processi che coinvolgono le risorse umane, in particolare selezione, training e formazione continua, percorsi di carriera e struttura delle retribuzioni.

In caso di fallimento nell'erogazione di un servizio, è comunque possibile all'impresa erogatrice agire in modo tale da trasformare un cliente insoddisfatto in un cliente fedele, dimostrando una buona ripresa o capacità di indennizzo. In questa prospettiva Hart *e altri* (1990) suggeriscono quanto segue per migliorare l'efficacia del processo di *service recovery*: (i) anticipare i bisogni di intervento; (ii) agire rapidamente; (iii) formare i dipendenti; (iv) responsabilizzare i dipendenti a contatto con il cliente; (v) tenere informati i clienti sugli interventi di miglioramento.

Nello stesso senso va anche il framework proposto da Hart (1988). Se da un lato, infatti, è vero che la performance dei servizi non può essere facilmente garantita poiché essi sono erogati da individui che per definizione sono meno prevedibili delle macchine, questo non implica, tuttavia, che la soddisfazione del cliente non possa essere garantita. Analizzando l'esperienza di alcune imprese statunitensi (tra cui Domino's Pizza e Federal Express), l'autore ha sviluppato una serie di criteri per una buona garanzia di servizio: in questa prospettiva la garanzia è (1) incondizionata; (2) facile da capire e comunicare; (3) significativa; (4) facile da invocare in caso di necessità; (5) rapida e facile da incassare. Secondo l'autore la garanzia del servizio è uno strumento chiave perché: (i) spinge l'intera impresa a focalizzare l'attenzione su un buon servizio così come definito dal cliente; (ii) stabilisce degli standard di performance chiari per i dipendenti; (iii) spinge l'impresa ad esaminare interamente il proprio sistema di erogazione del servizio per individuare eventuali punti deboli; (iv) contribuisce ad accumulare la fedeltà dei clienti, vendite, e quote di mercato.

Nell'ottica della gestione della qualità si collocano anche i contributi focalizzati sul tema delle garanzie e dei benefici che la presenza delle stesse porta alla qualità del servizio offerto, in quanto mezzo di riduzione del rischio percepito da parte dei clienti/utenti finali (Lidén e Sanden, 2004).

Gli autori analizzano alcuni case study di imprese operanti sul mercato del lavoro svedese allo scopo di descrivere ed analizzare come la presenza di garanzie possa supportare il processo di *service development*. In particolare i risultati dell'analisi mostrano come le garanzie contribuiscano allo sviluppo del servizio attraverso l'azione che esercitano su tre processi: servizio, recovery e sviluppo.

- Il processo di servizio (*service process*). Prima che il fallimento intervenga, la garanzia stabilisce i livelli di standard di servizio offrendo ai consumatori una misura / un riferimento utile nel caso in cui il fallimento accada. In questo caso la presenza di garanzie è funzionale al processo di service development in quanto consente, per esempio, di rendere maggiormente chiare le aspettative del consumatore, il ruolo dello stesso e quello dell'impresa erogatrice e di dare al consumatore la garanzia che le risorse sono effettivamente disponibili.

- Il processo di recovery (*recovery process*). Quando si verifica il fallimento, la presenza di garanzie assicura al consumatore il rimborso a livello economico della perdita subita e che l'impresa erogatrice si assumerà la responsabilità per il fallimento. In questo caso l'esistenza della garanzia consente il contatto tra il cliente e l'impresa a seguito di un fallimento, vale a dire l'inizio del processo di recovery.

- Il processo di sviluppo (*development process*). Il processo di recovery non dovrebbe mirare a dare soluzioni di breve termine. La garanzia "impone un prezzo" al non miglioramento del servizio, offre al consumatore un input per il miglioramento ed amplifica l'importanza che ha l'opinione dei consumatori sul processo e sulle decisioni di miglioramento del servizio stesso.

Johnson *e altri* (2000) analizzano e categorizzano le differenze tra prodotti e servizi e il legame esistente tra soddisfazione del cliente, fidelizzazione e performance finanziarie. Gli autori, utilizzando dati provenienti da imprese svedesi, mostrano che i legami tra soddisfazione e fidelizzazione/fiducia, profitti e crescita sono più forti nel contesto dei servizi rispetto a quanto accade per i prodotti, in particolare per quanto attiene alle connessioni presenti tra fedeltà/fidelizzazione e performance.

Altri studi hanno confermato, a partire dall'analisi delle percezioni dei clienti/utenti finali, che la *customer satisfaction* è un indicatore importante delle performance finanziarie. Gli indicatori nazionali di *customer satisfaction* risultano, infatti, sia nel contesto statunitense (Ittner e Larcker, 1996), sia nel contesto scandinavo (Anderson *e altri*, 1994) significativamente e positivamente correlati alle performance finanziarie.

Un altro filone sviluppatosi recentemente è quello del quality management, inteso come approccio al management dotato di principi propri, implementato attraverso insiemi di practices - ad esempio attività di raccolta dati sulla clientela, miglioramento dei processi di lavoro, e gestione delle risorse umane - realizzate attraverso specifiche tecniche (Dean Jr e Bowen, 1994). Vari studi hanno analizzato gli effetti dell'utilizzo dei sistemi di gestione della qualità sulle performance dell'impresa in relazione alle caratteristiche organizzative dell'impresa stessa (dimensione, intensità di capitale, benefici percepiti, ecc.) e hanno mostrato come la relazione positiva tra l'utilizzo di tali sistemi e la performance dipenda fortemente dalla dimensione dell'impresa stessa e come i risultati economici siano influenzati dalle attività di quality management relative alla gestione delle risorse umane e dall'orientamento al processo e al cliente, in modo dipendente dalla dimensione dell'impresa.

2.6 Progettare e realizzare le reti nei servizi

Le organizzazione perseguono degli obiettivi il cui raggiungimento richiede il compimento di azioni e attività che possono essere svolte all'interno o all'esterno dell'organizzazione stessa. In questo paragrafo si focalizza l'attenzione sulle specificità che devono essere affrontate da imprese di servizi che optano per esternalizzare una serie di attività, e si trovano quindi a dover gestire una rete di relazioni. Come si vedrà oltre, questioni non dissimili riguardano la costituzione e gestione di reti - ad esempio partnership pubblico-privato - che non sono necessariamente risultato di esternalizzazione, ma che vengono costituite (spesso su iniziativa di attori pubblici) per l'erogazione di servizi di interesse pubblico

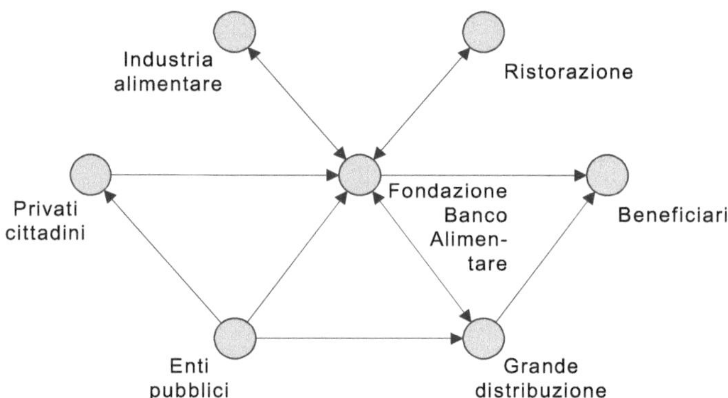

Figura 2.2. La rete del Banco Alimentare

La scelta di portare all'esterno alcune attività e le modalità di gestione della rete di relazioni esterne dipende dalla risposta data a tre quesiti fondamentali:

- quali attività esternalizzare?
- quali soggetti possono svolgere tale attività? e
- secondo quali modalità vanno gestite tali relazioni?

L'identificazione di quali attività possono essere esternalizzate e quali invece devono essere svolte all'interno dell'organizzazione è un passaggio critico che deve essere avviato partendo dalla focalizzazione dell'obiettivo primario

Approfondimento 2.22 Banco Alimentare: una rete al servizio delle aziende non profit e delle imprese, parte 1

La Fondazione Banco Alimentare è la food bank italiana che raccoglie le eccedenze alimentari e le ridistribuisce a organizzazioni non profit impegnate nel sostegno ai poveri e agli emarginati. Nata nel 1989 sulle orme della statunitense St. Mary's Food Bank, conta, ad oggi, 19 sedi in tutta Italia. Attraverso una fitta rete di attori, il Banco Alimentare si pone al servizio delle aziende del settore alimentare gestendone le eccedenze commestibili e degli Enti assistenziali che distribuiscono ai propri assistiti pasti o generi alimentari in via continuativa.

La rete del Banco Alimentare è rappresentata nella Fig. 2.2; di seguito si descrive, brevemente, il ruolo di ciascun attore al suo interno.

La Fondazione Banco Alimentare è il nodo centrale della rete. è responsabile del suo governo attraverso azioni di guida e di promozione tese al perseguimento della propria missione. In particolare si occupa delle relazioni con le imprese agroalimentari nazionali, dell'organizzazione dei trasporti e del coordinamento delle diverse iniziative (Giornata Nazionale della Colletta Alimentare, Siticibo, Pronto Banco e così via).

La raccolta dei beni è indirizzata a enti caritativi che dispongono di locali adeguati per una accoglienza dignitosa e si impegnano formalmente a non utilizzare le derrate a fini commerciali firmando una convenzione con Banco Alimentare. Rientrano tra i beneficiari più di ottomila realtà, tra le quali mense per indigenti, centri di solidarietà, strutture di accoglienza per anziani, minori e ragazze madri, Caritas, comunità di recupero e cooperative sociali.

I privati cittadini possono contribuire all'attività del Banco attraverso donazioni di derrate alimentari, di denaro, di attività di volontariato e, negli ultimi anni, attraverso la donazione del cinque per mille. Di particolare rilievo è la promozione della Giornata Nazionale della Colletta Alimentare nella quale i volontari del banco invitano le persone, all'entrata dei supermercati, ad acquistare alcuni generi alimentari di prima necessità e a donarli al Banco Alimentare. Gli attori che, all'interno della rete del Banco, forniscono generi alimentari sono, principalmente, i supermercati della grande distribuzione, le aziende produttrici di generi alimentari e le aziende che operano nella ristorazione alberghiera, scolastica e ospedaliera. Sono, in tutto, quattrocento e offrono eccedenze alimentari la cui gestione, se non affidata a Banco Alimentare, comporterebbe costi aggiuntivi di stoccaggio e smaltimento.

L'attività di Banco Alimentare ha avuto inizio con la raccolta delle eccedenze di prodotti direttamente dalle industrie alimentari e dalla grande distribuzione i quali venivano trasferiti nei magazzini locali della fondazione, selezionati, stoccati e, infine, ridistribuiti. I fornitori firmano una convenzione nella quale comunicano l'eventuale disponibilità di prodotti alimentari indicandone genere, quantità e scadenza e Banco Alimentare ha a disposizione quarantotto ore per accettare l'offerta e confermarla in forma scritta.

Continua

Approfondimento 2.23 Banco Alimentare: una rete al servizio delle aziende non profit e delle imprese, parte 2

In seguito, accanto all'attività ordinaria di raccolta delle eccedenze, il Banco Alimentare ha posto in essere altre iniziative di coinvolgimento dei propri fornitori. Rientrano tra questi i progetti "Insieme c'è più gusto", "Siticibo" e "Pronto Fresco". "Insieme c'è Più Gusto" è la colletta alimentare indirizzata alle imprese del comparto agroalimentare che, nel periodo pasquale, sono inviate a donare a titolo gratuito alla Fondazione i loro prodotti alimentari commerciabili, in aggiunta alle eccedenze. Il progetto "Siticibo", invece, consiste nel ritiro e nella consegna delle eccedenze non consumate di cibo cotto o fresco nel circuito della ristorazione organizzata a favore di Enti caritativi che assistono persone bisognose. Tale attività è stata resa possibile dall'entrate in vigore della normativa in tema di "Distribuzione dei prodotti alimentari a fini di solidarietà sociale" del 2003, della quale la Fondazione Banco Alimentare è stata una dei principali promotori. I rapporti di rete di sono, infine, rafforzati dall'iniziativa "Pronto Fresco" attraverso la quale fornitori ed enti beneficiari entrano in contatto tra di loro senza intervento diretto da parte della Fondazione. Oggetto dell'intervento sono i prodotti non immagazzinabili (freschi e da forno) degli ipermercati che, se invenduti a fine giornata, sarebbero destinati alla distruzione. Per consentire l'utilizzo di questi beni, il Banco Alimentare fornisce, agli enti beneficiari, formazione e attrezzature necessari alla loro conservazione, ma sono i beneficiari stessi a recuperare giornalmente i prodotti invenduti dall'Ipermercato a loro più vicino.

Anche gli enti pubblici sono attori di rilievo nell'attività del Banco Alimentare, sia attraverso le agevolazioni fiscali per i contributi dei privati e delle imprese alle ONLUS, sia, soprattutto, attraverso l'erogazione di contributi finanziari a sostegno delle diverse iniziative.

Fonte: Cavenago (2000), aggiornamento dati da Fondazione Banco Alimentare (2009).

che deve guidare tale scelta. Apprendimento, scambio di risorse, economie di scala, quasi integrazione verticale sono solo alcuni dei motivi che possono guidare le organizzazioni in tale scelta. La focalizzazione dell'obiettivo è oltremodo importante in quanto consente di identificare con maggiore facilità le caratteristiche dei potenziali partner/membri della rete e di selezionare la modalità più opportuna di gestione della relazione.

La selezione del partner/membro della rete è facilitata dall'identificazione di un profilo ideale che guidi la ricerca. Il numero di partner dipende dal numero di attività esternalizzate e dal tipo di relazione di potere relativo che si intende instaurare.

Le forme che possono essere scelte per gestire la relazione sono molteplici e vanno da modalità contrattuali molto formalizzate ad altre invece caratterizzate da una totale informalità. Si può andare infatti dalle licenze, alle joint venture, ai consorzi e fino alle reti sociali. A seconda delle situazioni e degli obiettivi si può decidere di adottare una omogenea forma contrattuale per tutti i membri della rete oppure adottare un approccio ad hoc per ciascun partner e per ciascuna attività. In tale contesto il livello di formalizzazione, i meccanismi gestionali e di controllo adottati saranno direttamente correlati all'importanza dell'attività in oggetto.

Quando si focalizza l'attenzione sulle reti di imprese e sui meccanismi gestionali più opportuni, va tenuta in debita considerazione l'esistenza di flussi informativi, flussi di servizi, flussi di persone e flussi di risorse che vanno veicolati e controllati in maniera da massimizzare l'efficacia e l'efficienza della rete stessa. Il tipo di rete di imprese che è stata descritta fino ad ora ipotizzava l'esistenza di un attore centrale (impresa focale) che funge da coordinatore; esistono però anche reti di imprese che sono invece partecipate da soggetti che condividono ruoli e responsabilità diffuse e dove è difficile identificare un soggetto che abbia un ruolo dominante.

I modelli di progettazione e i meccanismi di funzionamento delle reti di imprese sono stati oggetto di studio da parte di numerosi autori. Di seguito è riportata una sintetica rassegna dei principali filoni di ricerca che hanno focalizzato l'attenzione sui meccanismi di funzionamento delle reti.

Secondo l'approccio burocratico (Barney e Ouchi, 1985), (Pilati, 1990) si formano reti burocratiche in presenza di complessità informativa che rende difficile poter definire in maniera chiara le caratteristiche e le modalità di svolgimento delle relazioni (Soda, 1998). E' per queste ragioni che sorge la necessità di definire regole e di identificare terze parti che svolgano il ruolo di supervisore pur preservando l'autonomia delle parti stesse. Ad esempio in tale contesto si utilizzano contratti di associazione e contratti di scambio obbligativo.

Secondo l'approccio organizzativo il meccanismo di coordinamento utilizzato è rappresentato dall'autorità e dall'esistenza di regole di appartenenza e regole di comportamento (Grandori e Soda, 1995). In tale contesto funzionano efficacemente i sistemi di reporting orientati alla relazione per attività congiunte. Alcuni esempi in tal senso sono costituiti dalle associazioni di categoria, dalle federazioni e dai cartelli ma anche dalle associazioni criminali quali la mafia e la camorra dove esistono precise regole di affiliazione e la leadership e' attribuita indubbiamente al padrino o al capo clan.

Secondo l'approccio contrattualistico, devono essere utilizzati strumenti formali ed espliciti che obblighino i partecipanti a tenere determinati comportamenti. I più comuni esempi di contratti utilizzati per regolamentare le reti sono i contratti di franchising e di licensing.

Secondo l'approccio istituzionale è la distribuzione dei diritti di proprietà che consente di poter governare opportunamente la rete. Ed è in questo contesto che le partecipazioni di capitali e le joint venture sono gli strumenti considerati maggiormente efficaci (Killing, 1983) (Harrigan, 1985) (Turati, 1990).

Secondo l'approccio sociale le reti funzionano efficientemente ed efficacemente in funzione di contatti diretti, coesione fra i membri della rete e prossimità dei membri della rete stessa (Rogers, 1974) (Rugiadini, 1979), (Granovetter, 1985), (Barney e Ouchi, 1985)). Le tre condizioni precedenti consentono di creare capitale sociale che attiva le connessioni, consente l'allocazione e la trasformazione delle risorse, sostiene la coesione e la longevità della relazione. Le manifestazioni del corretto funzionamento delle reti sociali sono rappresentato dallo scambio di personale fra le organizzazioni, la gestione di processi decisionali congiunti e la cooptazione compiuta da una elite economica. Tali manifestazioni non fanno altro che alimentare la fiducia, la reputazione, che a loro volta favoriscono gli scambi di tipo economico e non.

Altri contributi della letteratura analizzano gli elementi di specificità delle reti in termini di vantaggio comparato rispetto ad altre forme organizzative. Secondo alcuni autori, ad esempio, l'esistenza della rete, e soprattutto la dimensione sociale delle relazioni tra imprese, genera fiducia e riduce i costi di transazione, riducendo le asimmetrie informative che tendono ad aumentare i costi dei contratti, o scoraggiando l'opportunismo a causa delle sue potenziali conseguenze negative per la reputazione dell'impresa. La rete genera fiducia basata sulla conoscenza reciproca, ma anche fiducia basata sull'effetto deterrente dei rischi reputazionali. Questi due processi si rinforzano a vicenda riducendo i costi di contrattazione e di transazione legati ad ogni specifica relazione di scambio, e aumentano il rendimento che ciascun partner può estrarre dalla relazione (Gulati *e altri*, 2000). D'altro canto, la fiducia si genera grazie alla presenza di determinate strutture o contesti, che possono essere deliberatamente creati, incoraggiandone così l'emergere (Perrow, 1993).

Una seconda macro-classe di benefici fa riferimento all'accesso a risorse materiali e immateriali: l'appartenenza alla rete consente all'impresa di accedere a risorse chiave quali beni, servizi, informazioni e risorse finanziarie, che contribuiscono a mantenerne o aumentarne il vantaggio competitivo. Tale combinazione di risorse tende ad essere specifica e difficilmente imitabile da concorrenti esterni, poiché generata da una particolare configurazione delle relazioni che inoltre varia e si evolve nel tempo. Una particolare dimensione del vantaggio comparato della rete fa riferimento alla gestione della risorsa conoscenza, in particolare quella tacita, e al manifestarsi di processi di apprendimento e di innovazione. Il coordinamento delle attività e l'interazione ripetuta, soprattutto quando coinvolgono una molteplicità di imprese e non solo due di esse (come nel rapporto cliente-fornitore), favoriscono l'apprendimento grazie all'accesso a fonti di conoscenza specializzata distribuite tra le imprese stesse, con effetti positivi per la creazione di nuova conoscenza. In questo modo le singole imprese accedono ad una varietà di risorse intangibili di cui non dispongono al proprio interno (Lorenzoni e Lipparini, 1999). Tali elementi sono ulteriormente valorizzati in contesti caratterizzati da condizioni di incertezza e di variabilità delle risorse, come accade nei casi in cui la base di conoscenza è complessa e in espansione e le competenze sono disperse. Più in generale, numerosi studi hanno analizzato la dimensione delle reti legata alla conoscenza e il suo legame con il successo nell'arena competitiva (ad esempio (Baum *e altri*, 2000), (Dyer e Nobeoka, 2000), (Gupta e Govindarajan, 2000), (Nishiguchi, 1994)), mostrando come l'appartenenza alla rete e il verificarsi di scambi ripetuti aumentino le possibilità di acquisire conoscenza. Per i singoli individui, la partecipazione a reti inter-organizzative contribuisce ad incrementare la dotazione di capitale umano. Ciò avviene poiché la creazione di conoscenza e l'apprendimento, così come lo sviluppo di competenze specifiche, sono dovuti non solo all'istruzione, alla formazione, e all'esperienza (generalmente considerate le principali fonti di capitale umano), ma anche all'interazione con altri individui nell'ambito di reti e di comunità di pratica (Pasternack e Viscio, 1998).

In genere, le reti del settore pubblico tendono - rispetto a quelle del settore privato - ad attribuire maggiore importanza all'efficacia a livello di rete piuttosto che a quella a livello del singolo ente partecipante (Provan e Kenis, 2007). Numerosi contributi focalizzano pertanto l'attenzione sulle interazioni multiple che vengono a crearsi all'interno della rete, e sulle modalità con cui le politiche pubbliche vengono messe in atto attraverso reti di soggetti erogatori (Agranoff, 1991), (Alter e Hage, 1993), (Jennings Jr, 1998) , (O'Toole Jr, 1997). Questa attenzione è giustificata dalla crescente diffusione delle reti nell'erogazione dei servizi pubblici in molti paesi avanzati. Ad esempio, Goldsmith e Eggers (2004) offrono numerosi esempi dalla realtà degli Stati Uniti e di altri paesi per evidenziare un cambiamento nei modelli di governo: essi indicano con "governare attraverso la rete" il modello che sta lentamente sostituendo le tradizionali burocrazie gerarchiche del settore pubblico. Nel nuovo modello, i dirigenti degli enti pubblici ridefiniscono le proprie responsabilità principali: dalla gestione di persone e programmi, al coordinamento delle risorse per produrre valore per gli utenti. Gli autori vedono questo cambiamento come il risultato di quattro tendenze che sempre più spesso emergono nelle società avanzate:

1. il crescente coinvolgimento degli enti privati e senza scopo di lucro nell'erogazione dei servizi pubblici;
2. il tentativo di mettere in collegamento orizzontalmente e verticalmente gli enti pubblici per alleggerire e rendere più fluidi i processi, e aumentare la soddisfazione degli utenti;
3. la riduzione dei costi delle partnership grazie ad avanzamenti tecnologici; e
4. la domanda crescente da parte dei cittadini di poter scegliere nell'accesso ai servizi pubblici.

Questo modello a rete, se adeguatamente progettato e gestito, consente numerosi vantaggi in termini di specializzazione, flessibilità, rapidità, innovazione, e maggiore capacità di raggiungere gli utenti target. D'altro canto, esso presenta anche potenziali criticità che devono essere gestite, ad esempio assicurando congruità degli obiettivi, supervisione appropriata, comunicazione e coordinamento tra i partner, e stabilità delle relazioni.

Approfondimento 2.24 Il Polo Formativo Tessile di Como: progettare una rete di servizi e il suo sistema di governo, parte 1

Costituito nel 2006 nell'ambito di un programma della Regione Lombardia, il Polo Formativo Tessile di Como (PFTC) è una rete formale di istituti che ha lo scopo di supportare la competitività del distretto lariano attraverso l'erogazione di corsi di formazione professionale ed attività collegate. La rete è costituita da enti locali della pubblica amministrazione, università, scuole professionali, associazioni di categoria e altre organizzazioni senza scopo di lucro.

Il PFTC rientra in un progetto più ampio di portata nazionale: introdotti dalla *Conferenza Unificata Governo-Regioni* del novembre 2004, i poli formativi sono indirizzati a supportare la crescita del capitale umano all'interno di settori specificamente individuati dalle diverse regioni italiane. Ciascun polo formativo tende a mostrare delle specificità legate alle particolarità locali ma, in linea generale, sono stati progettati e realizzati secondo le seguenti fasi:

1. Descrizione della catena del valore dei settori oggetto di intervento, cui segue l'identificazione dei fabbisogni delle aziende locali attraverso l'individuazione dei profili professionali, e delle competenze e delle capacità necessarie, sulla base delle quali costruire i corsi di formazione professionale.

2. Realizzazione di attività di supporto, tese a individuare le possibilità di inserimento nel mondo del lavoro delle persone che parteciperanno ai corsi di formazione.

3. Definizione della struttura di governance del polo formativo, identificando gli organi e gli strumenti di coordinamento.

4. Analisi dei risultati e valutazione.

Tutti i passi sono stati seguiti anche nell'ambito del PFTC, dove ciascuna attività è stata svolta da un attore o gruppo di attori specificamente individuato. La normativa stabilisce poi che venga designato un ente leader (il "capofila"), ma la forma concreta del sistema di governance e il ruolo svolto dai diversi partner possono differire tra i diversi poli formativi. Nel caso del PFTC l'assegnazione dei compiti è stata effettuata in fase di costituzione del polo, ad opera di un gruppo di individui particolarmente attivi e desiderosi di partecipare al governo della rete. Questo gruppo è stato successivamente istituzionalizzato e denominato "Comitato di Coordinamento".

Continua

Approfondimento 2.25 Il Polo Formativo Tessile di Como: progettare una rete di servizi e il suo sistema di governo, parte 2

La prima fase della progettazione, nel caso del PFTC, ha richiesto un esame dei fabbisogni di capitale umano dell'industria tessile locale, attraverso una combinazione di interviste e somministrazione di questionari. Imprese operanti in fasi diverse della filiera - dalla roccatura e orditura, alla tessitura, alla stampa e al confezionamento - sono state contattate e intervistate con il supporto delle associazioni imprenditoriali locali partner del PFTC. I dati raccolti sono poi stati utilizzati per progettare due percorsi formativi - i c.d. corsi IFTS (istruzione e formazione tecnica superiore) - finalizzati ad ottenere figure professionali specializzate rispettivamente nel marketing e nell'industrializzazione del prodotto e del processo. Accanto a questi percorsi formativi sono state progettate alcune misure di accompagnamento, tra cui: attività di comunicazione finalizzate a pubblicizzare l'esistenza del PFTC e dei due percorsi formativi; attività di tutoring e counseling; accompagnamento all'inserimento lavorativo. Il modello di governance del PFTC prevede inoltre l'esistenza di tre organi specifici: il Comitato Tecnico-Scientifico, il Comitato di Gestione, e il Comitato di Coordinamento; ciascun Comitato nomina inoltre una Commissione cui sono delegate le attività operative. Il *Comitato Tecnico-Scientifico* è composto da rappresentanti di tutti i partner del PFTC, e ha la responsabilità di (i) monitorare la coerenza delle attività rispetto agli obiettivi fissati, e l'adeguatezza delle scelte rispetto agli obiettivi fissati; e (ii) effettuare l'analisi delle rilevazioni sulle competenze professionali e manageriali. Il *Comitato di Gestione*, coordinato dall'ente capofila Univercomo, include tra i soggetti componenti il Polo Formativo quelli più direttamente coinvolti a livello di formazione. E' l'organo esecutivo preposto all'attuazione delle politiche e delle strategie determinate dal comitato scientifico e deliberate dall'assemblea, si occupa di gestire e regolamentare le attività operative, le priorità e i tempi di realizzazione. Il *Comitato di Coordinamento* si compone dei rappresentanti degli enti formativi e delle università, e fornisce supporto tecnico-metodologico allo sviluppo delle attività.

Fonte: Cavenago *e altri* (2008).

3

Il ruolo della conoscenza, dell'informazione e dell'ICT nei servizi

3.1 Introduzione: relazioni tra SSME e ICT

In questo capitolo saranno trattati i temi della tecnologia e della conoscenza, evidenziando l'importanza del loro contributo nella progettazione di servizi innovativi e nei processi di innovazione dei servizi, nel capitolo sarà inoltre evidenziato il ruolo che la tecnologia e la conoscenza svolgono nel processo di erogazione dei servizi e come entrano a far parte dell'output dei servizi. Nel corso del capitolo si evidenzierà l'evoluzione della tecnologia nei servizi, l'attenzione sarà rivolta in particolare alle tecnologie dell'informazione e comunicazione (ICT), e a illustrare come queste permettono lo sviluppo e la diffusione di nuovi modelli di servizi e nuovi paradigmi di business. Saranno analizzati in particolare i servizi che impiegano le tecnologie Web 2.0 per la creazione e la gestione della conoscenza sia in ambito aziendale (si accennerà alla famiglia di servizi Enterprise 2.0) sia in contesti sociali di dimensioni maggiori.

Nel corso del capitolo saranno forniti degli accenni alle tecnologie dei web services e alle architeture SOA utilizzate per la realizzazione di servizi. Tuttavia sarà dedicato solo un breve spazio di definizioni e chiarimenti concettuali, mentre non saranno trattati gli aspetti architetturali e ingegneristici i quali esulano dagli scopi del libro. Nel capitolo invece si dedicherà maggiore spazio ai *knowledge-intensive service*, che stanno influenzando l'attività di ricerca e molti dei principali lavori sulla Service Science.

In seguito, le relazioni tra soggetti, organizzazioni e tecnologie coinvolte nell'erogazione di un servizio saranno analizzate nel loro complesso, inquadrandole come un "sistema di servizio", all'interno del quale la reingegnerizzazione di un servizio esistente o l'introduzione di uno nuovo deve essere affrontata con un approccio olistico che permetta di identificare tutte le possibili ripercussioni sulle entità che compongono il sistema.

La tecnologia e la conoscenza non sono soltanto elementi del processo dei servizi, ma molto spesso sono il risultato o prodotto del servizio stesso. Per aiutare il lettore a comprendere quanto appena affermato può essere utile riprendere alcune classificazioni di servizi, nelle quali risulta evidente che la tecnologia impiegata e la conoscenza erogata sono utilizzate per classificare i servizi stessi (si pensi ai servizi finanziari, il cui output molto spesso è costituito da informazioni di natura finanziaria). Esistono alcune categorie di aziende e industrie di servizi che hanno come principale funzione economica quella di fornire output di servizi. I sistemi di classificazione come l'europea NACE (Nomenclature des Activités de la Communauté Europeènne) o le americane UNSPSC (United Nations Standard Products and Services Code)[1] e NAICS (North American Industry Classification System)[2] forniscono uno schema di categorie dettagliate di servizi che producono output, più o meno tangibili. Si può prendere lo schema NACE per avere un'immagine di tali servizi (Tabella 3.1).

G	Vendita all'ingrosso e al dettaglio; Riparazione di autoveicoli, motocicli, elettrodomestici ecc.
H	Hotel, ristoranti e catering
I	Trasporti, immagazzinamento e comunicazione
J	Intermediazione finanziaria
K	Immobiliari, noleggio e attività commerciali
L	Pubblica amministrazione, difesa, sicurezza sociale
M	Educazione
N	Sanità e attività sociali
O	Altri servizi alla comunità e alla persona

Tabella 3.1. Schema NACE di classificazione dei servizi

Alcune di queste categorie sono troppo generiche per permettere di individuare dove le tecnologie sono associate agli aspetti più innovativi, per esempio la voce comunicazione comprende le sotto-categorie di servizi postali e di telecomunicazione ormai dominati dalle tecnologie ICT. Tuttavia le tecnologie hanno un ruolo in ciascuna di queste categorie, e spesso servono per produrre risultati "intangibili". Come detto, i servizi producono delle trasformazioni dello stato di oggetti o persone, che possono essere però rappresentati o associati a oggetti fisici (e.g., CD-ROM, documenti scritti, carte di credito, medicazioni). Per comprendere il legame tra un entità intangibile e il suo corrispettivo oggetto fisico è necessario parlare della conoscenza e delle informazioni che sono alla base di tale legame, quindi dell'intensità di conoscenza e delle tecnologie dell'informazione nei servizi. Questo è anche il cuore del framework di Kang presentato nel paragrafo 2.2.1: il ruolo e la collocazione di tecnologia e conoscenza per creare valore, e quindi output dei servizi.

Le categorie di servizi sopra descritte variano sulla base di tre aspetti strettamente correlati all'innovazione, alle tecnologie e alla conoscenza: i processi

---

[1] http://www.unspsc.org/
[2] http://www.census.gov/epcd/naics02/naicod02.htm

di trasformazione degli output, siano essi oggetti fisici, persone o simboli; il grado di intensità della conoscenza e le relazioni con il mercato. Questi tre aspetti rappresentano il filo rosso all'interno del dibattito sull'innovazione dei servizi, sulla definizione di nuovi modelli di business e sull'utilità di una nuova disciplina. Partendo da queste considerazioni si cercherà di analizzare i principali aspetti di innovazione introdotti nell'economia dei servizi, e come la natura multidisciplinare della Service Science può aiutare nel definire e sfruttare tali innovazioni al fine di creare competenze professionali e curricula scientifici adatti ai nuovi scenari del mercato.

3.1.1 I sistemi di servizio

Il modello dei sistemi di servizio precedentemente accennato in questo paragrafo consente di individuare come le relazioni che intercorrono tra persone, tecnologie e conoscenza permettono di creare valore per il consumatore finale, ponendo particolare attenzione al ruolo dell'interazione tra fornitori e clienti all'interno di reti o catene del valore complesse (Spohrer *e altri*, 2007).

Un sistema è un insieme di entità connesse tra loro tramite relazioni, la complessità dei sistemi di servizio è proporzionata sia alla numerosità e alle dimensioni interne dei componenti sia alla tipologia del servizio erogato. La dimensione di un sistema può variare dalla singola persona alla grande impresa, dalla nazione fino alla globalità del settore dei servizi (Maglio *e altri*, 2006; Spohrer *e altri*, 2008). Famiglie, aziende, imprese, nazioni intere e raggruppamenti economici possono essere considerati sistemi di servizio.

Progettare o reingegnerizzare un servizio spesso richiede la creazione o la modifica di un sistema esistente, e come conseguenza la modifica o la creazione di nuovi equilibri nelle organizzazioni e di nuove soluzioni nei sistemi tecnologici coinvolti. L'introduzione di modifiche in un sistema di servizi deve essere valutata accuratamente in quanto ogni cambiamento può avere ripercussioni di diversa ampiezza e natura sulle entità che formano il sistema, con conseguenze non facilmente identificabili a priori. La comprensione dei sistemi di servizi e delle logiche che i soggetti coinvolti seguono, costituisce quindi una parte integrante di ogni fase di progettazione o di reingegnerizzazione di servizi. Nel progettare o modificare un sistema occorre inoltre tenere in considerazione le problematiche di governance implicate dalla collaborazione di enti e istituzioni diverse. I soggetti e le organizzazioni coinvolte nell'erogazione di un servizio, non sono necessariamente legati da rapporti gerarchici o contrattuali, non di rado esistono rapporti di tipo paritetico dove nessuno degli attori ha una posizione di supremazia in grado di "imporre dei cambiamenti" agli altri. In tutte queste situazioni, occorre valutare l'impatto delle possibili modifiche tenendo conto anche delle variazioni di percezione delle aspettative, dei benefici e degli oneri che i soggetti coinvolti potrebbero subire.

3.1.2 L'innovazione nei servizi

L'innovazione è considerata uno dei principali indicatori della crescita economica ed è anche uno degli aspetti maggiormente oggetto di attenzione nelle politiche di sviluppo, sia in Europa sia negli USA. L'interesse per l'innovazione nel settore dei servizi è molto forte soprattutto nelle economie dei paesi OCSE (Tamura *e altri*, 2005), dove è considerata un fattore economico di primaria importanza in stretta relazione con lo sviluppo di posti di lavoro e crescita dei redditi. Concettualmente però l'innovazione nei servizi non è stata ancora definita in modo esaustivo, data l'intangibilità e eterogeneità dei servizi stessi, e l'influenza che diversi fattori economici hanno sulla generazione di innovazione. Il valore aggiunto che i servizi apportano è senza dubbio intangibile, ma è tuttavia incorporato nella maggioranza dei prodotti fisici più innovativi (OECD, 2006). L'innovazione nei servizi è quindi un fattore fondamentale da studiare nella scienza dei servizi (Sheehan, 2006), e strettamente legato ad essa è il rapporto tra servizi e tecnologie dell'informazione e della conoscenza, argomento del presente paragrafo. Nel dibattito sull'innovazione, che non è legata solamente agli aspetti tecnologici, la tecnologia è tuttavia spesso utilizzata come dimensione chiave per la misurazione dell'innovazione di alcuni specifici settori. Una possibile definizione di innovazione deve enfatizzare la natura interattiva e multidimensionale dei servizi, e soprattutto deve privilegiare i tentativi di miglioramento piuttosto che un radicale cambiamento dei servizi. In particolare, i fattori che permettono il raggiungimento di innovazione sono la conoscenza, le tecnologie, le trasformazioni organizzative, e i nuovi canali di erogazione. Per raggiungere innovazione a volte basta una nuova combinazione o integrazione di elementi esistenti di un servizio, come la conoscenza e la tecnologia, per creare nuovi prodotti e servizi (Tabella 3.2). In termini economici, secondo una definizione sviluppata a partire da Schumpeter (Schumpeter, 1934), l'innovazione può essere considerata come la riuscita applicazione di nuove idee o nuovi processi di business, la commercializzazione di nuovi prodotti o servizi sul mercato, l'utilizzo di nuovi metodi di produzione e di organizzazione del lavoro.

L'innovazione nei servizi è strettamente legata al miglioramento della competitività dei servizi all'interno di uno specifico settore di mercato. Per definire questo tipo di innovazione bisogna riferirsi a elementi come: nuovi concetti di servizio, nuovi processi di erogazione che aggiungono valore per il cliente o nuovi canali di interazione col cliente per incontrare le sue esigenze, nuove soluzioni e metodi di miglioramento delle performance, nuove funzioni di servizio, in termini di cambiamento del risultato, dell'infrastruttura tecnologica, delle facoltà umane e organizzative nel servizio[3]. Alcune delle caratteristiche dell'innovazione nei servizi sono rappresentate dalla possibilità di variare e adeguare il servizio a nuove condizioni del mercato, la ripetibilità, la personalizzazione, l'introduzione e integrazione di nuove tecnologie e altro ancora.

---

[3]Cfr. Progetto TEKES http://akseli.tekes.fi

Dimensioni dell'innovazione nei servizi	Esempi di servizi innovativi
Nuove reti, modelli di business e configurazioni della catena del valore	Servizi di telefonia, finanza e assicurazioni offerti da supermarket (e.g. Tesco) Sviluppo e distribuzione di software open source
Innovazione del sistema di erogazione	Bancomat, telefono e internet banking Vendita libri su Internet (e.g. Amazon.com)
Innovazione organizzativa	First Direct Yellow Roadway Corporation
Innovazione nell'interfaccia con il cliente	Siti e strumenti di commercio elettronico che integrano processi di acquisto online e possibilità di consegna con corrieri Soluzioni di Supply Chain online
Innovazione tecnologica	Servizi internet Tracciamento basato su telefoni cellulari Servizi GPS Servizi basati su tecnologie RFID Sviluppo di nanotecnologie

Tabella 3.2. Esempi di dimensioni di innovazione nei servizi

Saranno ora descritti i tre aspetti principali dei servizi maggiormente legati al concetto di innovazione: la trasformazione di uno stato, l'intensità della conoscenza e delle tecnologie e il rapporto con il mercato.

Nelle definizioni è stato chiarito che i servizi cambiano la natura di un bene in possesso del cliente, o di un suo comportamento. La trasformazione di un bene si riferisce anche, e in maggior misura, alle operazioni sulla conoscenza e sulle informazioni possedute dagli attori del servizio, e questo aspetto è di solito collegato agli investimenti in ICT che le aziende di servizi operano (Miles, 2008). Rispetto a questo aspetto si ricava che le aziende di servizi che investono maggiormente in ICT sono quelle che hanno come core business la creazione e lo scambio di conoscenza e informazioni. Accanto a queste aziende sono poste anche quelle che operano nel mondo della formazione e dell'educazione. Sebbene la trasformazione dello stato che avviene nei processi formativi venga misurata non in termini di investimenti in ICT, piuttosto in consumo di tempo e di risorse (umane e energetiche).

I servizi che gestiscono ed hanno la conoscenza come fulcro del loro processo produttivo sono anche quelli che richiedono le competenze di più alto livello. Dalle analisi dell'impiego nel settore dei servizi si possono estrarre osservazioni che confermano questa regola. I settori dell'educazione, dei servizi finanziari, commerciali e della sanità devono essere gestiti da persone con alta professionalità ed esperienza, mentre i servizi che implicano una trasformazione fisica del prodotto, per esempio l'agricoltura o la ristorazione, richiedono competenze certificate da titoli specifici ma non necessariamente di alta formazione (Commissione europea, 2005; Miles, 2008). Inoltre nei servizi con alte competenze, lo scambio di conoscenza con il cliente è di norma molto sviluppato e richiede quindi un alto grado di interazione. Questa categoria include i servizi definiti knowledge-intensive business services (di cui si parlerà tra breve) che per loro natura sono basati su alta intensità di conoscenza e competenze specifiche: tra questi si possono annoverare i servizi per lo sviluppo di software, i servizi di progettazione, design, marketing, consulenze e R&D. Anche questo aspetto dei servizi genera innovazione, perchè la conoscenza professionale di lavoratori con alte competenze è fonte di nuove idee e nuovi approcci. Inoltre, i professionisti della conoscenza apportano nelle aziende di servizi innovazione anche nei processi organizzativi e di gestione del lavoro, rinnovando lo stesso processo di erogazione dei servizi (Starbuck, 1992).

Il terzo aspetto dei servizi, il loro rapporto con il mercato, va inteso come rapporto con le fonti di finanziamento, con gli strumenti di governance e con le nuove opportunità o forme di reddito e di impiego. Occorre precisare che i servizi, pubblici o privati, vanno inquadrati come strumenti per risolvere i problemi del consumatore. Molti settori di servizi hanno come obiettivo il provvedere ai bisogni dei clienti e supportare il proprio segmento di mercato, per esempio nel settore pubblico, della sanità, dell'educazione e dell'intrattenimento. Tali servizi portano innovazione sfruttando le ricerche di mercato e migliorando la conoscenza dei clienti, soprattutto puntando sulla personalizzazione.

Viste le precedenti considerazioni, quali sono le caratteristiche strutturali dell'innovazione dei servizi? Den Hertog (Hertog, 2002) suggerisce quattro dimensioni chiave su cui lavorare per produrre innovazione nei servizi: il concetto di servizio, la relazione con il cliente, il sistema di erogazione e la tecnologia. Il concetto di servizio, nella definizione di Edvardsson, ripresa poi da Brax (Edvardsson e Olsson, 1996)(Brax, 2007), si riferisce a ciò che permette al servizio di produrre valore, in questo caso l'innovazione è da ricercare in nuovi modi di concepire la produzione di valore, la risoluzione dei problemi o l'organizzazione del servizio stesso. La relazione con il cliente richiede miglioramenti nei modi di coinvolgimento del cliente nella progettazione, produzione e consumo del servizio, per esempio puntando su approcci self-service. Il sistema di erogazione si rinnova cambiando il sistema di lavoro delle aziende fornitrici, puntando su tecnologie ICT o combinando nuovi sistemi di trasporto e comunicazione. Infine, le stesse tecnologie ICT sono sempre più utilizzate per rinnovare i servizi perchè assicurano efficacia e efficienza nel processo e nei flussi di informazioni.

Per ciascuna di queste quattro dimensioni l'innovazione implica l'utilizzo di doti di creatività e modi di sfruttare la conoscenza, toccando anche gli aspetti organizzativi e di gestione del servizio. L'innovazione è spesso frutto di una combinazione delle quattro dimensioni. Ad esempio, si può pensare a nuovi sistemi ICT che possano abilitare il cliente ad usufruire di servizi self-service

su siti Web o attraverso una completa automazione. Questi esempi coinvolgono cambiamenti in ciascuna delle quattro dimensioni, focalizzando a seconda
dei requisiti più sugli aspetti di intangibilità dell'output, o sull'intensità del-
l'interazione del cliente, o sulla tecnologia. L'innovazione può essere radicale
o raggiunta in modo incrementale, a seconda del grado di nuova conoscenza
immessa nel processo o nel sistema.

Esistono in letteratura alcune classificazioni delle caratteristiche e degli
stili di innovazione dei servizi. Soete e Miozzo (2001) hanno proposto una
tassonomia spesso utilizzata nelle survey sull'innovazione. Il loro schema classifica l'innovazione delle aziende di servizi su tre dimensioni: 1) l'innovazione
è controllata dal fornitore, specialmente nei servizi alla persona e per mercati
locali (ristorazione, lavanderia, barbiere, riparazioni ecc.), dove si hanno bassi
livelli tecnologici e di ricerca, e i vantaggi competitivi derivano dalle competenze del fornitore, dal design, o dalla pubblicità; 2) l'innovazione è legata
al network e alle grandi dimensioni dell'azienda, (es.: i settori dei trasporti,
vendite, grande distribuzione) dove esistono sistemi di divisione del lavoro,
un cospicuo utilizzo di macchinari avanzati, e l'ICT è applicata per migliorare l'efficienza, e i vantaggi competitivi si basano su reti di informazioni; 3)
l'innovazione è legata a fornitori specializzati che sfruttano la ricerca scientifica (aziende high-tech, fornitori di KIBS e di servizi computer-oriented ecc.),
anche grazie a un forte legame con il mondo accademico e della formazione.

Recentemente sono state proposte nuove dimensioni di innovazione da aggiungere allo schema appena descritto (Kanerva *e altri*, 2006), nell'ottica di
dettagliare meglio le tre dimensioni di Soete e Miozzo. Le dimensioni proposte sono: 1) l'innovazione è legata alla conoscenza professionale (per servizi
di contabilità, diritto, marketing, pubblicità, architettura e design), con largo utilizzo di ICT, spesso in questi casi le reti di professionisti organizzati
in associazioni gestiscono il processo del servizio; 2) l'innovazione nel settore
pubblico (educazione, sanità e pubblica amministrazione), è spesso dominata
dal fornitore, ed è supportata dalla ricerca e dalle università; e 3) l'innovazione è legata all'interazione con il cliente, per coinvolgerlo nella produzione,
o co-produzione, di valore attraverso continui scambi di informazione e conoscenza con il fornitore, ma questo argomento sarà approfondito nel paragrafo
dedicato ai KIBS.

3.2 Il ruolo della conoscenza nei servizi

La crescente intensità della conoscenza nelle aziende e nei servizi è uno dei
maggiori fattori di innovazione e competizione, insieme all'impatto delle ICT.
Gestire la conoscenza e la tecnologia è diventata una pratica strategica di
primaria importanza, e un campo di applicazione per l'industria dei servizi
professionali e di consulenza (come è spiegato nella sezione dedicata ai KIBS).
Le aziende di servizi hanno sviluppato nuove forme di gestione della conoscenza per rispondere ai propri bisogni, ma soprattutto per rispondere ai bisogni

---

Approfondimento 3.1 I trend di innovazione dei servizi

La crescita e l'innovazione dei servizi sono legate soprattutto ad alcuni trend dominanti nel settore.

Il primo di questi trend è la globalizzazione del mercato, forza trainante dell'innovazione dei servizi. La globalizzazione influenza l'espansione del mercato, aumenta la competizione sia in ambito locale sia internazionale, apre verso dimensioni di trasparenza dei mercati. Il settore dei servizi è stato rapido nel cogliere le opportunità emergenti dall'effetto della globalizzazione, per esempio, nell'accedere a nuovi mercati e nel creare nuove operazioni per i loro clienti. Tuttavia, l'impatto della globalizzazione non è ancora universalmente condiviso. L'intensificazione della competizione ha spesso causato l'erosione di vantaggi tradizionali legati ai mercati locali, e ha spinto molte aziende a innovare per rimanere competitive.

Un secondo trend di innovazione dei servizi è la crescita dell'economia della conoscenza. Sono stati definiti alcuni modelli concettuali per descrivere lo sviluppo economico dei servizi partendo da fattori come competenze di alto livello, talento, creatività, professionalità. Questo vale soprattutto per i maggiori sistemi economici dell'occidente. Una delle caratteristiche chiave in questo ambito è il massiccio utilizzo di professionisti e specialisti esterni da parte delle compagnie di servizi che hanno iniziato a cercare persone dotate di esperienza e professionalità *on demand*. Un terzo trend è il continuo evolversi dei modelli di business delle compagnie di servizi, la loro de-composizione e ricomposizione. I vecchi modelli di business vengono sostituiti rapidamente da nuovi modelli, in congiunzione con l'evolversi dei mercati e delle tecnologie. Effetti di questo trend possono essere la nascita di nuovi modelli di business per i servizi Web 2.0, oppure lo sviluppo di servizi in *outsourcing*.

---

dei loro clienti. Il rapido sviluppo del mercato dei servizi, insieme alla crescente necessità di aggiornamento, innovazione e adattamento al cambiamento delle aziende, sono tra le principali spinte ad acquisire un sapere specifico in continua evoluzione. Questo è uno dei temi chiave della scienza dei servizi, cioè gestire la conoscenza e identificare le diverse tipologie di conoscenza necessarie per le diverse forme di servizi.

Per identificare le diverse tipologie è necessaria una schematica classificazione dei tipi o forme di conoscenza che entrano in gioco nei servizi. In letteratura sono state identificate le seguenti tipologie di conoscenza (Andersen e Corley, 2003):

- Il Know-how: sapere come usare e coordinare diversi domini di conoscenza in modo finalizzato, è spesso una delle fonti più risolutive in settori come lo spettacolo, lo sport, il commercio, ma anche in settori di servizi come quelli manageriali e amministrativi.

- La conoscenza organizzativa e strategica: è fondamentale nelle dinamiche organizzative, incluse le strutture e le procedure amministrative. Tale conoscenza è centrale per esempio nei KIBS, dove è fondamentale collegare e integrare le dinamiche di gestione della produzione dei servizi, dell'erogazione e del consumo ai processi basati su ICT.

- La conoscenza scientifica e tecnica: relativa agli aspetti tecnici legati ai servizi, come le tecnologie necessarie ai servizi, le infrastrutture e le architetture dei sistemi informativi.

- La conoscenza informativa: conoscenza associata a quei servizi dove la competenza chiave è data dal sapere gestire grandi quantità di informazioni, per esempio a scopo decisionale. E' un tipo di conoscenza rilevante nei servizi pubblici e amministrativi, ambientali, finanziari, assicurativi, immobiliari e professionali.

- La conoscenza culturale: legata alla consapevolezza e alla conoscenza della situazione del mercato, delle dinamiche e interessi che entrano in gioco in ogni settore culturale, le pratiche e i simboli associati. Rappresenta anche uno degli aspetti più importanti nella relazione con il cliente, saper riconoscere il suo background culturale, i suoi interessi, gusti, abitudini.

- La conoscenza estetica: è relativa alle competenze e capacità nel trattare l'aspetto estetico presente in alcuni servizi manuali, per esempio, web design, pittura, cucina, estetismo.

Le sopra descritte tipologie di conoscenza possono essere formalizzate e codificate a vari livelli, a seconda che siano forme di conoscenza privata o pubblica, tacita o esplicita. A questo riguardo si può richiamare la letteratura sulla gestione della conoscenza (meglio nota con il termine inglese Knowledge Management) nella quale Nonaka è stato tra i primi a formalizzare le diverse nature della conoscenza (Nonaka e Takeuchi, 1995).

Il noto modello di Nonaka e Takeuchi è oltremodo importante per i flussi di conoscenza all'interno dei servizi tipo KIBS (come si vedrà più avanti), dove avviene spesso una conversione di conoscenza da tacita ad esplicita. E' utile inoltre sottolineare che i flussi di conoscenza nei servizi, che siano forniti da organizzazioni o da individui, sono rappresentati da pratiche e interazioni giornaliere che accumulano nuova conoscenza, e questa nuova conoscenza rappresenta un valore aggiunto. Una volta formalizzata e codificata questa conoscenza diventa una parte fondamentale dei processi produttivi dell'azienda, nel manifatturiero come nei servizi.

Per capire come la conoscenza è utilizzata nei servizi è prima di tutto necessario identificare il ruolo e la collocazione della conoscenza nei servizi erogati da tecnologie ICT. Si può assumere che la conoscenza sia collocata principalmente nel prodotto (l'output) del servizio, nell'esperienza degli attori del servizio, nel processo o sistema di servizio. Si cercherà ora di dare una breve chiarificazione di ognuno di questi luoghi della conoscenza.

1. La conoscenza è l'output del servizio, è il suo prodotto, questo implica operazioni di raccolta, immagazzinamento, modifica, aggiornamento e diffusione della conoscenza fondamentali per creare valore per il cliente; questo è vero per i servizi informativi, per i servizi di comunicazione, nei notiziari, nei servizi di analisi di database e sistemi di information retrieval, nei servizi collegati a prodotti high-tech, o nei servizi di informazioni mediche online (es. NetDoctor).

2. La conoscenza è collocata nell'esperienza del fornitore del servizio; per esempio per i servizi professionali (e.g., consulenza, medicina e R&S). Spesso questa conoscenza è in forma tacita, basata su un alto livello di formazione e di titoli di studio, è frutto di esperienza; ma è anche la conoscenza che il fornitore deve avere del cliente, che si acquisisce durante tutto il processo del servizio. Il risultato prodotto per mezzo di questa conoscenza è spesso unico e personalizzato, non ripetibile nè standardizzabile.

3. La conoscenza è incorporata nel processo o nel sistema di servizio, che è espresso attraverso le fasi di progettazione, marketing, diffusione, modifica, personalizzazione e erogazione finale del servizio. Questa categoria interessa sia i servizi standardizzati sia i personalizzati, tutti quelli replicabili. Qui le tecnologie ICT hanno un ruolo fondamentale, perchè permettono di estendere la disponibilità del servizio indipendentemente dal tempo e dal luogo. La progettazione del processo/sistema richiede molta esperienza dell'oggetto e del cliente del servizio, per esempio per progettare l'interfaccia con il cliente, per capire quale tecnologia è più adatta a quel tipo di servizio, e in quale settore di business si deve inserire il servizio. Esempi di servizi per questa categoria: self-services come biglietterie automatiche, prenotazioni viaggi online e servizi bancomat, tutti i web services e molti servizi pubblici.

La gestione della conoscenza nei servizi è un tema relativamente nuovo, essa include attività come l'acquisizione, l'accessibilità, la creazione e condivisione di conoscenza, competenze e capitale umano, la formazione e l'aggiornamento. Bisogna sottolineare che riguardo a queste pratiche esiste una notevole differenza tra le aziende di servizi e aziende di altro tipo, in termini di dimensioni, tasso di crescita, tecnologia e ciclo di vita. Per le aziende di servizi knowledge-intensive, come per esempio le aziende di consulenza, la gestione della conoscenza è un'attività fondamentale, alla base del loro business e della loro crescita nel mercato.

3.3 Il ruolo dell'informazione nella SSME

In questo paragrafo sarà fornita una panoramica sull'utilizzo delle informazioni nel mondo dei servizi e sugli strumenti che possono essere utilizzati per gestire i flussi informativi che si originano tra i soggetti e le organizzazioni coinvolte.

3.3.1 Obiettivi

Per comprendere come gestire al meglio i flussi informativi in uno scenario di servizi, occorre innanzitutto identificare gli obiettivi per raggiungere i quali le informazioni sono scambiate. Per semplificare l'analisi si possono raggruppare gli obiettivi in tre macro categorie (mostrate in Fig. 3.1). Quando le

informazioni sono scambiate per consentire lo svolgimento di attività operative si parla di informazioni a supporto delle attività operative, quando le
informazioni sono scambiate per favorire la condivisione della conoscenza tra
consumatore e fornitore di servizi si parla di informazioni che permettono lo
scambio di conoscenza, quando le informazioni sono scambiate per svolgere
attività di coordinamento tra soggetti diversi si parla di informazioni di coordinamento. E' possibile inoltre individuare un'ulteriore categoria, trasversale
alle precedenti, che comprende le informazioni utilizzate per la valutazione dei
servizi. Quest'ultima attività si basa sia su informazioni scambiate ad hoc (ad
esempio le informazioni necessarie per calcolare appositi indicatori sviluppati
per monitorare l'efficienza e l'efficacia dei servizi erogati) sia sulle normali informazioni scambiate tra fornitori e clienti, incluse quindi le attività di
coordinamento, condivisione della conoscenza e svolgimento delle attività operative. L'importanza dello scambio di informazioni in uno scenario di servizi è
evidenziato in Chesbrough e Spohrer (2006), dove si sottolinea la necessità del
produttore e del consumatore di scambiare reciprocamente conoscenza poiché
nei servizi sono assenti molte delle forme di comunicazione indiretta presenti
in altri settori. Per esempio un abito incorpora in sé la maggior parte delle
informazioni necessarie all'acquirente per decidere se acquistarlo o meno. Per
maggiori dettagli si veda il Par. 1.6.5.

Come evidenziato dalla Fig. 3.1 le categorie appena identificate non sono
tra loro mutuamente esclusive, ma ci sono ampie aree di sovrapposizione,
ciò è dovuto al fatto che ogni singola informazione può essere utilizzata per
scopi diversi (per esempio le informazioni scambiate per coordinare le attività
permettono ai soggetti coinvolti anche di aumentare la conoscenza reciproca).

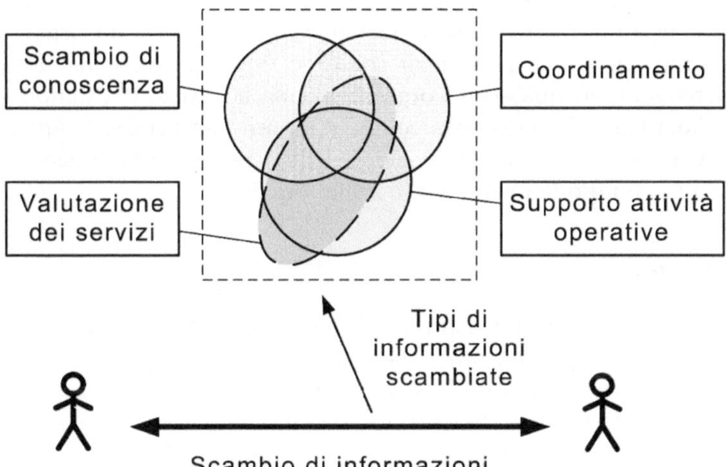

Figura 3.1. Classificazione delle informazioni scambiate in uno scenario di servizi
in base allo scopo

3.3.2 Classificazione dei soggetti coinvolti

Saranno ora analizzati i soggetti coinvolti negli scambi di informazioni con lo scopo di approfondire le dinamiche di interazione tra soggetti diversi.

L'insieme dei soggetti che si scambiano informazioni in un qualsiasi contesto è estremamente variegato, la tipologia dei contesti nei quali può avvenire una comunicazione, gli obiettivi perseguiti dai soggetti e i background culturali possono essere molteplici, ne consegue che la complessità e la diversità degli scenari risultanti è molto elevata. Per semplificare l'analisi senza tuttavia lederne la completezza, si possono suddividere gli scenari analizzati in tre categorie: della prima categoria fanno parte tutti quegli scenari nei quali i soggetti che si scambiano informazioni appartengono alla stessa organizzazione, nella seconda categoria i soggetti che si scambiano informazioni rivestono il ruolo di clienti e fornitori di un servizio, la terza categoria comprende quelle situazioni nelle quali a scambiarsi informazioni sono una rete di fornitori (tra loro indipendenti) che si coordinano per offrire un servizio comune. Quando a scambiarsi informazioni sono soggetti di una stessa organizzazione, le informazioni scambiate, per la maggior parte, sono informazioni riguardanti lo svolgimento delle attività operative ed in generale per il coordinamento delle attività svolte. Tra clienti e fornitori di un servizio, se inizialmente le informazioni scambiate si focalizzano sullo scambio reciproco di conoscenza, col passare del tempo le comunicazioni sono sempre più rivolte a supportare le attività operative e di coordinamento. Tra i soggetti appartenenti ad organizzazioni diverse esiste un gap di conoscenza sugli aspetti relativi ai servizi erogati, che deve essere colmato affinché clienti e fornitori possano ottenere il massimo valore rispettivamente dalla fruizione e dalla produzione di un servizio. Questo gap non è presente tra persone appartenenti ad una stessa organizzazione oppure tra persone che pur appartenendo ad organizzazioni diverse hanno alle spalle periodi di collaborazione già trascorsi. Le persone che appartengono ad una stessa organizzazione nel corso del tempo tendono a formare una base di conoscenza comune, mentre per i soggetti appartenenti ad organizzazioni diverse la condivisione della conoscenza ha luogo attraverso il protrarsi nel tempo dei rapporti di collaborazione.

3.3.3 Strumenti

Per completare la panoramica sui flussi informativi nel dominio della scienza dei servizi si analizzeranno ora i metodi e le tecnologie che possono essere utilizzate per gestire e favorire lo scambio di informazioni. Si tratta di un argomento molto vasto e oggetto di studio da anni da parte di diverse discipline, per esigenze di sintesi saranno analizzati soltanto alcuni aspetti, in particolare l'utilizzo dei sistemi informativi, le relazioni interpersonali e gli strumenti collaborativi.

Nell'analisi è stata considerata una ulteriore suddivisione in tre gruppi delle categorie di soggetti coinvolti nelle comunicazioni: i soggetti che fanno parte di un'organizzazione e che sono a stretto contatto tra loro (es. dei colleghi che lavorano a stretto contatto tra loro); i soggetti che fanno parte di un'organizzazione ma che non hanno relazioni strette dal punto di vista lavorativo (es. i dipendenti di divisioni o unità diverse di una stessa organizzazione) e i soggetti appartenenti a diverse organizzazioni. Le tre categorie scelte rappresentano diversi livelli intermedi di vicinanza tra persone dal punto di vista delle conoscenze condivise, dei framework interpretativi utilizzati e dei processi di interazione adottati.

I flussi informativi sono stati suddivisi in due categorie: automatizzabili e non automatizzabili. I flussi di informazioni automatizzabili possono essere gestiti in modo ottimale per mezzo degli strumenti di elaborazione automatica delle informazioni (es. per mezzo di sistemi informativi), mentre i flussi non automatizzabili richiedono l'intervento umano per la loro gestione. La matrice presente in Fig. 3.2 descrive quali strumenti possono essere utilizzati per gestire i flussi di informazioni (automatizzabili e non automatizzabili) tra le tre categorie di persone precedentemente individuate. L'analisi proposta in questo paragrafo si limita a considerare, come strumenti per la gestione delle informazioni i sistemi informativi, i sistemi informativi federati, le relazioni interpersonali ed i sistemi di supporto alla collaborazione.

Figura 3.2. Strumenti per la gestione dei flussi informativi e loro applicabilità

Gli strumenti considerati nella Fig. 3.2 sono:

- I sistemi informativi: sono l'insieme delle persone, degli archivi e delle attività che si occupano di elaborare dati ed informazioni in un'organizzazione.
- I sistemi informativi federati permettono di far interoperare i sistemi informativi di organizzazioni diverse, che concepiti inizialmente come sistemi

autonomi, sono stati modificati per potere interagire tra loro. La federazione di sistemi informativi risultante permette lo svolgimento di processi che si estendono oltre i confini di una singola organizzazione e consentono in questo modo la condivisione di informazioni tra organizzazioni diverse. L'approccio federato permette di aggiungere nuove funzionalità con un'invasività minima ai sistemi informativi esistenti, i quali tuttavia rimangono autonomi e continuano a svolgere le funzioni per le quali sono stati inizialmente concepiti. Per maggior informazioni si veda il Par. 4.3.2.

- Gli strumenti collaborativi sono strumenti che facilitano e supportano lo sviluppo di comunità di persone votate allo svolgimento di attività ben precise. Esempi di strumenti collaborativi sono i blog, i sistemi di condivisione di informazioni basati su tagging, e le tecnologie alle quali si fa riferimento con il termine Web 2.0. Per maggiori informazioni si rimanda al Par. 3.4.2.

- Le relazioni interpersonali possono essere definite sinteticamente come l'insieme dei rapporti intrattenuti tra persone umane. Le relazioni tra persone possono variare da relazioni di natura professionale ed economica a rapporti di amicizia fino ad arrivare a relazioni familiari, queste relazioni costituiscono il principale strumento di scambio delle informazioni tra persone umane. In un tipico scenario di servizi, la maggior parte delle informazioni sono scambiate attraverso relazioni interpersonali. Gli strumenti precedentemente esposti molto spesso fungono da supporto e non da sostituti alle relazioni interpersonali.

In Fig. 3.2 si evidenzia che i sistemi informativi si prestano ad essere impiegati per gestire i flussi di informazioni automatizzabili, le relazioni interpersonali consentono invece di gestire sia i flussi automatizzabili sia quelli non automatizzabili. Gli strumenti collaborativi si prestano ad essere utilizzati sia nel caso di flussi automatizzabili sia nel caso di flussi non automatizzabili. Dal punto di vista dei soggetti coinvolti, i sistemi informativi all'interno di una stessa organizzazione e i sistemi informativi federati tra organizzazioni diverse facilitano lo scambio di informazioni anche tra soggetti che non hanno relazioni interpersonali forti, quando invece fra le persone si evidenzia una "vicinanza" (es. come nel caso di persone che lavorano a stretto contatto), si assiste ad una prevalenza dei rapporti interpersonali.

I sistemi informativi permettono di automatizzare lo scambio di informazioni, consentendo in tal modo di aumentare l'efficienza delle operazioni di gestione. Tuttavia l'introduzione di un sistema informativo può produrre un irrigidimento dei processi di comunicazione, se ciò non viene tenuto in considerazione e adeguatamente compensato durante la progettazione del sistema, l'introduzione del sistema informativo può risultare addirittura controproducente. Le relazioni umane hanno una maggior duttilità, tuttavia per gestire grossi flussi di informazioni richiedono l'impiego di un numero elevato di persone, con conseguenze dal punto di vista sia economico sia organizzativo. Da questo punto di vista è interessante analizzare l'impostazione adottata da molti call center: le domande dei clienti vengono gestite in prima battuta da sistemi a risposta automatica, nei casi in cui questi sistemi non riescano a fornire una risposta soddisfacente, la gestione del cliente viene passata ad un operatore umano. Gli strumenti di risposta automatica vengono utilizzati per gestire la maggior parte delle chiamate, mentre le persone vengono utilizzate per i problemi più complessi che dovrebbero rappresentare una parte non elevata del carico di chiamate. Poiché le persone sono la risorsa più costosa, molte aziende per minimizzare i costi cercano di trasferire sempre più funzioni ai sistemi di risposta automatica cercando contemporaneamente di diminuire il numero di operatori addetti a rispondere al telefono. L'effetto di questo processo tuttavia è che i clienti tendono a percepire i sistemi come sempre più rigidi e incapaci di fornire risposte.

Gli strumenti collaborativi facilitano lo sviluppo e la gestione di comunità di persone votate allo svolgimento di compiti specifici. Lo sviluppo dei software open source costituisce un esempio di community (composte da persone sparse in tutto il mondo) che sfruttano le moderne tecnologie per collaborare tra loro per sviluppare software. Gli strumenti collaborativi possono essere utilizzati in molteplici situazioni per favorire la creazione di flussi di informazioni sia tra soggetti che lavorano a stretto contatto tra loro, sia tra soggetti appartenenti ad organizzazioni diverse ma che per l'espletamento di attività o servizi particolari si trovano a dover scambiare informazioni.

3.4 I servizi ICT

Come visto in precedenza la tecnologia abilita l'innovazione dei servizi aprendo la strada a nuovi modelli e soluzioni. Inoltre, permette la creazione di nuovi meccanismi di erogazione dei servizi, rendendo spesso il processo più flessibile, meno costoso e aumentando le possibilità di comunicazione con il cliente come evidenziato nel Par. 3.1.2.

In questo paragrafo saranno analizzati i servizi ICT dove per servizi ICT si intendono quelle forme di servizi forniti impiegando le tecnologie dell'informazione e comunicazione, sia hardware sia software. Secondo la definizione data dall'OCSE le tecnologie ICT catturano, trasmettono e visualizzano dati in forma elettronica. Per meglio comprendere i servizi ICT è necessario evidenziare il rapporto tra le tecnologie (che permettono di gestire informazioni elettronicamente) e gli elementi intangibili del servizio, in primo luogo informazione e conoscenza. In questo paragrafo si intende analizzare tale rapporto in tre casi diversi: 1) i web services, una tecnologia che permette l'esecuzione di processi e transazioni distribuite; 2) i servizi Web 2.0, dove la tecnologia rappresenta un elemento fondamentale del servizio in contesti sociali e collaborativi; 3) i servizi professionali noti come KIBS (Knowledge Intensive Business Services), dove la tecnologia è uno dei possibili supporti al servizio, ma il ruolo centrale è rivestito dalla conoscenza dell'attore del servizio.

Approfondimento 3.2 Web services e service oriented architectures

Secondo la definizione data dal World Wide Web Consortium (W3C) (W3C, 2009), un *Web Service* (servizio web) è un *sistema software progettato per supportare l'interoperabilità tra diversi elaboratori collegati da una rete*. Un'architettura software basata sui Web Service viene indicata con la terminologia inglese Service oriented Architecture (SOA), rappresenta un insieme di applicazioni che operano su computer diversi e che sono in grado, attraverso i web services, di scambiarsi informazioni e richiedere l'esecuzione di operazioni remote, con l'obiettivo di supportare processi di business che coinvolgono più aree di una medesima azienda o di aziende diverse. Una service oriented architecture offre la possibilità di far interoperare fra loro software anche non inizialmente progettati per lavorare assieme, scritti in linguaggi di programmazione differenti ed in esecuzione su piattaforme hardware diverse. La caratteristica fondamentale di un web service è quella di offrire un'interfaccia per l'esecuzione di comandi descritta in un linguaggio formale (il Web Services Description Language (WSDL, 2009)) e automaticamente elaborabile, utilizzando la quale altri sistemi possono interagire con il Web Service stesso attivando le operazioni descritte nell'interfaccia. Le interfacce espongono pubblicamente i servizi software messi a disposizione ad elaboratori esterni. L'attivazione delle operazioni del web service avviene inviando appositi "messaggi", solitamente trasportati tramite il protocollo HTTP e formattati secondo lo standard XML. Come il lettore può notare, la maggior parte di questi protocolli sono mutuati dal mondo del web, da cui l'origine dell'espressione "web service". La descrizione di un'interfaccia e i messaggi utilizzati per richiedere l'esecuzione di un web service sono codificati attraverso standard "aperti", questo facilita l'interazione tra applicazioni e piattaforme eterogenee, in maniera analoga al mondo del world wide web. I web services hanno incontrato un crescente successo nel corso del tempo perché permettono di realizzare sistemi interconnessi o interconnettere sistemi preesistenti con la minima invasività e con costi contenuti (Fugini e Mezzanzanica, 2003).

3.4.1 Web Services e SOA (Service Oriented Architectures)

Nel linguaggio corrente, il termine "Service Oriented Architecture" viene a volte confuso con il termine service science, in questa sede occorre precisare che si tratta di concetti ben distinti: con il termine service science si intende un framework unitario di discipline per lo studio della progettazione, erogazione e valutazione dei servizi, come riportato nel Par. 1.1, mentre con il termine service oriented architecture si fa riferimento ad un'architettura software, basata su web services, progettata per far interoperare tra loro applicazioni informatiche diverse in un ambito distribuito. La confusione tra i due termini nasce dal fatto che molto spesso per l'erogazione di un servizio che coinvolge diversi sistemi informatici, si utilizzano le (web) service oriented architecure per garantire l'interoperabilità dei sistemi. I web services e le service oriented architecture sono approfonditi nel box approfondimento 3.2.

Box citazioni 3.1 O'Reilly sul Web 2.0

Tim O'Reilly:

1. Il Web 2.0 è un insieme di trend economici, sociali e tecnologici che formano collettivamente la base per la nuova generazione di Internet - un mezzo più maturo caratterizzato dalla partecipazione degli utenti, da apertura e da effetti di rete.

2. C'è un'implicita "architettura partecipativa", un'etica incorporata di co-operazione, nella quale il servizio funziona principalmente come un broker intelligente, collegando le periferie una con l'altra e sfruttando la potenza degli utenti stessi.

3. La chiave per un vantaggio competitivo nelle applicazioni internet è il grado in cui gli utenti sono in grado di aggiungere i propri dati a quelli che voi fornite. Perciò: non limitate la vostra architettura partecipativa allo sviluppo del software. Coinvolgete i vostri utenti sia implicitamente, sia esplicitamente nell'aggiungere valore alla vostra applicazione.

3.4.2 Il Web 2.0

Il Web cresce ed evolve a ritmo inarrestabile, il numero degli individui che lo utilizzano è sempre più alto, e sempre più sta diventando il canale privilegiato delle comunicazioni planetarie. Lo sviluppo del Web è supportato anche da software e applicazioni "sociali" che consentono un alto livello di interazione tra gli utenti. Tra il 2004 e il 2005 il World Wilde Web, per come lo si conosce e lo si è impiegato finora, è arrivato a un punto di svolta: il Web 2.0.

Nel box 3.1 si possono leggere alcuni estratti dall'articolo di Tim O'Reilly che ha fornito la prima definizione consolidata del Web 2.0 (O'Reilly, 2005)[4]. In realtà il Web 2.0 non ha ancora una definizione scientifica condivisa, ma è considerato comunemente come un insieme di applicazioni Web caratterizzate da modelli e stili di gestione dei dati aperti e più facili da usare rispetto al passato. Tim O'Reilly ha definito il Web 2.0 con una serie di tecniche e metafore di progettazione in contrasto con quelle del Web prima del 2004 (O'Reilly, 2005): sistemi di tagging invece di cartelle, RSS (Really Simple Syndication) invece della rigidità dei siti Web, wiki invece di sistemi di gestione dei documenti, Web API libere invece dello screen scraping, blog invece di home page personali, massiccia partecipazione degli utenti invece dello stile di pubblicazione client/server ecc. Il Web 2.0 è quindi considerato uno spazio di connessione tra utenti con sviluppate capacità di interazione, capaci di vestire molteplici forme di identità; è un composto di siti che producono contenuti e offrono servizi. Esso crea un mercato di nuovi prodotti e servizi tecnologici, e per questo necessita di nuove forme di business e nuovi modelli economici a supporto. Al momento, i nuovi modelli di fruizione dei contenuti e dei media sul Web hanno procedure di sviluppo e caratteristiche di fruizione molto simili

---

[4]Traduzione in italiano disponibile su http://www.xyz.reply.it/web20/.

al mondo Open Source, nel quale l'interazione tra gli utenti è non solo l'effetto del servizio, ma fonte di sviluppo e crescita del servizio stesso.

Da un punto di vista dei modelli di business ciò che fa la differenza rispetto ai modelli dell'economia tradizionale sono i comportamenti delle comunità del Web 2.0 (Hoegg *e altri*, 2006), le quali, grazie all'innovazione tecnologica e alla crescente intensità della partecipazione, rinnovano profondamente le esperienze, i flussi di informazioni e i processi alla base dei servizi. La qualità e la dimensione dei nuovi servizi Web 2.0 sono strettamente correlati al numero di utenti attivi e al valore che essi immettono, sotto forma di conoscenza. Il focus delle comunità che si formano attorno alle tecnologie Web 2.0 risiede nei contenuti, nelle informazioni che le persone si scambiano, e nei servizi che vengono utilizzati per creare, gestire, aggiornare e condividere conoscenza e che variano a seconda del tipo di contenuto (testo, immagine, video, audio). La tecnologia in questi casi non è il focus del servizio ma è l'infrastruttura, lo strumento che facilita i modelli di business di queste società. Gli utenti poi non sono riducibili al mero ruolo di clienti ai quali vendere qualcosa, ma sono detentori di interessi articolati ("stakeholders"[5]), che possono svolgere molteplici funzioni economiche, interessanti anche per ridurre i costi di progettazione, produzione e marketing di prodotti e servizi. Se nel Web 2.0 il cuore del mercato è la creazione e la condivisione di conoscenza secondo principi di collaborazione, la conoscenza è il valore economico di queste società e i relativi modelli di business devono prendere in considerazione comportamenti di tipo diverso dalla competizione in un mercato tradizionale. La maggior parte dei servizi delle società Web 2.0 non sono riconducibili alle forme tradizionali di servizio. I principi collaborativi tipici di questi fenomeni rappresentano una novità nella progettazione e gestione dei servizi, questi siti non sono "mercati", viene meno la distinzione dei ruoli tra domanda e offerta, tra chi produce e chi consuma, e spesso manca il meccanismo regolatore del prezzo, oppure non è di immediato accesso il relativo sistema di pagamento. Non sono ambienti di mero scambio di beni e servizi, ma sono contesti nei quali si intrecciano processi economici di diverso tipo, quali ad esempio:

- transazionale: eBay
- comunicativo/relazionale: Skype, piattaforme di instant messaging
- referenziale: LinkedIn, Facebook
- produzione collaborativa: Wikipedia, Flikr, YouTube
- identitario: SecondLife, MySpace

---

[5]Stakeholder è un termine utilizzato nella letteratura economica per indicare tutti quei soggetti "portatori di interessi" nei confronti di un'iniziativa economica, per esempio i clienti, i fornitori, i finanziatori, i collaboratori e i dipendenti di un'azienda. In questo libro, il termine stakeholder verrà utilizzato per far riferimento a tutti quegli attori che hanno una qualche forma di interesse nell'erogazione di un servizio.

Sono quindi servizi regolati da meccanismi di feedback, dove sono presenti procedure automatiche di valutazione del contributo e di consolidamento della credibilità e della reputazione delle persone che vi partecipano.

In relazione a queste caratteristiche è necessario identificare con chiarezza i ruoli svolti dai diversi attori del Web 2.0: per esempio il ruolo di cliente o di fornitore, o del concorrente o di chi propone un servizio complementare. I membri di queste comunità, come nel caso dei social network (O'Murchu *e altri*, 2004), non possono essere confinati alla "catena del valore" centrata sul sistema dell'offerta. Sono attori a pieno titolo entro sistemi aperti di creazione, appropriazione e a volte distruzione di valore economico, una "rete del valore" dove i nodi sono attività collegate tra loro da processi. Una comunità nel Web 2.0 può svolgere il ruolo di fornitore di servizi, spesso a basso costo o addirittura nullo: si veda la cessione dei diritti d'autore su Myspace[6]. Oppure svolgere il ruolo di co-produttore, come nella scrittura di articoli su Wikipedia, o di *complementor* di un prodotto/servizio proprietario: gli stilisti e gli studi di architettura su SecondLife. Talvolta può diventare il principale competitor o sostituto: le major musicali hanno trovato dei potenti competitor nelle comunità di utenti che si scambiano file musicali. Infine può assumere un ruolo di referente di attestati di fiducia come in LinkedIn; anche fonte di autoregolamentazione o base per la definizione di uno standard de facto di un servizio, sul modello di Skype. Questi siti e le relative comunità non sono quindi mercati frequentati da clienti, ma "ecosistemi digitali"[7] popolati da stakeholders, e sono regolati da un complesso e dinamico equilibrio di contributi e ricompense.

L'emergere dei servizi Web 2.0 non è collegato a una specifica innovazione tecnologica alla base del Web; da un punto di vista tecnico questi servizi combinano protocolli e linguaggi esistenti semplicemente in un modo nuovo. L'infrastruttura di rete continua ad essere costituita da TCP/IP e HTTP e il meccanismo ipertestuale è ancora il concetto base delle relazioni tra i contenuti. Tuttavia, tecnologicamente i servizi Web 2.0 sono innovativi grazie all'utilizzo di applicazioni peer-to-peer, AJAX, RIA, nuovi linguaggi di scripting (vd. Box di approfondimento 3.3), Web Services e tecnologie Semantic Web. Le applicazioni peer-to-peer permettono la creazione di servizi di file sharing; i Web Services e le tecnologie Semantic Web permettono l'integra-

---

[6]MySpace.com non reclama alcun diritto patrimoniale o morale relativo ai file audio ed alle creazioni musicali pubblicate mediante i servizi MySpace e, anche dopo la pubblicazione del contenuto mediante i servizi MySpace, tutti i diritti di proprietà e di utilizzo dei contenuti caricati permangono in capo all'utente. L'utente, pubblicando il contenuto mediante i servizi MySpace, si limita a concedere a MySpace.com una licenza non esclusiva limitata per l'uso, la modifica, la rappresentazione pubblica, la visualizzazione pubblica, la riproduzione e la distribuzione di tale contenuto mediante i servizi MySpace.

[7]Il termine, con l'accezione volta a descrivere la convergenza tra dinamiche evolutive e reti informatiche e la capacità di tali sistemi di autoorganizzarsi, è stato utilizzato per la prima volta da Massimo Giordani, docente del Politecnico di Torino.

Approfondimento 3.3 Applicazioni Web 2.0

- **AJAX** (Asynchronous JavaScript and XML): una tecnica che estende le tradizionali applicazioni Web e consente di effettuare richieste al server senza la necessità di ricaricare l'intera pagina nel browser dell'utente.
- **RIA** (Rich Internet Application): applicazioni che utilizzano AJAX. Le applicazioni Web si definiscono "rich" quando le funzionalità della pagina Web si arricchiscono di componenti "client-side", eseguite sul browser.
- **Linguaggi di scripting**: linguaggi di programmazione interpretati da un altro linguaggio per automatizzare compiti lunghi e ripetitivi (e.g., Ruby, Python).
- **Feeds RSS**: il **feed** è un'unità di informazioni formattata secondo specifiche (di genesi XML) stabilite precedentemente per rendere interoperabile ed interscambiabile il contenuto fra le diverse applicazioni o piattaforme.

RSS: (acronimo di RDF Site Summary ed anche di Really Simple Syndication) è uno dei più popolari formati per la distribuzione di contenuti Web; è basato su XML, da cui ha ereditato la semplicità, l'estensibilità e la flessibilità.

Content Syndication: Letteralmente significa diffusione di informazioni e concretamente significa rendere il proprio sito web disponibile, in parte o per intero, all'uso da parte di terzi; in un parola, fruibile. Il contenuto diffuso, detto feed, ovvero nutrimento, può consistere sia nel contenuto stesso sia in metadati, informazioni riguardanti il contenuto che ad esso fanno riferimento.

---

zione di servizi e applicazioni diverse creando nuovi servizi e applicazioni più complessi. Una tecnologia come AJAX permette di progettare applicazioni molto efficaci in ambito web. L'idea alla base è la riduzione del numero dei dati scambiati tra client e server: invece di trasferire ogni volta le pagine complete, si trasferiscono soltanto le modifiche e gli aggiornamenti, un programma AJAX ricostruisce di volta in volta la pagina completa. Il risultato è un notevole miglioramento dell'esperienza dell'utente. Queste tecnologie generano applicazioni user-friendly che nascondono i dettagli tecnici e i linguaggi di markup[8], potenziando le capacità di utenti non esperti nel creare e modificare i contenuti. Così lo stato attuale delle tecnologie per Internet è basato su un approccio dal basso, modellato e centrato sull'utente e sui contenuti creati dall'utente.

Da un punto di vista delle tecnologie e dei siti rappresentativi del Web 2.0 si può citare il pacchetto di strumenti offerti da Google, Wikipedia[9], Flikr[10]

---

[8]Un linguaggio di markup, o di marcatura, descrive i meccanismi di rappresentazione (strutturali, semantici o presentazionali) del testo che si inserisce sulle pagine Web.

[9]http://wikipedia.org/

[10]http://www.flikr.com

Box citazioni 3.2 L'intelligenza collettiva

Pierre Levy: Il problema dell'intelligenza collettiva consiste nello scoprire o nell'inventare un al di là della scrittura, qualcosa che si collochi oltre il linguaggio in modo che il trattamento dell'informazione sia distribuito ovunque e ovunque coordinato e non sia più prerogativa di organi sociali separati, ma si integri in maniera naturale nella totalità delle attività umane, in modo da tornare nelle mani di ognuno. Chiaramente, questa nuova dimensione della comunicazione dovrebbe permetterci di condividere le nostre conoscenze e di segnalarcele reciprocamente, cosa che rappresenta il presupposto basilare dell'intelligenza collettiva.

---

e Youtube[11]. Questi siti evidenziano come il Web 2.0 sia sempre più orientato alle persone, più che ai dati, e si dimostrano ottimi servizi, sia che i clienti paghino o non paghino per usarli. Ciò che interessa di più all'osservatore di questi fenomeni, più che i dati (ovviamente importanti), sono le esperienze e i modi di utilizzo di questi servizi. Servizi che per la maggior parte non sono stati progettati in una fase antecedente il loro processo, ma si sono evoluti parallelamente alle capacità di interazione degli utenti e alle infrastrutture del Web. Nel Web 2.0 non sono tanto le grandi aziende a comandare con i loro prodotti, quanto l'enorme galassia di piccoli siti che con la loro massa di contenuti rappresentano il vero "potere collettivo" della rete. Inoltre, il Web 2.0 ha successo principalmente perchè si pone come piattaforma senza proprietari, con standard aperti e accordi di cooperazione, che integra i prodotti e le tecnologie fornite dalla collettività, in competizione con le piattaforme fornite da singole aziende di software, centralizzate e controllate dall'alto. La sua forza sta nell'unione di idee, tecnologie (specialmente architetture) e modelli di business aperti e flessibili, maggiormente adatti all'attuale economia, e soprattutto al Web di nuova generazione che richiede sempre più interoperabilità e meno vincoli di controllo. Un esempio in questo senso è eBay[12] che ha permesso transazioni occasionali anche di pochi dollari tra singoli individui, agendo come intermediario automatizzato; il ruolo della società che lo controlla è quello di fornire un ambiente sicuro in cui le transazioni tra gli utenti possano concludersi, e il suo successo deriva quasi interamente dalla massa critica di acquirenti e venditori che vi operano. Da questo punto di vista, un altro esempio è Napster (sebbene chiuso per motivi legali) che ha costruito una grande rete di peer trasformando ogni utente che scaricava musica in potenziale server, facendo crescere il traffico di contenuti musicali. Questi esempi dimostrano un principio chiave del Web 2.0: il servizio migliora automaticamente con la cooperazione e il crescere degli utenti (vd. Box 3.1 n. 2) (O'Reilly, 2005).

Un altro punto nodale del Web 2.0 è lo sfruttamento dell'"intelligenza

---

[11]http://www.youtube.com
[12]http://www.ebay.com/

collettiva" (Levy, 1994) (vd. Box 3.2[13]): gli utenti aggiungono sempre più contenuti e le connessioni che essi creano crescono organicamente insieme alla loro attività partecipativa; le recensioni, i commenti, i giudizi che gli utenti inseriscono volontariamente sono informazioni che aggiungono valore al servizio. Per esempio, un sito come Amazon[14] supera di gran lunga i suoi concorrenti grazie ai flussi informativi che i suoi utenti producono intorno ai prodotti in vendita. Ma l'esempio più evidente di "intelligenza collettiva" all'opera sul Web è Wikipedia. Il caso di Wikipedia sarà oggetto del Par. 4.2.1, tuttavia occorre prima introdurre quali tecnologie e quali strumenti permettono lo sfruttamento di tale intelligenza collettiva. Si tratterà soprattutto degli strumenti collaborativi che permettono la creazione e la condivisione di contenuti. Nell'esposizione del caso si accennerà anche ad alcune criticità relative a questo tipo di servizio, legate per esempio alla valutazione della qualità delle informazioni, al loro recupero e utilizzo.

Gli strumenti che supportano la creazione collaborativa di contenuti hanno raggiunto una notevole popolarità con lo sviluppo del Web 2.0[15]. Sono applicazioni di social software, come blog, wiki, folksonomie, e altro. Queste applicazioni aumentano la capacità di condivisione e di scambio di idee tra gli utenti. Per mezzo di questi strumenti il Web 2.0 è orientato alla collaborazione e all'interazione tra utenti diventando di fatto una rete collettiva.

Uno degli strumenti collaborativi più caratteristici è il blog (contrazione di Web log, "traccia su rete"). Il blog non è altro che una home page personale che svolge le funzioni di un diario: contiene post, cioè messaggi testuali pubblicati periodicamente su uno spazio accessibile a tutti. Questo strumento è facile e gratuito da costruire, ed il suo successo si può determinare dal numero di blog che nascono quotidianamente (è stato calcolato che in media nasce un nuovo blog ogni secondo[16]). Ma cosa ha permesso questo successo e la sua crescita? Alcune caratteristiche tecniche e soprattutto l'innovatività del tipo di servizio che il blog rappresenta.

Uno degli elementi che ha fatto la differenza per la diffusione dei blog è una tecnologia chiamata RSS (vd. Box di approfondimento 3.3), che consente di "abbonarsi" gratuitamente alle modifiche di una pagina senza doverla visitare continuamente. Questa tecnologia ha aggiunto dinamicità e vitalità ai blog e alle pagine pagine Web in generale. Un link ad un blog punta a una pagina continuamente modificata, la tecnologia RSS permette di produrre un link per ogni singolo inserimento e una notifica per ogni cambiamento. Un feed RSS, cioè una lista di modifiche pubblicate, permette di tener traccia degli

---

[13]Traduzione italiana tratta da Levy, P. L'intelligenza collettiva, Feltrinelli, Milano 2002, pp. 20-21.

[14]www.amazon.com/.

[15]Un portale di siti Web 2.0 costantemente aggiornato: http://www.go2Web20.net/; su Technocrati sono disponibili guide e statistiche sui diversi strumenti: http://www.technorati.com.

[16]Fonte: Il sito Technorati, un motore di ricerca dedicato al mondo dei blog, tiene traccia dei milioni di blog che vengono prodotti: http://technorati.com/about/.

aggiornamenti dei dati. Per la prima volta è diventato relativamente semplice puntare direttamente a una sezione specifica del sito di un utente, leggere e lasciare commenti. Sono nate discussioni, conversazioni, e - come risultato - sono nate amicizie o rapporti professionali. Un tale meccanismo ha permesso di costruire ponti tra i blog, creando così la "blogosfera"[17].

Detto ciò è facilmente intuibile come, tramite un blog, chiunque possa comunicare in tutti i modi con i propri visitatori e scambiare le idee liberamente. Il blog sfrutta l'intelligenza collettiva (Levy, 1994) come una specie di filtro poiché la comunità è autoreferenziale, ossia i blogger che prestano attenzione agli altri blogger aumentano la loro visibilità e il loro potere. Questa attenzione collettiva della blogosfera decide quindi cosa ha importanza e cosa no, creando, di fatto, una "saggezza delle folle"(Surowiecki, 2004) dove ogni individuo aggiunge e/o seleziona il valore.

Una seconda classe di strumenti collaborativi è quella basata su software wiki (lo stesso di Wikipedia) (vd. Box 3.4). Un wiki è un software collaborativo nato per gestire siti Web (o una collezione di documenti ipertestuali) in cui gli utenti possono aggiungere, rimuovere e modificare ogni pagina attraverso un browser. Questo sistema è studiato affinché l'accesso risulti molto facile e altrettanto facilmente avvenga la revisione delle pagine, tale facilità rende il wiki un sistema adatto a qualsiasi progetto che preveda una partecipazione multipla. Nato all'interno di comunità di ingegneria del software, è diventato rapidamente uno strumento ideale per aggiungere contributi a collezioni di contenuti pubblici e privati online.

I wiki sono realizzati da una comunità di utenti che scrivono a più mani un testo, controllando le fonti e cercando di fornire un testo scientificamente corretto. Per questo motivo il wiki appare adatto anche per le comunità scientifiche perché permette di consolidare e condividere la conoscenza. I contenuti dei wiki sono caratterizzati da una sintassi semplice che viene arricchita da ipertesti e link interni. Esso richiede la cooperazione tra gli utenti per aggiungere e modificare i contenuti, controllare l'esattezza degli stessi e soprattutto richiede l'adesione ad un modello di comportamento comune per poter permettere l'espressione di differenti punti di vista sugli stessi argomenti. L'esempio più celebre di utilizzo di wiki per un progetto collaborativo è Wikipedia, ma i wiki sono utilizzati anche per compilare dizionari liberi, cataloghi di libri, organizzare eventi, sviluppare software, scrivere articoli di ricerca, proposte di progetti e quant'altro.

In sostanza le caratteristiche dei wiki sono: l'apertura, l'incrementalità, l'organicità (in senso evolutivo), l'universalità, la possibilità di creare interazioni e il basso costo.

Grazie a strumenti come quelli sopra descritti risulta chiaro ora come nel Web 2.0 è stato possibile creare una nuova catena del valore: l'utente copre il duplice ruolo di produttore e consumatore del bene (conoscenza). Gli strumenti collaborativi influenzano il modo di utilizzare le informazioni e la

---

[17]Neologismo (dall'inglese *blogosphere* o *blogsphere*) che indica l'insieme dei blog.

Approfondimento 3.4 Il software Wiki

Nel seguito si illustrano brevemente alcune caratteristiche tecniche del software. Il termine wiki deriva dall'hawaiano e significa "rapido", "veloce". Con questo nome si indicava il bus navetta che collegava Honolulu al suo aeroporto e ad esso si è ispirato Ward Cunningham(Leuf e Cunningham, 2001) quando sviluppò nel 1995 il primo software wiki per gestire il progetto di documentazione battezzato Portland Pattern Repository. Inoltre wiki è un efficace acronimo dell'espressione inglese *What I know is* che indica correttamente il significato di condivisione di conoscenza oltre che di scambio e di immagazzinamento. I wiki permettono la gestione di tre rappresentazioni per ogni pagina che si crea: il codice HTML (Hyper Text Markup Language), la pagina che risulta dalla visione di quel codice con un browser Web ed il codice sorgente modificabile dagli utenti, dal quale il server produce l'HTML. Quest'ultimo formato, noto come "wikitext", è scritto in un linguaggio di markup semplificato il cui stile e la cui sintassi variano tra le implementazioni.

---

conoscenza degli utenti, e permettono lo sfruttamento di servizi basati su informazioni e conoscenza. Così molte delle applicazioni del Web 2.0 possono essere considerate servizi, e contribuire in larga misura allo sviluppo e alla crescita dell'economia. I servizi Web 2.0 generano nuove catene del valore con nuovi utenti, soddisfacendo tre bisogni fondamentali: partecipare, ottenere prestigio e realizzarsi intellettualmente. I flussi economici sono basati su una forma di "economia libera": i partecipanti investono tempo e fatica per il bene della comunità, avendo come ricompensa buoni giudizi e notorietà nella comunità. Quindi la motivazione di ogni servizio Web 2.0 non è il denaro, ma spingere più utenti possibile a partecipare alla comunità. Infatti non appena si cerca di imporre una tassa per utilizzare il servizio, immediatamente si riduce il numero dei partecipanti (Hoegg *e altri*, 2006).

Il peso che gli strumenti collaborativi hanno nella moderna economia è già diventata materia di ricerca e discussione, come dimostra il libro Wikinomics (Tapscott e Williams, 2006) che tratta della collaborazione di massa e dei modi di utilizzare il Web 2.0 per aumentare i profitti, anche in azienda. Nel libro si presentano alcuni casi di grandi aziende, come Boeing o Goldcorp, che hanno avuto un grande beneficio dall'adozione di sistemi di collaborazione esterna (wiki) utilizzando la conoscenza di persone "reclutate" via Internet al di fuori dell'azienda. Incomincia ad affermarsi un modello di retribuzione nuovo, completamente diverso dal passato: gli individui negli Stati Uniti, con questa nuova modalità lavorativa iniziano a guadagnare collaborando con le grandi aziende senza esserne dipendente. I clienti si stanno trasformando in fornitori di beni e servizi, invece che consumare semplicemente il prodotto finito. Si è coniato a tal scopo il termine "prosumer" che unisce provider a consumer. Questo nuovo modello economico si estende già al di là del software, nella musica, nell'editoria, nella farmacologia e in altri settori guida fino a coprire quasi ogni area dell'economia globale. La conclusione cui si giunge è che miliardi di individui interconnessi sono in grado oggi di partecipare

Box citazioni 3.3 Enterprise 2.0

Le tecnologie dell'Enterprise 2.0 possono rendere una intranet più simile a quello che il Web è già: una piattaforma online, con una struttura in continua evoluzione, determinata in modo distribuito ed indipendente dalle azioni degli utenti.

all'innovazione, alla creazione della ricchezza e allo sviluppo sociale attraverso modalità un tempo inimmaginabili. E quando una massa così vasta di persone collabora collettivamente può far progredire in modi sorprendenti - ma in ultima analisi anche redditizi - le arti, la cultura, la scienza, l'educazione, il governo, l'economia (Tapscott e Williams, 2006).

L'utilizzo di strumenti collaborativi in azienda per aumentare lo scambio di informazione e conoscenza è diventato materia di discussione e di articoli scientifici, ed ha trovato anche una definizione più o meno condivisa: Enterprise 2.0[18]. Per Enterprise 2.0 si intende l'introduzione e l'implementazione di strumenti di social software all'interno di un'impresa, e per estensione definisce anche i cambiamenti sociali ed organizzativi ad essi associati (vd. Box 3.3)[19]. Sebbene i confini di questo termine debbano essere ancora definiti, ciò che interessa in questa sede è l'applicazione in azienda di strumenti come blog, wiki e social networks uniti ad altre tecnologie per creare una piattaforma in cui contributi ed interazioni siano resi disponibili in modo persistente nel tempo. All'interno della piattaforma si ritrovano tutti i principali componenti del Web 2.0: meccanismi di ricerca, link, possibilità di contribuire alla creazione dei contenuti, tagging, meccanismi automatici di suggerimento e notifiche di aggiornamento (diffusione di feed RSS). Ma al centro ci sono sempre le persone, gli utenti, produttori/consumatori di dati e metadati. Gli oggetti che questi utenti introducono sono collegati tra loro da link e tag, e i nuovi percorsi che si creano tra le informazioni sostituiscono le strutture imposte a priori dai software aziendali tradizionali. I sistemi di Enterprise 2.0, come per il Web 2.0, migliorano e diventano più efficaci man mano che la partecipazione aumenta. Più contributi e più persone significano più relazioni ed una maggiore capacità di far arrivare ad ogni utente esattamente ciò che sta cercando, portandoli più vicini verso l'obiettivo di un abbattimento del problema dell'*information overload*[20].

---

[18]Il termine è stato coniato da Andrew McAfee, professore della Harvard Business School, nel paper seminale (McAfee, 2006). Al concetto di Enterprise 2.0 sono stati dati anche altri titoli: ad esempio, "Enterprise Web 2.0" da parte di Dion Hinchcliff e "Social Computing" per Forrester e Gartner (Charron *e altri*, 2006).

[19]Trad. it. da http://www.socialenterprise.it/.

[20]Anche conosciuto come sovraccarico cognitivo, si verifica quando si ricevono troppe informazioni per riuscire a prendere una decisione o sceglierne una specifica sulla quale focalizzare l'attenzione.

Box citazioni 3.4 Definizione dei KIBS

Ian Miles: I KIBS sono servizi che si basano pesantemente su fornitori con forte conoscenza professionale, che forniscono prodotti e servizi basati sulla conoscenza (e con forte impiego della tecnologia), e che hanno natura intermedia cioè non hanno come obiettivo l'uso finale ma sono inputs per i processi industriali o per la produzione di altri servizi (Miles *e altri*, 1995).

3.4.3 KIBS (Knowledge intensive business services)

La natura intangibile dei servizi pone considerevoli problemi di identificazione delle competenze e conoscenze specifiche necessarie alla loro erogazione. Inoltre, poichè alcune entità ed elementi tipici del processo di servizio non si basano su conoscenze scientifiche o tecnologiche, sorge la necessità di trovare sistemi di misurazione e metodi di analisi delle diverse tipologie di conoscenze e competenze, soprattutto per comprendere e classificare i diversi elementi di innovazione.

In questa sezione si tratterà dei servizi basati sulla conoscenza - noti nella letteratura inglese come *knowledge-intensive services* (KIS) o *knowledge-intensive business services* (KIBS) - che includono tra gli altri i servizi finanziari, contabili, legali e assicurativi, i servizi legati alla sfera della comunicazione, del trasporto e della logistica, e hanno un ruolo anche nel settore dei servizi di pulizia e di molte attività amministrative.

Il termine "knowledge-intensive business services (KIBS)" è stato usato per la prima volta nel 1995 da Miles e altri (vedi Box 3.4). Miles ha definito i KIBS attraverso le caratteristiche delle aziende che li forniscono: organizzazioni private che basano la loro attività soprattutto sulla conoscenza professionale e l'esperienza, legate a una disciplina (teorica o pratica) o a un dominio applicativo specifico. In sintesi queste aziende forniscono servizi di intermediazione che producono come output principale conoscenza e informazione, tra questi si può identificare come classe dominante quella dei servizi professionali.

Questa definizione identifica l'attività delle aziende di KIBS, tuttavia manca ancora un accordo tra gli studiosi sulla corretta definizione del concetto di KIBS. La difficoltà nel definirli è certamente connessa alla natura del settore dei servizi (Toivonen, 2004). Come precedentemente accennato, questi servizi riguardano principalmente la fornitura e il trasferimento di conoscenza entro processi di business di organizzazioni o di persone. Quindi la loro natura è legata alla presenza di conoscenza, sia da un punto di vista teorico, sia pratico. In un'accezione particolare i KIBS sono stati definiti anche come "strategic business services", termine che evidenzia due elementi basilari di questo tipo di servizio: le competenze professionali alla base e la loro importanza strategica all'interno dell'economia dei servizi. Ma fondamentale è anche la presenza del fattore tecnologico all'interno del processo dei KIBS, come fattore di innovazione. Per comprenderli meglio è necessario però analizzare il concetto di intensità di conoscenza in questi servizi. William Starbuck è stato uno dei primi a specificare le caratteristiche dell'intensità di conoscenza, analizzando le aziende knowledge-intensive, ed ha identificato i seguenti elementi (Starbuck, 1992):

- La conoscenza è un'insieme di esperienze, non soltanto un flusso di informazioni. Alcune attività fanno uso di conoscenza senza trasformare grandi quantità di informazioni (ad es. la consulenza di gestione).
- L'intensità della conoscenza si riferisce a competenze "esoteriche", invece che a conoscenza largamente condivisa.
- Un esperto può non essere un professionista, e un'azienda knowledge-intensive può non essere un'azienda professionale.
- La conoscenza può anche trovarsi nelle tecnologie, nelle pratiche e nella cultura professionale delle aziende (ciò che Kang ha definito con i servizi knowledge-embedded).

L'analisi di Starbuck copre tutti i tipi di aziende knowledge-intensive e i relativi servizi, non solo i servizi professionali. Comunque, sia in Starbuck, sia in Miles, è presente la distinzione tra informazione e conoscenza come elemento essenziale per comprendere i KIBS. Secondo Miles l'intensità di conoscenza è un elemento che ormai caratterizza tutti i settori dell'economia, soprattutto all'interno dei processi di produzione. Questo è dimostrato dalla crescente domanda di competenze professionali di alto livello, di alta formazione, sia nella ricerca e sviluppo sia per esempio nel marketing. I servizi che investono in tecnologia e in innovazione sono tra i principali vettori dell'intensificazione della conoscenza, e in particolare i KIBS rafforzano questo trend dell'economia.

Per classificare i KIBS si è spesso utilizzato un generico schema di classificazione dei servizi, per poi dettagliare quelli in cui è dominante il fattore conoscenza. All'interno dello schema NACE presentato nell'introduzione di questo capitolo (si veda anche lo schema nella Tabella 3.1) i KIBS sono inseriti nella sezione "Immobiliari, noleggio e attività commerciali": nella tabella 3.3 sono elencate alcune delle categorie all'interno di tale sezione. Invece in altri schemi i KIBS sono considerati come servizi professionali e di business, supportati dalle tecnologie ICT. Tuttavia sono numerose le tipologie di servizi etichettabili come KIBS, per esempio i settori della logistica, delle telecomunicazioni e della finanza.

Un secondo schema che si può prendere ad esempio è quello fornito da Miles (Tabella 3.4) (Miles *e altri*, 1995), che elenca 17 categorie di servizi, in alcuni casi approfondendo delle categorie generiche nello schema NACE.

Nella letteratura sui KIBS (Toivonen, 2004) si cita spesso anche lo schema di Soete e Miozzo (1989) che divide i servizi utilizzando le tre dimensioni chiave della scienza, della tecnologia e dell'innovazione[21]. Tuttavia in questi schemi i servizi legati alla conoscenza sono rappresentati come una classe di servizi in genere, restando quindi a un livello di astrazione tale che non permette una

---

[21]Questo schema è precedente a quello dedicato all'innovazione descritto in 3.1.2, entrambi basati sugli studi di Pavitt (Pavitt, 1984).

Servizi di informatica (consulenza hardware e software, sviluppo di database, data processing);
Servizi di ricerca e sviluppo (nelle scienze mediche, naturali, sociali, ingegneristiche, tecniche e umane);
Servizi legali;
Servizi contabili;
Servizi marketing;
Servizi tecnici (per l'urbanistica, ingegneria civile, architettura, idraulica, design industriale);
Servizi di gestione;
Servizi per l'impiego;
Servizi per la formazione sul lavoro;

Tabella 3.3. Schema NACE di classificazione dei servizi KIBS

Contabilità;
Consulenza organizzativa;
Edilizia (e.g., topografia, ingegneria civile, architettura);
Gestione di beni;
Ingegneria tecnica;
Ricerca e sviluppo (esclusi quelli di ricerca universitaria);
Consulenza per la R&S;
Design;
Ambiente;
Informatica e computer-based;
Servizi legali;
Marketing e pubblicità;
Vendita e promozione nel settore immobiliare;
Formazione;
Servizi finanziari;
Servizi per l'impiego (interinali);
Agenzie stampa;

Tabella 3.4. Schema di Miles dei servizi KIBS

loro corretta definizione e classificazione. A tale scopo si cerca di quantificare la dimensione di esperienza e competenza presente in essi e il loro contributo nei processi di produzione di conoscenza e innovazione. Si è arrivati ultimamente a dividere i KIBS in due categorie sulla base della presenza di tecnologia o meno, in T-KIBS (dall'inglese *technology-based* KIBS) e in *non-technological* KIBS (Toivonen, 2004)(Hertog, 2002).

Vista la loro importanza per lo sviluppo di innovazione nei servizi è necessario far luce sul loro ruolo come facilitatori, veicoli e fonti di innovazione (Andersen *e altri*, 2000). Da una serie di lavori, soprattutto di area finlandese su tematiche di management (Par. 1.8), è stato possibile tracciare alcuni pattern di innovazione tipici dei KIBS (Toivonen e Tuominen, 2007). Secondo questi autori l'innovazione nei servizi è principalmente sentita come risultato di un processo interattivo tra diversi attori, e quindi i pattern di innovazione sono basati principalmente su diversi gradi di collaborazione tra gli attori dei servizi:

1. Innovazione emergente: l'innovazione emerge in modo involontario, imprevisto e incrementale senza un progetto predefinito.
2. Innovazione progettata internamente: l'innovazione è progettata deliberatamente all'interno dell'impresa; di solito si cerca un miglioramento del sistema di produzione del servizio, talvolta del contenuto del servizio.
3. Innovazione progettata con un cliente pilota: l'azienda di servizi che vuole innovare cerca un cliente pilota per testare la sua nuova idea, il cliente da parte sua fornisce le risorse, il finanziamento, la valutazione e le informazioni.
4. Innovazione personalizzata sul cliente: il cliente pone un problema particolare e il fornitore di servizi cerca una soluzione, impegnandosi a sviluppare attività spesso negoziate al momento del contratto.
5. Innovazione importata dall'esterno: il progetto di innovare si basa su ricerche di soluzioni esterne, per generare nuovi concetti di servizio o piattaforme che portano vantaggi all'interno dell'azienda.

Quando l'innovazione è progettata e organizzata internamente, alcune aziende impiegano sistemi di gestione della conoscenza per catturare conoscenza da sfruttare in pratica. In questi casi, poichè si incontrano i tipici problemi di gestione della conoscenza tacita, diventa importante analizzare i flussi della conoscenza nei KIBS. Già Miles aveva sottolineato che i flussi di conoscenza tacita sono tanto importanti quanto quelli di conoscenza codificata e formalizzata (Miles *e altri*, 1995). Un esempio di flusso è identificato nel processo che porta il patrimonio di conoscenza posseduto dal cliente ad essere costantemente arricchito dal confronto con quello del fornitore di KIBS (Hertog, 2002). Inoltre, il processo di conversione è altamente dinamico, le varie forme di conoscenza tacita e esplicita sono in continua combinazione. Il processo porta a continue ridefinizioni e correzioni nel corso delle interazioni tra gli attori, e ciò è tipico di quasi tutte le forme di KIBS.

In pratica i flussi di conoscenza tra gli attori dei KIBS sono multiformi e producono output differenti, sia tangibili sia intangibili. In termini di innovazione i flussi all'interno dei KIBS portano miglioramenti nella comunicazione interna delle aziende, nella comprensione delle potenzialità dei mercati, nel know-how dei sistemi applicativi, nelle capacità di negoziazione con i partners, nella collaborazione in ambito di ricerca e sviluppo, nel supportare la risoluzione dei problemi, nel trovare nuovi clienti, nel creare nuove reti di esperti e personale, e nella creazione di politiche di coordinamento e controllo.

E' utile ora trattare dei fattori di crescita dei KIBS all'interno del settore dei servizi. Essendo un settore molto esteso all'interno dei servizi, è stato calcolato che la crescita di KIBS è stata più veloce rispetto ad altri servizi (KIBS

- What Future, 2005), ciò è dovuto anche dalla forte richiesta di conoscenza da parte di altri servizi.

Il primo fattore è l'esternalizzazione (Huws *e altri*, 2005). Molte aziende hanno iniziato a esternalizzare alcuni servizi che prima erano forniti internamente. Una delle motivazioni di tale fattore è stata la necessità da parte di molte aziende di concentrarsi sulle proprie competenze di business. L'esternalizzazione ha fatto crescere il numero di aziende che offrono servizi KIBS, per esempio i servizi di call center, ma anche nello sviluppo di software e servizi di consulenza. Ciò si è unito all'abbattimento dei costi di comunicazione e all'espansione delle capacità delle tecnologie ICT di supportare l'interazione e il coordinamento a distanza. Perciò l'esternalizzazione è apparsa come una scelta molto redditizia in molti casi, anche se da sola non può spiegare la crescita dei KIBS.

Un secondo fattore è la disponibilità di tecnologie che supportano i servizi business, primi tra tutti i servizi per l'informatica e la gestione della conoscenza. I servizi basati su ICT offrono nuove e alternative fonti di conoscenza, nuovi metodi di configurazione e personalizzazione del servizio in base alla piattaforma tecnologica del cliente, permettono la creazione e progettazione di nuove strategie basate sull'ICT, e implementano nuove commodity per il cliente. Inoltre sono nati servizi appositi per aiutare il cliente nell'utilizzo delle tecnologie e nel risolvere problemi legati alle tecnologie. Servizi KIBS di questo tipo comprendono anche lo smaltimento dei rifiuti, la sorveglianza delle emissioni inquinanti, la pulizia, il controllo ambientale, la valutazione dell'impatto ambientale e la progettazione ecologica.

Un terzo fattore di crescita dei KIBS è il supporto giuridico e contabile che forniscono ai cittadini. I KIBS forniscono servizi d'informazione e consulenza in materia di regolamentazione, per esempio sul rispetto delle norme ambientali, sanitarie e di sicurezza, che rappresentano una sfida importante per le imprese di servizi. Altre aziende di KIBS aiutano il cliente a conoscere il mercato e il suo contesto, gli stakeholders con i quali entrare in comunicazione, tali servizi sono per esempio le ricerche di mercato, il marketing e la gestione delle relazioni pubbliche.

Altri fattori di crescita dei KIBS possono essere l'esigenza di molte aziende di aprirsi a nuovi mercati emersi con la globalizzazione e l'internazionalizzazione, o la liberalizzazione di alcuni mercati (per esempio le telecomunicazioni). La stessa economia della conoscenza è un driver di crescita di questi servizi, e in generale di tutta l'economia dei servizi (come visto nel Box di approfondimento 3.1). Infine si possono menzionare anche altri scenari del mercato del lavoro che aprono possibilità di crescita dei KIBS: la scarsità di alcune competenze richieste dal mercato può portare a nuovi servizi KIBS per la formazione e l'aggiornamento professionale, oppure i cambiamenti nelle carriere lavorative, il percorso di nuove carriere, offrono campi di sviluppo per servizi KIBS legati al mercato del lavoro (come si vedrà per il caso studio sul progetto SEEMP).

Come suggerito da molti esperti (Toivonen, 2004) i servizi KIBS stanno estendendo la loro influenza, in termini di trend innovativi e di crescita, a quasi l'intero settore dei servizi. In parte si sta verificando una convergenza verso le caratteristiche dei KIBS da parte di molte tipologie di servizi, come è illustrato da Toivonen (Toivonen, 2004) e sintetizzato dalla figura 3.3. Molte aziende che fornivano servizi di tipo differente, anche aziende manifatturiere, si stanno spostando verso l'offerta di KIBS, una volta compresa la loro importanza ed efficacia. Un esempio su tutti è costituito da IBM che da industria di prodotti e tecnologie ICT sta diventando sempre più un'azienda dominante nei servizi KIBS.

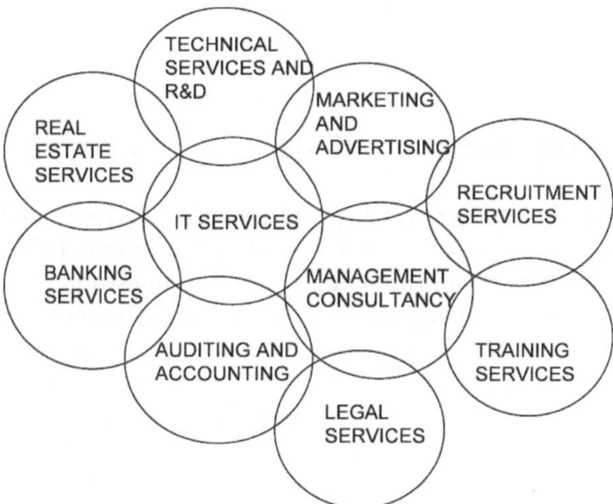

Figura 3.3. Convergenza tra servizi KIBS

Bisogna infine accennare ai possibili scenari futuri identificati dagli esperti. Toivonen ha identificato tre scenari nei quali i KIBS evolveranno: 1) una specializzazione dei KIBS in determinate tipologie di problemi, tecnologie, e differenti input; 2) un approfondimento delle relazioni con la clientela, allo scopo di isolare strategie e decisioni; 3) la creazione di servizi locali in competizione con le grandi aziende che esternalizzano KIBS su diversi mercati.

In (KIBS - What Future, 2005) sono descritti altri scenari che rappresentano una discussione e un approfondimento dei tre scenari di Toivonen, indicando alcune strade alternative: una leadership tecnologica dei KIBS, una riduzione della loro domanda o una differenziazione del loro ruolo nel settore.

La crescita della leadership tecnologica dei KIBS è supportata dallo sviluppo di tecnologie sempre più innovative che permettono servizi più sofisticati. La diffusione della connettività a banda larga e mobile stimola ulteriormente la domanda di servizi KIBS altamente tecnologici.

Dall'altro lato una crescente tendenza a servizi creati in casa porterebbe secondo alcuni esperti a una riduzione della domanda. Questo scenario è stato già previsto da Toivonen, ma è spesso considerato come un processo fisiologico di maturazione dei servizi KIBS. Si cercano meno i servizi all'esterno e il processo di liberalizzazione di alcuni mercati ne ostacola la crescita. Il fatto che si preferiscano servizi interni trasforma i clienti in concorrenti delle grandi aziende di servizi, e nuovi concorrenti diventano le istituzioni pubbliche o le università che incominciano a fornire servizi in modo autonomo.

Comunque sia il futuro, le politiche di sviluppo e diffusione dei servizi, sia a livello nazionale sia internazionale, devono tenere presente i vari scenari possibili, per poter progettare misure di aumento e miglioramento delle competenze, della mobilità, dell'accesso ai servizi nelle regioni meno sviluppate, delle liberalizzazioni e degli standard, delle nuove tecnologie e delle infrastrutture della conoscenza.

3.5 Linee di progettazione di sistemi di servizio

In questo paragrafo si analizzeranno le problematiche connesse con la progettazione e lo sviluppo di sistemi di servizio nei quali la gestione dell'informazione e della conoscenza rivestono un ruolo importante. In questo paragrafo saranno ripresi gli aspetti generali sulla progettazione di servizi accennati nel Cap. 2, integrandoli con alcuni concetti teorici e con la descrizione di metodologie che consentono da un lato di affrontare in maniera ottimale le peculiarità di "un sistema" per l'erogazione di un servizio e dall'altro di individuare le modalità più adatte per risolvere le criticità che possono emergere. Nella progettazione ed implementazione di strutture per l'erogazione di servizi, l'approccio sistemico (inteso nel senso di mettere a fattor comune e sfruttare in modo ottimale i diversi soggetti, organizzazioni, processi e tecnologie coinvolte) richiede di prestare particolare attenzione ai flussi di scambio di informazione e conoscenza che si originano tra i diversi componenti del sistema. L'impiego delle tecnologie di elaborazione automatica dell'informazione se da un lato può apportare dei benefici enormi all'efficienza di un sistema di servizio, dall'altro lato può causare una diminuzione della flessibilità dei processi. Nella progettazione e sviluppo di un sistema di servizio i due aspetti devono essere bilanciati nel modo migliore.

Pur non essendo stato ancora definito in maniera esaustiva in letteratura, un sistema di servizi in maniera informale può essere definito come una combinazione di risorse, di servizi, di valore prodotto e di scambi economici. Delle risorse fanno parte sia le risorse umane, sia le risorse operative (es. macchinari di produzione) sia le risorse informative; il servizio è l'applicazione delle risorse per produrre un valore per un beneficiario; lo scambio economico ha l'obiettivo di quantificare e scambiare valore tra i soggetti coinvolti.

Nel prosieguo di questo paragrafo saranno analizzate alcune teorie e alcuni modelli utili sia per comprendere al meglio le peculiarità di un sistema di servizio sia per guidare le attività di progettazione o reingegnerizzazione.

Come accennato, il concetto di sistema di servizio non è stato ancora definito e formalizzato con completezza nella letteratura sui servizi. Un contributo interessante a tale proposito è stato recentemente fornito da Alter (Alter, 2008) che ha proposto l'utilizzo combinato di tre diversi modelli per analizzare i sistemi di servizio: il *modello dei sistemi di lavoro*, il *modello della catena del valore dei servizi* e il *modello del ciclo di vita del sistema di lavoro*. L'approccio di Alter permette di analizzare come si forma il valore in un sistema di servizio, qual è il contributo delle relazioni, dei processi, delle tecnologie ed in generale dei diversi elementi che partecipano all'erogazione di un servizio. La pregevolezza dell'approccio adottato consiste nel fatto che viene mantenuta una visione olistica del sistema pur sfruttando metodologie di discipline diverse che focalizzano su aspetti specifici. Nell'esporre l'approccio di Alter si incontreranno alcuni concetti già trattati in altri capitoli del libro[22], per brevità questi verranno solamente richiamati.

Nel modello dei sistemi di lavoro, un servizio viene analizzato per individuare nove elementi: quattro di questi (i processi, i partecipanti, le informazioni e le tecnologie) costituiscono il sistema di lavoro vero e proprio, mentre le altre cinque parti (l'output, i consumatori, l'ambiente, le strategie e le infrastrutture) servono a identificare il contesto in cui si colloca il servizio. Le informazioni, in un generico sistema di lavoro possono essere rappresentate da database, documenti, conoscenza condivisa o anche messaggi scambiati. L'ambiente include la cultura dell'organizzazione, le regole, le leggi, le procedure, la storia e gli sviluppi dell'azienda. Le infrastrutture sono costituite dalle persone, dai macchinari e dalle risorse informative utilizzate dal sistema (a volte condivise con altri sistemi ed eventualmente anche controllate dall'esterno del sistema stesso). I nove elementi vengono rappresentati in una piramide, dove al vertice viene posto il consumatore, perchè ogni sistema di lavoro ha l'obiettivo di produrre qualcosa (l'output) per qualcuno (il consumatore). Il modello prevede espressamente che il consumatore possa partecipare al processo di servizio, come nel caso specifico del self-service, oppure in generale con un ruolo di co-produzione. Per sistemi di lavoro complessi, la metodologia di analisi può essere applicata ricorsivamente a sottoinsiemi dell'insieme di partenza.

Il secondo modello usato da Alter, la catena del valore, è uno strumento di analisi che consente di associare alle attività (connesse con l'erogazione di un servizio) le responsabilità di clienti, fornitori ed in generale degli attori coinvolti. Può essere vista come un'estensione del modello precedente, dove l'attribuzione delle responsabilità consente di identificare nel dettaglio i compiti svolti dai clienti e dai fornitori, evidenziando anche il loro specifico contributo alla generazione del valore. Questo modello, sfrutta i concetti della catena del valore, delineati nel Par. 1.6.5.

Il terzo modello impiegato da Alter, il ciclo di vita del sistema di lavoro, descrive l'aspetto dinamico di un sistema ed in particolare la sua evoluzione nel tempo. L'aspetto dinamico differenzia il terzo modello dai due precedenti, che

---

[22]il concetto di processo di servizio (Par. 1.6) e di co-produzione (Par. 1.6.3).

sono invece visioni statiche di un sistema. Secondo Alter i sistemi di servizio evolvono seguendo una combinazione di cambiamenti più o meno pianificati. I cambiamenti pianificati avvengono nei progetti formalizzati, composti da fasi iniziali, di sviluppo e di implementazione. Quelli non pianificati sono adattamenti in corso d'opera.

In letteratura si incontrano altre definizioni di modelli per i sistemi di servizio, tra le quali vale la pena di citare quella proposta da Vargo e Lusch (Vargo e Lusch, 2004). Questi autori definiscono il servizio come l'applicazione di competenze specifiche in processi e operazioni che producono un beneficio per qualche entità (vedi la Tab. 1.3). Gli autori, nel corso della loro trattazione, deducono che ogni tipo di sistema all'interno di entità aziendali o amministrative può essere visto come un sistema di servizio, nella misura in cui il sistema, applicando delle competenze, produce dei benefici per qualche soggetto.

E' interessante notare che, secondo la definizione di Vargo e Lusch, un sistema informativo può essere classificato come un sistema di servizio. I sistemi informativi sono utilizzati frequentemente nell'erogazione di servizi, soprattutto negli scenari dove la complessità dei canali informativi esistenti tra gli attori o la mole delle informazioni trattate rende necessario l'utilizzo di strumenti di elaborazione automatica delle informazioni. Una tentazione in cui spesso si incorre nell'analisi di un sistema di servizio è di considerare solamente la dimensione tecnologica, trascurando gli altri aspetti di un sistema (come per esempio i processi di back-office oppure il lavoro svolto dal personale che gestisce il contatto con la clientela). Nei servizi, la tecnologia è molto spesso un fattore abilitante, senza la quale alcuni servizi non potrebbero essere erogati o dovrebbero essere erogati in modalità diversa, per esempio la tecnologia Wiki in Wikipedia (rif. Par. 4.2.3), il web per i siti di e-commerce e per le compagnie aeree low cost. Tuttavia, limitare l'analisi di un servizio alla sola dimensione tecnologica sarebbe fortemente riduttivo. In merito a quest'ultima riflessione, è utile citare il lavoro di Spohrer e altri, i quali analizzano le vicinanze e divergenze tra i sistemi di servizi e i sistemi informativi (o computazionali). In (Spohrer *e altri*, 2007) gli autori sostengono che la principale differenziazione tra i due sistemi è data dal ruolo delle persone e dagli aspetti sociali. Questi ultimi due aspetti sono rilevanti nei sistemi di servizi, mentre hanno un'importanza relativamente inferiore in un sistema informativo.

Per quanto riguarda il ruolo delle persone, è utile citare la teoria unificata dei servizi di Sampson (Sampson e Froehle, 2006), la quale identifica il ruolo del cliente che apporta input nel processo, come il primo elemento di differenziazione dei sistemi di servizio rispetto alle tradizionali forme di transazione economica.

L'importanza della co-produzione all'interno di un sistema di servizi è sottolineata anche dal modello di Fitzsimmons e Fitzsimmons (Fitzsimmons e Fitzsimmons, 2006), l'*Open System View of Service Operations*, concepisce i processi di interazione con i clienti attraverso un processo gestito da un Service Manager, il quale riceve le valutazioni dai clienti e modifica le caratteristiche del servizio. In questo modello il cliente è un partecipante attivo del sistema di servizio ed è considerato come uno degli input che il Service Manager deve gestire all'interno del processo.

Come precedentemente accennato, le tecnologie ed in particolare l'ICT rappresentano dei fattori abilitanti per l'erogazione di nuovi servizi. Le problematiche e le peculiarità delle tecnologie, pur non esaurendo la totalità degli aspetti e delle criticità di un sistema di servizio, devono tuttavia essere gestite accuratamente dalle metodologie di progettazione e di reingegnerizzazione utilizzate. Analizzeremo ora alcuni contributi presi da ambiti di natura prettamente tecnologica che tuttavia offrono spunti e suggerimenti per l'applicazione ad un processo di progettazione di sistemi di servizio.

La progettazione dei sistemi informativi a supporto di sistemi di servizio costituisce un aspetto cruciale soprattutto in quei servizi, dove le informazioni, lo scambio di conoscenza con il cliente e la produttività costituiscono aspetti fondamentali. Le tecnologie ICT hanno trasformato i sistemi informativi dal ruolo di "colla che tiene assieme diverse unità di un'organizzazione" ad una risorsa strategica sorgente di vantaggio competitivo per un'organizzazione (Tien, 2003). Un contributo interessante alla progettazione di sistemi informativi in un contesto di sistemi di servizio è fornito dalla "ingegneria dei sistemi di servizio", definita come un approccio multidisciplinare che affronta il sistema di servizio dalla prospettiva del ciclo di vita, dell'informazione e del cliente (Tien, 2003). Tien fornisce un'utile classificazione dei metodi (riportata in tabella 3.5) per sviluppare e far evolvere i sistemi di servizio nei quali sono centrali la gestione dei dati e le tecnologie ICT.

3.5.1 Modelli tradizionali di progettazione, vantaggi e svantaggi

I primi progettisti che si sono trovati di fronte all'esigenza di progettare o reingegnerizzare dei servizi hanno inizialmente adottato modelli e sistemi sviluppati nel contesto della produzione di beni tangibili. Tuttavia tali modelli si sono dimostrati nel corso del tempo inadatti a gestire le peculiarità e le criticità dei processi di progettazione dei servizi, pertanto si è reso necessario individuare modelli di natura differente (Vargo e Lusch, 2004). E' quindi nato un filone di ricerca molto vivace, come testimoniato da numerose pubblicazioni (Fitzsimmons e Fitzsimmons, 2000)(Ramaswamy, 1996)(Cooper e Edgett, 1999), il quale è tuttora attivo, come testimoniato da studi recenti sull'identificazione di modelli e di pattern ricorrenti nella progettazione di servizi (Boselli *e altri*, 2008). In USA il tema è conosciuto come *new service development* (Bowers, 1985), mentre in area europea ed israeliana si preferisce parlare di *service engineering* (Bullinger *e altri*, 2003). Il new service development è fortemente orientato al marketing, il service engineering è invece un approccio più tecnico-metodologico, che pur focalizzando sulla progettazione di servizi, cerca di sfruttare il know-how esistente in altri settori (specialmente nell'ambito della produzione di beni). La peculiarità dei sistemi di servizi a cui occorre

Caratteristica	Tecnologie ICT	Metodi Tecnologie gestione dati
Information-Driven		
Creation	Collaborative Software, Business Intelligence Software	Data Mining, Decision Informatics
Management	Synchronization Software, Autonomic Computing	Data Mining, Decision Informatics, Index/Pointer Scheme
Sharing	Peer-to-Peer Networking, Distributed Computing, Extensible Markup Language	Index/Pointer Scheme
Customer-Centric		
Co-Production	Intranet, Extranet, Internet	Demand Management, Decision Informatics, Adaptive Techniques, Artificial Intelligence
Customization	Software Agents, Synchronization Software, Peer-to-Peer Networking	Data Mining, Decision Informatics, Adaptive Techniques, Artificial Intelligence
Satisfaction	Software Agents	Demand Management
E-Oriented		
E-Access	Wireless, Internet-on-a-Chip	Decision Informatics
E-Commerce	E-Procurement, E-Fulfillment, E-Supply Chain, E-Outsourcing, E-Auction	Supply Management, Economic Value Added Analysis
E-Customer Management	Customer Management Software	Demand Management
Productivity-Focused		
Efficiency	Customer Management Software	Data Envelopment Analysis, Reengineering
Effectiveness	Customer Management Software	Demand Management, Life-Cycle Analysis

Tabella 3.5. Ingegneria dei sistemi di servizi: metodi di sviluppo ed evoluzione

prestare maggiormente attenzione è la centralità del cliente nel servizio, l'importanza di tale figura nei processi di progettazione è stata riconosciuta al termine di un lungo dibattito basato su due opposte visioni: Gadrey (2002) definisce il servizio sulla base degli input dati dal cliente, Pinhanez (2008) si chiede se tutti i servizi siano *customer-intensive*.

Modello ingegneristico / modello interpretativo

Per molto tempo il processo di servizio è stato confrontato con il processo di produzione tipico del manifatturiero. Quest'ultimo processo è basato su un *modello ingegneristico* secondo il quale la progettazione del prodotto, il processo di produzione e le due fasi sono ben distinte (Alic, 2001). In tale modello gli input sono trasformati in output da un produttore. Fondamentali per questa trasformazione sono i quattro fattori economici classici: il capitale, il lavoro, la conoscenza e i mezzi di produzione. Secondo il modello ingegneristico il cliente entra in contatto con il prodotto solamente dopo la produzione e partecipa al processo soltanto scegliendo e consumando il bene materiale prodotto. Tali presupposti del modello ingegneristico tuttavia non si conciliano con un processo di erogazione di servizi dove: 1) la relazione tra fornitore e cliente avviene durante tutto il processo produttivo, 2) il fornitore accoglie gli input del cliente e personalizza il servizio durante tutto il processo di erogazione, 3) il cliente contribuisce con idee o suggerimenti anche alla fase di progettazione (Sampson e Froehle, 2006). Quanto accennato sono soltanto alcune delle differenze che hanno indotto gli studiosi a cercare un differente modello alla base della progettazione dei servizi.

E' vero che il modello ingegneristico può anche essere utilizzato per servizi nei quali l'output sia relativamente ben definito inizialmente (e.g. fast food, commodity bancarie), ma generalmente tali servizi richiedono un alto grado di giudizio sulla clientela e di soggettività da parte degli erogatori e ciò difficilmente si concilia con le caratteristiche del processo ingegneristico. Un altro problema è che spesso alcuni output di servizio sono inseparabili dal processo di produzione, come nel caso dei ristoranti, oppure nei servizi basati sulla conoscenza (educazione, sanità, consulenza).

Considerando queste differenze sostanziali Hertzenberg ha suggerito un modello sostitutivo per la progettazione dei servizi, il *modello interpretativo* (Herzenberg e Wial, 1998). Il modello interpretativo elimina molte delle ipotesi su cui si basa il modello ingengeristico, come riassunto dalla tabella 3.6[23].

Nel modello interpretativo i fornitori sviluppano speciali competenze e capacità nel capire le esigenze del cliente e nel soddisfarle attraverso il servizio da fornire; il fornitore può continuamente modificare il servizio o il metodo di erogazione per rispondere alle esigenze dell'utente e all'evoluzione di tali esigenze nel tempo. Per esempio, nei servizi sanitari la diagnosi e la cura vengono spesso modificate durante il processo di erogazione della cura.

---

[23]Fonte: corsi dell'IBM Almaden Services Research (la traduzione è degli autori).

Modello ingegneristico	Modello interpretativo
Progetto precede il processo di produzione	Prodotto e processo sono intrecciati
	Progettazione del prodotto emerge dal processo, non è specificata all'inizio
Lavoratori eseguono compiti	Lavoratori interpretano bisogni e eseguono compiti
Miglioramenti giungono da cambiamenti al progetto o al processo	Miglioramenti giungono dall'aumentare l'abilità dei lavoratori di dedurre e interpretare, rispondere alle situazioni, per scegliere pratiche di lavoro dal passato o inventarne di nuove per nuovi servizi

Tabella 3.6. Le differenze tra il modello ingegneristico e interpretativo

I processi attraverso i quali la conoscenza è trasformata in beni economici nelle industrie di servizi differiscono sistematicamente da quelli utilizzati nel manifatturiero. Uno dei fattori di miglioramento dei processi di progettazione dei servizi è il bilanciamento tra la creazione e l'utilizzo della conoscenza. La conoscenza del cliente è il cuore del modello interpretativo, nel senso che maggiore è la conoscenza che il fornitore ha dei bisogni e delle aspettative del cliente, più velocemente il servizio raggiunge il suo scopo. Inoltre, i clienti percepiscono il servizio con maggiore positività nella misura in cui i fornitori dedicano tempo a comprendere il cliente. Perciò esiste una stretta relazione tra conoscenza del cliente e la dimensione del tempo.

Modello a cascata vs. modello a spirale

Nell'articolo di Bullinger e altri (Bullinger *e altri*, 2003) sono esposti alcuni modelli di progettazione e ingegnerizzazione dei servizi, tra cui il modello a cascata e il modello a spirale. I modelli presentati si differenziano sulla base del ruolo del cliente nel servizio e dell'intensità dell'interazione. Nel contesto dei servizi, i modelli di progettazione e ingegnerizzazione definiscono le attività necessarie per svolgere tali compiti, individuano l'ordine di esecuzione e le relazioni che intercorrono tra le diverse attività, si occupano dell'allocazione delle risorse umane, tecnologiche e organizzative.

Il modello a cascata è caratterizzato da una progressione lineare di attività in successione. Ogni passaggio ad una fase successiva è condizionato dal completamento della fase precedente. Questo modello facilita le attività di pianificazione dei tempi di esecuzione, e risulta particolarmente indicato quando i gestori possiedono una conoscenza approfondita del contesto e del dominio in cui si va ad operare. Infatti conoscenza ed esperienza favoriscono una corretta articolazione e tempificazione delle attività da svolgere e una allocazione ottimale delle risorse. Nonostante gli svantaggi come la mancanza di flessibilità che rende difficile apportare cambiamenti o adattamenti in corso d'opera, il modello a cascata rimane il modello più diffuso per lo sviluppo di progetti.

Nel modello iterativo, le diverse attività che compongono le fasi di progettazione e ingegnerizzazione possono essere ripetute più volte. Ad ogni ripetizione, viene costruito un risultato (inizialmente incompleto, ma dopo varie fasi raggiunge una forma definitiva) valutabile sia dal progettista sia dal cliente finale. In maniera analoga le specifiche di progetto evolvono tenendo conto della valutazione dei risultati intermedi e delle criticità che emergono. Il modello iterativo facilita l'acquisizione della conoscenza e il formarsi di esperienza grazie alla ripetizione delle fasi, tuttavia il numero di iterazioni non è predicibile a priori, rendendo difficile gestire la pianificazione delle attività. Uno dei vantaggi di tale modello è che già nelle fasi iniziali si possono avere risultati valutabili, in tal modo è possibile identificare fin da subito potenziali errori o criticità, senza dover attendere la fine del processo come nel modello a cascata.

Un altro approccio utilizzabile nella progettazione e sviluppo di un servizio è l'impiego dei modelli prototipali. Questa metodologia consiste nello sviluppare diversi prototipi del sistema, ogni prototipo viene testato e sottoposto alla valutazione dell'utente. A differenza dei modelli iterativi nei quali ad ogni iterazione vengono sviluppate funzionalità parziali del sistema, nel modello prototipale ogni prototipo corrisponde ad un sistema completo (anche se in scala ridotta). Il modello prototipale ha sicuramente la flessibilità come suo punto forte in quanto facilita la risoluzione di problemi imprevisti (gli imprevisti riscontrati nella gestione di un prototipo diventano "problemi noti" nello sviluppo dei prototipi successivi). I prototipi sviluppati facilitano la comunicazione tra sviluppatori e committenti, perchè questi ultimi possono valutare un prodotto tangibile. I vantaggi fin qui elencati del modello prototipale sono tuttavia controbilanciati dalla complessità delle attività di coordinamento, dalla difficoltà di monitoraggio degli obiettivi e soprattutto dal maggior lavoro necessario per realizzare più copie (anche se in scala ridotta) del sistema finale. Gli approcci prototipale ed iterativo vengono spesso utilizzati in combinazione ad altri modelli. Nelle situazioni in cui vi è un certo grado di incertezza (dovuto a scarsa conoscenza del dominio o del contesto sia da parte del committente sia da parte del progettista) è utile pianificare lo sviluppo di un numero limitato di prototipi (del sistema completo oppure di parti di esso) per identificare le criticità e i requisiti nascosti, cioè quei requisiti anche importanti che tuttavia il committente non è in grado di esplicitare.

I modelli appena presentati sono stati sviluppati nell'ambito di settori quali l'ingegneria del software (disciplina che si occupa delle problematiche connesse con lo sviluppo del software), il management operativo e il project management. Tuttavia questi modelli durante l'applicazione al settore dei servizi hanno evidenziato alcune lacune quali insufficienza di dettaglio, scarsa flessibilità e adattabilità, difficoltà ad ottenere e a valutare correttamente i risultati empirici, soprattutto quando vi è una forte incidenza del comportamento umano. Per questo motivo non è stato definito dagli studiosi e non è ancora emerso dall'uso comune un modello di riferimento per la progettazione e l'ingegnerizzazione dei servizi.

3.5.2 Coopetizione

Spesso nell'ambito dell'erogazione dei servizi si trovano a dover collaborare tra loro aziende o pubbliche amministrazioni che non sono legate da relazioni di partecipazione e che a volte sono addirittura in competizione tra loro. Diversi fattori possono spiegare questo andamento: l'elevata specializzazione richiesta in certi ambiti e la contemporanea ricerca di nuove vie per erogare servizi in grado di rispondere sempre meglio alle esigenze dell'utente.

Le situazioni nelle quali coesiste un'attitudine alla cooperazione tra soggetti normalmente in competizione, in letteratura è descritta per mezzo di modelli "coopetitivi". Il termine "coopetizione" è usato nella letteratura di management (Brandenburger e Nalebuff, 1996; Gnyawali e Madhavan, 2001; Lado *e altri*, 1997) per indicare un comportamento ibrido in cui coesistono sia competizione sia cooperazione. Nello specifico la coopetizione ha luogo quando alcuni soggetti tra loro in competizione identificano delle aree in cui avviare attività di cooperazione, mentre nelle aree rimanenti la competizione continua.

Nella letteratura economica il modello coopetitivo è stato riconosciuto estremamente importante per interpretare le dinamiche di relazioni tra aziende (Dagnino e Padula, 2002) e pubbliche amministrazioni.

L'analisi, la progettazione e la realizzazione di uno scenario coopetitivo costituisce un aspetto molto importante della progettazione di un sistema di servizio dove sono coinvolti diversi soggetti tra loro indipendenti. In questo paragrafo saranno approfondite alcune tematiche relative alla coopetizione e saranno delineati alcuni aspetti rilevanti per la progettazione dei sistemi di servizio.

Tipologie di scenari coopetitivi

Si riportano ora alcuni esempi di coopetizione, raggruppandoli in due categorie:

- Vantaggio reciproco dei partner coinvolti. In questi casi gli attori coinvolti hanno un vantaggio reciproco dallo scenario coopetitivo.
  - Le tre principali società di telecomunicazioni mobili che operano in India (Bharti Airtel, Vodafone e Idea Cellular) hanno affidato la gestione dell'infrastruttura delle antenne di terra localizzate nelle zone meno

profittevoli ad una società costituita appositamente (Indus Towers) e che si occuperà della gestione, manutenzione ed ampliamento degli impianti (Maruccia, 2007). Gli operatori di telefonia mobile, in questo modo ottengono un duplice vantaggio: da un lato possono estendere la copertura in zone remote a costi contenuti, dall'altro lato possono concentrare il loro impegno sulle aree più profittevoli, che continuano ad essere gestite con un approccio competitivo. Ciò inoltre facilita l'estensione dei servizi di comunicazione mobile, attualmente appannaggio quasi esclusivo delle zone cittadine, alle campagne dove risiede circa il 70% della popolazione indiana.

– Le aziende che sviluppano software libero (Free Software, 2009) e Open Source (Open Source, 2009) possono essere prese come esempio di sistema coopetitivo. Un prodotto software spesso è ottenuto per mezzo dello sforzo congiunto di più soggetti, i quali collaborano nello sviluppo del prodotto stesso. Questi soggetti sfruttano in seguito il prodotto open source sulla base di proprie strategie business. Per esempio, una forma molto diffusa consiste nell'offrire consulenze sull'installazione, uso e personalizzazione del prodotto open.

– Sistemi informativi statistici. Alcune pubbliche amministrazioni (o grosse aziende) possono decidere di condividere il contenuto dei loro sistemi informativi per costruire un sistema in grado di fornire statistiche sulla popolazione e informazioni utili per il supporto alle decisioni. I dati estratti dagli archivi amministrativi (es. archivi anagrafici, archivi fiscali, ...) permettono di ottenere facilmente informazioni dettagliate ed aggiornate sulla popolazione (Denmark, 2000). In ambiti territoriali ristretti e delimitati (quali possono essere una città, un'area metropolitana, l'area occupata da un distretto industriale) questi dati hanno una significatività molto maggiore rispetto ai dati statistici resi disponibili dagli istituti di statistica nazionali (i quali perdono di significatività al decrescere delle dimensioni del territorio considerato). L'introduzione dell'ICT ha allargato la disponibilità di informazioni e ne ha facilitato la messa a disposizione a organizzazioni e istituzioni per lo svolgimento di indagini (Sundgren, 1993). Un esempio di quanto appena detto è il progetto AMeRIcA (Mezzanzanica *e altri*, 2006a,b; Cesarini *e altri*, 2006), nel corso del quale sono stati integrati alcuni archivi amministrativi (anagrafe comunale, anagrafe tributaria e centri per l'impiego di Milano). Il sistema informativo statistico sviluppato permette di ottenere informazioni sulla popolazione di analisi, in tempi estremamente rapidi e con un livello di accuratezza non ottenibile altrimenti.

• Stakeholders che hanno la possibilità di imporre uno scenario coopetitivo, per esempio un'azienda o una pubblica amministrazione che impone un comportamento coopetitivo rispettivamente ai suoi fornitori o agli enti collaboratori. Vediamo alcuni casi:

– Parallelismo tra i fornitori delle case automobilistiche giapponesi. Nel gestire le relazioni con i propri fornitori, i produttori di automobili giapponesi hanno adottato un approccio chiamato in letteratura "parallel sourcing" (Richardson, 1993). Sulla base di questo approccio, per ogni tipologia di componente acquistato, un produttore automobilistico normalmente seleziona due o più fornitori e richiede a questi ultimi di scambiarsi informazioni su materiali utilizzati, sui processi produttivi, sui problemi emersi e sulle soluzioni trovate. Questo particolare tipo di relazione mira a mantenere la pressione competitiva che grava sui fornitori pur all'interno di una collaborazione a lungo termine, nel caso in cui emergano problemi tecnici, il produttore cerca di lavorare con tutti i fornitori coinvolti per risolverli, al posto di optare per la soluzione di cambiare il fornitore. Da questo punto di vista il rapporto che si viene ad instaurare tra produttore e fornitore è molto simile al rapporto che si instaura tra produttore e consumatore di servizi.

– La Borsa Continua Nazionale del Lavoro (abbreviata in BCNL) è una rete integrata di strumenti, servizi, informazioni, documentazione per il mercato del lavoro. Prevista dal Decreto attuativo della legge Biagi (2003) è stata realizzata per mezzo di un sistema informativo federato che coinvolge tutti gli operatori pubblici e privati che in Italia, a vario titolo partecipano al mercato del lavoro, dove con l'espressione mercato del lavoro si intendono i meccanismi che consentono l'incontro tra datori che offrono posti di lavoro vacanti e persone in cerca di occupazione. Gli operatori del mercato del lavoro, siano essi pubblici o privati, hanno l'obbligo di conferire alla BCNL i dati dei curricula e delle offerte di lavoro acquisiti durante il corso della loro attività. L'obiettivo della borsa è di creare un mercato del lavoro virtualmente unico, favorendo l'efficienza e la trasparenza del mercato stesso. La borsa permette infatti ad una persona di accedere ad un insieme di offerte più vasto rispetto a quelle gestite dall'operatore contattato. Un meccanismo ad hoc permette la condivisione dei dati senza ledere il business degli operatori coinvolti. In merito a quest'ultimo punto, la BCNL si pone solamente come strumento per facilitare l'incontro tra la domanda e l'offerta, non influenza i rapporti economici che possono intercorrere tra le aziende clienti e gli operatori del mercato del lavoro.

La creazione di uno scenario coopetitivo nell'erogazione dei servizi può essere giustificata da diversi motivi. In alcuni casi i soggetti coinvolti possono avere convenienza a concentrare le loro attività sulla parte più remunerativa di uno specifico business, sfruttando la cooperazione per limitare gli sforzi necessari a presidiare le aree meno interessanti, senza doverle tuttavia abbandonare. In altri casi, uno stakeholder in grado di imporre uno scenario coopetitivo, può obbligare i soggetti a concentrare lo sforzo competitivo su aree specifiche evitando che la competizione abbia luogo in aree ritenute non importanti.

Il ruolo delle policy e degli incentivi

La creazione delle policy che regolano la partecipazione degli attori ad uno scenario coopetitivo è un aspetto di primaria importanza, una scelta sbagliata delle regole di partecipazione può facilmente causare il fallimento nella creazione di uno scenario di collaborazione tra competitori. Le policy devono cercare di invogliare ed eventualmente forzare i soggetti coinvolti (soprattutto quelli che mostrano una spiccata tendenza alla competizione) a non "imbrogliare", dove per imbrogliare si intende lo sfruttare la collaborazione altrui senza ricambiare con una collaborazione reciproca. Un esempio di competitore che imbroglia può essere un fornitore implicato in un processo di parallel sourcing che non condivide le soluzioni da lui trovate, ma che tuttavia sfrutta le indicazioni fornite dagli altri fornitori.

Quanto appena esposto può essere riassunto dicendo che occorre trovare un equilibrio tra i seguenti fattori: attitudine e convenienza alla collaborazione, attitudine alla competizione, ampiezza dei settori dove possono sorgere conflitti, possibilità e attitudine ad "imbrogliare" (cioè a sfruttare la collaborazione altrui senza fornire nulla in cambio).

Il modo attraverso il quale un equilibrio può essere raggiunto dipende sia dallo specifico dominio sia dalle policy che vengono stabilite per regolare la collaborazione e la competizione tra gli attori (Cesarini e Mezzanzanica, 2006).

Un'altro fattore critico che deve essere considerato attentamente è la durata del tempo transitorio necessario a creare uno scenario coopetitivo. Se i soggetti coinvolti maturano la convinzione che occorra troppo tempo affinché lo scenario coopetitivo inizi a funzionare in maniera efficace, unitamente all'incertezza sui vantaggi della coopetizione, tutto ciò può influire negativamente sulle aspettative dei soggetti fino a diventare una causa di fallimento.

Per favorire la creazione di uno scenario coopetitivo può essere utile l'impiego di incentivi o misure di intervento nei confronti dei soggetti coinvolti. Gli incentivi possono essere usati per contrastare atteggiamenti di immobilismo offrendo dei compensi ad attori chiave per convincerli a muoversi. Se gli attori chiave sono scelti opportunamente, questi muovendosi possono generare un effetto di trascinamento in grado si sbloccare eventuali situazioni di stallo. L'erogazione di incentivi permette di alzare le aspettative dei partecipanti nei riguardi dello scenario coopetitivo, questo approccio risulta utile per contrastare le basse aspettative derivanti dall'incertezza sui vantaggi, oppure l'incertezza legata ai tempi necessari per l'avvio della coopetizione. Le fasi in cui si articola la progettazione e l'attuazione di una politica di incentivi possono essere riassunte nei seguenti punti: identificare le leve che possono essere impiegate e gli attori chiave su cui influire; concludere accordi (policy) con gli attori identificati; offrire degli incentivi (economici, fiscali, ...) per lo svolgimento di attività ben identificate e precise (es. entrare a far parte di una federazione, condividere dati, ...); valutare il comportamento degli attori, l'efficacia delle policy e i risultati conseguiti. Scegliere quali incentivi applicare e come applicarli dipende dallo specifico dominio, dalla complessità dello scenario coopetitivo che si vuole creare e dai risultati attesi.

L'erogazione di servizi spesso avviene attraverso la collaborazione di più attori o organizzazioni indipendenti che concorrono all'erogazione del servizio stesso. Lo scenario che si viene a configurare è quello delle reti, ed è stato descritto nel Par. 2.6, al quale si rimanda per eventuali approfondimenti. In questa sede si vuole solo ricordare che i tradizionali approcci di management sono stati sviluppati per essere applicati a strutture gerarchiche, quindi non sono adatti per i contesti a rete dove le relazioni gerarchiche sono molto deboli o assenti. Per contesti di rete è più indicato un modello negoziale di management (Cesarini *e altri*, 2007) dove gli obiettivi sono definiti per mezzo di negoziazioni con gli attori coinvolti, la progettazione delle attività è svolta tenendo conto sia dell'attitudine a competere e a collaborare sia delle competenze e delle risorse possedute dai soggetti. Queste variabili devono essere tenute in debita considerazione durante la progettazione e il miglioramento delle policy che regolano gli scenari coopetitivi in ambito di rete.

3.5.3 L'evoluzione dei sistemi di servizi

In questo paragrafo sarà presentata la storia dei sistemi di lavoro con lo scopo di evidenziare come persone, tecnologie organizzazioni e informazione hanno influenzato l'evoluzione nel corso del tempo di quei sistemi che allo stato attuale possono essere classificati come sistemi di erogazione di servizi. La tabella 3.7 mostra un esempio di evoluzione di alcuni sistemi di lavoro.

	1800	fine 1900	2000
Tipo di sistema	Sistema fisico	Sistema informativo	Sistema di servizi
Cosa si trasforma	Materie e energia	Informazione	Persone, Tecnologie, Organizzazioni, Informazione
Esempi	Macchine a vapore	Motori di ricerca	Call center delocalizzati
Leggi coinvolte	Fisiche	Logiche e matematiche	Legali, culturali e economiche

Tabella 3.7. L'evoluzione dei sistemi di lavoro

Dagli anni 70 a oggi molti sistemi di lavoro (non soltanto quelli di servizi) hanno seguito una linea di sviluppo rappresentata da un percorso a Z, basata sull'idea di Doug Engelbart di co-evoluzione dei sistemi umani e tecnologici[24] (Fig. 3.4): 1) Nuove forme di lavoro specializzato sono incominciate come forme di collaborazione tra persone 2) che col passare del tempo hanno sviluppato competenze e incentivi per collaborare più strettamente tra loro. Poi 3) sono

---

[24]Cfr. http://www.ibiblio.org/pioneers/engelbart.html.

stati sviluppati strumenti tecnologici che hanno contribuito ad aumentare la produttività e nello stesso tempo hanno permesso l'impiego di persone meno esperte, risparmiando sui costi. In seguito 4) è emerso nello scenario produttivo il fenomeno della delocalizzazione delle risorse che ha sfruttato l'apertura di nuovi mercati. Successivamente si è cercato di spostare parte dell'onere di erogazione del servizio sui clienti, utilizzando sistemi di self-service e sistemi di automatizzazione della gestione delle informazioni. Questo percorso può essere verificato nel settore dei servizi prendendo come esempio i call-center (Fig. 3.5). All'inizio i call-center erano basati unicamente sulla competenza delle persone che rispondevano ai clienti, sono stati poi modificati con l'aggiunta di strumenti come le FAQ (Frequently Askedd Question: raccolta delle domande più frequenti e relative risposte), i sistemi esperti e le tecnologie ICT. Successivamente il servizio è stato delocalizzato e esternalizzato (per esempio in India per i call center di lingua inglese), infine oggi molti call-center sono stati sostituiti in tutto o in parte da sistemi di risposta vocale automatica con la conseguente scomparsa della persona, sostituita da macchine, con cui il cliente interagisce. Le aziende hanno convenienza ad utilizzare strumenti automatici oppure modalità self-service perché riescono ad ottenere un risparmio di costi, tuttavia se l'utente non ne ricava un vantaggio (come nel caso degli e-ticket per le compagnie aeree e ferroviarie che da un lato consentono alle compagnie di ridurre il personale di biglietteria e dall'altro consentono ai clienti di evitare la coda delle biglietterie e dei check-in) l'utente non gradirà tale cambiamento. Per esempio l'introduzione degli strumenti di risposta automatica ai call center spesso viene vista dall'utente finale non come un beneficio ma anzi, come una difficoltà in più a cui dovere sottostare.

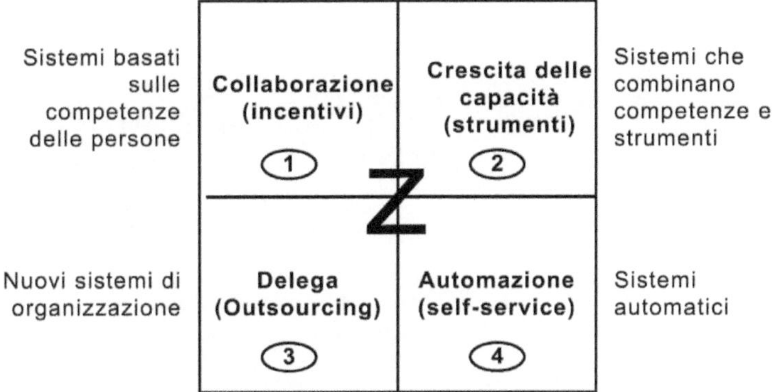

Figura 3.4. L'evoluzione dei sistemi

Questo percorso di evoluzione può essere rintracciato in diversi sistemi di servizio.

Il percorso delineato è soltanto un esempio, e non vuole essere esaustivo di ogni forma di evoluzione dei sistemi di lavoro e di servizi. Però questo tipo di

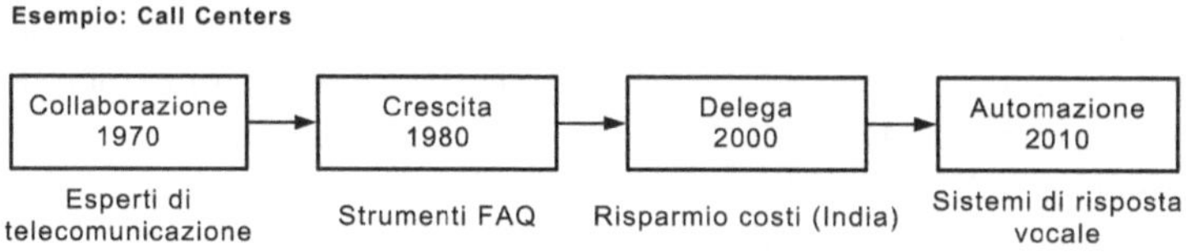

Esempio: Call Centers

Collaborazione 1970 → Crescita 1980 → Delega 2000 → Automazione 2010

Esperti di telecomunicazione — Strumenti FAQ — Risparmio costi (India) — Sistemi di risposta vocale

Figura 3.5. Il percorso storico dei Call-center

evoluzione pone alcuni problemi e considerazioni importanti soprattutto per il mondo dei servizi, e che vanno affrontati dagli esperti di Service Science. Una prima considerazione riguarda gli strumenti che l'esperto di servizi deve utilizzare per progettare i nuovi servizi e monitorare la loro evoluzione.

4

Casi di studio

4.1 Introduzione

Nel presente capitolo saranno esposti due casi di studio riguardanti i servizi abilitati da tecnologie ICT, caratterizzati da componenti fortemente innovativi, soprattutto rispetto ai processi sviluppati, ai contributi dati dagli utenti e ai modelli di erogazione del servizio.

Il primo caso di studio è relativo a Wikipedia (2009), l'enciclopedia online creata liberamente dagli utenti. Si è scelto Wikipedia come esempio di servizio per la creazione di contenuti e la condivisione di conoscenza. In questa analisi ci si è posti un obiettivo principale: nel considerare Wikipedia come servizio si vuole analizzare quanto le tecnologie ICT sono efficaci nell'abilitare un servizio innovativo, fornendo agli utenti la possibilità di diventare attori centrali del processo, producendo i contenuti, innovando il modello di business e modificando la progettazione del processo stesso. Alcune caratteristiche ed elementi sottolineati nel capitolo dedicato ai servizi ICT distinguono Wikipedia come servizio Web 2.0: è finalizzato a fornire conoscenza, ha un approccio Open Source, introduce un modello di business legato a forme di libera partecipazione dal basso, pone al centro del processo di erogazione il contributo dell'utente sotto forma di valore co-prodotto. Nel caso sono descritti in particolare la governance del servizio (l'organizzazione delle politiche di gestione degli utenti e dei contenuti), la tecnologia ICT come fattore abilitante, e la valutazione dei risultati e della qualità. Per meglio comprendere il caso ci si è confrontati con la letteratura esistente che ha affrontato Wikipedia scientificamente, valutandone l'impatto nell'economia e nei comportamenti sociali del Web attuale.

Il caso di studio su Wikipedia è così strutturato. Nel primo paragrafo si riassume la storia di come è nata la più utilizzata enciclopedia online (sezione 4.2.1), ponendo l'accento su come la progettazione iniziale da parte dei fondatori sia cambiata di fronte a nuove tecnologie (wiki) e soprattutto di fronte alla partecipazione e all'interazione con la "massa" degli utenti. Quindi si cerca di capire l'idea fondamentale alla base del servizio 4.2.2. Il paragrafo seguente 4.2.3 studia Wikipedia come servizio, ponendo l'accento sugli strumenti collaborativi, la sua governance, gli aspetti innovativi e la tecnologia alla base. Segue una parte (4.2.4) sulla valutazione della qualità del servizio Wikipedia, nella quale si elencano i pro e i contro che i diversi analisti hanno identificato. L'ultima sezione 4.2.5 conclude lo studio dando notizia di alcune possibili prospettive future di Wikipedia.

Il secondo caso di studio presentato in questo capitolo riguarderà SEEMP (Single European Employment Market Place), un progetto di ricerca finanziato dall'unione europea. L'obiettivo di tale progetto è di creare un prototipo in grado di interconnettere i sistemi informativi degli operatori del mercato del lavoro nazionali, nei paesi dell'unione europea. SEEMP sfrutta alcune tecnologie innovative per facilitare l'interconnessione degli operatori considerati, sfrutta tecnologie semantiche sia per migliorare il matching tra domande ed offerte di lavoro sia per superare problemi causati dalle diverse lingue, utilizzate per esprimere le informazioni presenti nei curricula e nelle offerte di lavoro gestite dai diversi sistemi nazionali. In questo caso di studio si vedranno alcuni esempi di come le tecnologie abilitano l'erogazione di servizi innovativi, si vedrà inoltre come la dimensione tecnologica sia una parte del sistema di servizio, la quale deve essere sviluppata in maniera sinergica con le altre dimensioni del sistema, durante le attività di progettazione.

Il caso di studio SEEMP è così strutturato: nel Par. 4.3.1 sarà introdotto il contesto di riferimento con particolare attenzione al mercato del lavoro, ai sistemi di servizio di tale mercato e ai sistemi informativi. Nel Par. 4.3.2 saranno introdotti i sistemi informativi federati e le ontologie, e saranno riprese le SOA (Service Oriented Architectures), si delineeranno come queste tecnologie possono essere utilizzate per erogare servizi innovativi e si illustreranno alcune metodologie di sviluppo. Infine nel Par. 4.3.3 si cercherà di delineare l'impatto dei servizi innovativi, erogati per mezzo dell'infrastruttura SEEMP, sui servizi esistenti.

4.2 Wikipedia

4.2.1 La storia e i numeri

> Il world wide web ha le potenzialità per svilupparsi in un'enciclopedia
> universale che copra tutti i campi della conoscenza[1]

Da questa frase si fa risalire la nascita del progetto di una Enciclopedia Universale Libera. Nel 2000 Jimmy Wales e Larry Sanger (imprenditori della società Bomis, un portale di ricerca per la musica pop) avviano il progetto Nupedia, un'enciclopedia sul web in inglese, scritta da esperti di settore preferibilmente

---

[1]Richard Stallman, L'Enciclopedia Universale Libera e le risorse per l'apprendimento, 1999, disponibile in italiano su http://www.gnu.org/encyclopedia/free-encyclopedia.it.html.

"in possesso di un Ph.D"[2], attraverso un processo formale di revisione, subito rivelatosi lento e macchinoso. Parallelamente la Free Software Foundation (FSF) inizia a sviluppare un progetto simile, GNUpedia. I due progetti, differenti tra loro per aspetti tecnici e gestionali, confluiscono in uno solo che nasce nel 2001 con il nome Wikipedia. Fondamentale per l'evoluzione del progetto è stato l'apporto del software wiki, ritenuto più adatto come strumento per un sistema editoriale agile e flessibile, in linea con l'obiettivo di sviluppare un'enciclopedia collaborativa fatta dagli utenti.

Nei primi tre mesi di esistenza le voci in inglese di Wikipedia aumentano di dieci volte, due anni dopo arrivano a 192.000. Wikipedia, volendo seguire il modello di sviluppo del software libero, dove l'aumento di sviluppatori e utenti è direttamente proporzionale alla qualità dei programmi, sceglie l'allargamento indiscriminato della base di collaboratori, attirati dall'estrema apertura dell'approccio wiki. Il dominio *wikipedia.org* sostituisce il primo *wikipedia.com* nell'agosto 2002, per escludere categoricamente la possibilità di sponsorizzazione commerciale, e per orientare il progetto verso un'organizzazione non-profit. Nel 2003 Wales annuncia la creazione della Fondazione Wikimedia che registra il marchio Wikipedia e il software MediaWiki[3], con lo scopo di creare e distribuire liberamente l'enciclopedia libera in tutte le lingue del mondo. Il progetto viene da quel momento finanziato dalle donazioni libere degli utenti e delle società vicine alla Fondazione, soltanto per dare qualche cifra: nel 2005 gli incassi (gestiti con il servizio PayPal[4]) salgono a \$ 437.222,65 mentre solo dall'inizio 2006 ad ottobre (incluso) superano il mezzo milione di dollari statunitensi (\$ 603.697,38[5]). Le donazioni provengono sia da utenti singoli (anche in forma anonima) sia da organizzazioni, sponsor commerciali o società con cui la Fondazione intrattiene rapporti. Wikipedia è presente in 253 linguaggi diversi (anche dialetti), con più di tre milioni di voci nella versione in inglese, mentre la versione italiana ha superato le 600.000, e soprattutto più di dieci milioni di utenti registrati e più di trecento milioni di modifiche delle voci (dati raccolti a agosto 2009). Alla fine del 2006 Wikipedia è entrato nei primi 10 siti più visitati al mondo[6] con una crescita esponenziale che raddoppia ogni 4-6 mesi in termini di visitatori, traffico e server.

4.2.2 L'idea

Wikipedia ha l'obiettivo di creare la più grande enciclopedia libera nella storia, in termini sia di ampiezza che profondità degli argomenti trattati. Per ottenere

---

[2]cfr. Larry Sanger, The Early History of Nupedia and Wikipedia: A Memoir, http://features.slashdot.org/article.pl?sid=05/04/18/164213.

[3]Evoluzione curata da Brion Vibber di un software scritto appositamente da Magnus Manske nel 2002, MediaWiki è rilasciato dal luglio 2002 sotto licenza GNU.

[4]PayPal è uno strumento di pagamento utilizzato nell'e-commerce, nato nel 2000 è una società del gruppo Ebay.

[5]http://fundraising.wikimedia.org/ongoing/

[6]fonte: Alexa, http://www.alexa.com/

Box citazioni 4.1 La nascita di Wikipedia

Jimmy Wales: L'idea fondamentale di Wikipedia è di creare e veicolare un'enciclopedia rilasciata liberamente in ogni lingua del mondo. [...] Nell'ambiente libero di Wikipedia, chiunque può modificare un articolo o crearne uno proprio. Il che significa che ognuno può inserire errori, pregiudizi o perfette falsità. Ma per ogni errore, ci sono wikipediani pronti a entrare in azione e a correggerlo; per ogni pregiudizio, c'è un contro-giudizio. Potete erroneamente attribuire l'invenzione del velcro a Thomas Edison, ma in qualche minuto - o forse secondo - qualcuno dirà che a inventarlo fu un francese, Georges de Mestral. Se sostenete che il premierato di Margaret Thatcher abbia teso verso il lassismo, qualcuno controbatterà con considerazioni meno di parte. Wikipedia si fonda sulla convinzione che dando ad abbastanza persone abbastanza libertà da maneggiare, ne deriverà un patrimonio di conoscenza che può essere di una qualità assimilabile a quella contenuta nei libri di riferimento e forse più elevata. Se una persona è davvero brillante e può svolgere un lavoro fantastico, non mi importa se è un ragazzino del liceo o un professore di Harvard.

---

ciò è costruita sulla convinzione che la collaborazione tra gli utenti possa nel tempo migliorare gli articoli, più o meno nello stesso modo in cui viene sviluppato il software libero. Il processo di redazione di Wikipedia presuppone che l'esposizione di un articolo a molti utenti possa condurre alla massima accuratezza (vd. Box 4.1[7]).

Il successo che il progetto ha avuto finora suscita alcune domande. Perché le persone scelgono di contribuire? Perché le persone credono in questo progetto e lo utilizzano? Perché questo progetto non è ancora degenerato nell'anarchia? Come è organizzato, e come cambiano nel tempo i processi di collaborazione? Quanto è di qualità il risultato prodotto? Per rispondere a queste domande è necessario analizzare Wikipedia come un insieme di servizi forniti agli utenti per facilitare la collaborazione e la partecipazione nella redazione delle voci dell'enciclopedia. Wikipedia stesso può essere considerato un servizio di gestione e sistematizzazione delle informazioni e della conoscenza.

4.2.3 Wikipedia come servizio

Wikipedia è un'enciclopedia e come tale rispetta le caratteristiche tipiche del genere stabilitesi nel tempo (Collison, 1964). Ma il sistema di organizzare la conoscenza e renderla accessibile sul Web è il punto di forza centrale del servizio Wikipedia. Ciò che è nuovo in Wikipedia è l'aver abbattuto le barriere tradizionali del genere offrendo a chiunque la possibilità di partecipare alla redazione di un'enciclopedia; infatti non è richiesta nessuna qualifica specifica per scrivere le voci dell'enciclopedia, si richiede soltanto tempo, passione e il rispetto di poche regole. Sono banditi soltanto coloro che entrano in Wikipedia per distruggere, per compiere atti di vandalismo informatico, per il resto

---

[7]Da un'intervista concessa al Guardian il 4/11/2006, disponibile in inglese su http://www.guardian.co.uk/weekend/story/0,,1939018,00.html.

Box citazioni 4.2 Wiki e Wikipedia

Ward Cunningham: Penso che Wikipedia sia l'esempio lampante di cosa è possibile in un grande progetto con un'alta qualità di scrittura, mantenendo comunque il carattere essenziale di wiki, cioè se vedo un errore, lo posso correggere. Non devo autenticarmi o seguire un corso di formazione o... Parte del credito che ho mi giunge da Wikipedia. Sono sempre pronto a ricordare alla gente che il mio wiki non è Wikipedia, e che su Wikipedia c'è un sacco di innovazione. Sono orgoglioso di ciò che la comunità di Wikipedia ha fatto, penso sia semplicemente meraviglioso [...] Se qualcuno dovesse chiedermi di indicare un'enciclopedia moderna, sceglierei Wikipedia. Wikipedia definisce cos'è ora un'enciclopedia [...] Wikipedia sta per diventare una fonte originale, io credo.

chiunque può contribuire. Poi, l'evoluzione e il miglioramento di alcune tecnologie informatiche hanno permesso di aumentare la velocità e la distribuzione geografica del processo di creazione di conoscenza, rendendo più facile accedervi. Il valore aggiunto di Wikipedia è senza dubbio la conoscenza che gli utenti inseriscono, e la collaborazione tra gli utenti migliora nel tempo questa conoscenza. Il sistema di scrittura collaborativa progettato, e la serie di servizi ad esso connessi, permettono un continuo miglioramento, grazie all'esposizione di ogni articolo agli utenti che vi accedono e che possono apportare modifiche in tempo reale.

La tecnologia wiki è stata la chiave di volta del progetto. D'altro canto, il successo di Wikipedia ha contribuito alla diffusione del software: la rilevanza raggiunta dal progetto ha contribuito a diffondere l'uso del wiki come strumento di gestione delle informazioni e della conoscenza. Da alcune citazioni inoltre (vd. Box 4.2[8]) si può cogliere come sia diventato usuale identificare il wiki con Wikipedia e viceversa.

Wikipedia si articola su trasparenza, semplicità di collegamento tra i contenuti e ridotte barriere alle persone che sono coinvolte nei processi di scrittura e revisione. Tutti questi elementi sono gli stessi che contribuiscono all'evoluzione del Web 2.0 e dei suoi servizi. In sostanza, una tecnologia abilitante, una stretta interazione tra utenti, una creazione di valore (non monetario ma in termini di conoscenza) e un processo di costruzione e fruizione delle informazioni, processo che è modellabile e descrivibile, fanno di Wikipedia un servizio fortemente innovativo.

Il successo di Wikipedia è sicuramente legato alla facilità di scrittura e alla libertà nel scegliere gli argomenti di cui parlare. A ciò si aggiunge un preciso processo di scrittura collaborativa e un modello di governance consolidato nella comunità.

Chi si accosta a Wikipedia impara in fretta a consultarla muovendosi tra le voci, avvalendosi della rete di categorie che accorpano le voci per argomenti e sfogliando le pagine di orientamento. Rispetto ad altri prodotti per

---

[8]Intervista a Ward Cunningham dal primo numero di Wikimedia Quarto, newsletter della Wikimedia Foundation.

la gestione dei contenuti (ad esempio i *content management system* più tradizionali), Wikipedia non richiede una lunga fase di apprendimento o una preparazione tecnica preliminare. La semplicità d'uso e di gestione è alla base del progetto e consente agli utenti di concentrarsi più sui contenuti che sul contenitore. Vi è poi un'infrastruttura interna di "ricerca del consenso", vale a dire che attraverso un processo di continue interazioni e scambi di feedback gli utenti commentano, discutono, approvano o meno, il contenuto di un articolo in maniera assolutamente partecipativa. A differenza delle enciclopedie cartacee Wikipedia viene sottoposta a migliaia di revisioni e aggiornamenti in tempo reale[9]. Non esistono articoli per commissione, o argomenti che non possano essere inseriti (sempre che rispettino le regole di Wikipedia), sono gli utenti ad aggiungere immediatamente i contenuti di cui sono interessati, e questo processo volontario aumenta la motivazione a partecipare alla stesura dell'enciclopedia. Un altro elemento che incoraggia a contribuire è la libertà dei contenuti da qualsiasi tassa per i diritti d'autore (Wikipedia è un progetto pubblico realizzato seguendo la GNU Free Documentation License). Sicuramente molti articoli presenti in Wikipedia non troverebbero spazio in un'enciclopedia cartacea tradizionale. Se un articolo su un qualsiasi argomento non esiste ancora si può richiederlo, e qualche wikipediano si prenderà il compito di scriverlo, sempre gratuitamente. La libertà di modifica delle pagine di Wikipedia può aprire la strada a imprecisioni, errori e vandalismi che effettivamente disturbano lo sviluppo del progetto. Tutte le modifiche, però, vengono registrate e monitorate e tutto ciò che viene scritto può essere commentato, discusso e corretto: questa caratteristica di "apertura monitorata" dell'enciclopedia e gli strumenti disponibili alla comunità che la alimenta portano al prevalere dei comportamenti responsabili e facilitano l'intervento di membri della comunità per la riparazione dai danni arrecati da inserimenti maliziosi, vandalici, irragionevoli o solo "insufficientemente meditati" per un eccesso di buona volontà.

Sarà ora descritto come questi interventi sono regolati in Wikipedia e come funziona la sua governance. Wikipedia rispetta alcune regole, poche ma basilari per la sua esistenza. Queste regole sono definite "i cinque pilastri di Wikipedia": 1) è un'enciclopedia; 2) ha un punto di vista neutrale; 3) contiene contenuti liberi; 4) ha un codice di condotta e 5) non ha regole ferree, oltre le cinque qui elencate. Esse sono considerate degli standard da rispettare se si vuole collaborare al progetto[10] e il punto di vista neutrale è la regola fondante del progetto. Sono inoltre presenti alcune politiche che regolamentano la collaborazione tra gli utenti: bisogna seguire un codice di condotta civile, evitare gli attacchi personali e le ingiurie; il consenso è un'altro presupposto fondamentale di Wikipedia, base per ogni progetto wiki, ciò significa accettare le regole dei processi di revisione e modifica dei contenuti: se vi sono dei punti di disaccordo devono essere discussi civilmente e se necessario negoziati.

---

[9]Cfr. le statistiche di Wikipedia: http://en.wikipedia.org/wiki/Wikipedia:Statistics.

[10]http://en.wikipedia.org/wiki/Category:Wikipedia_official_policy.

Per ognuna di queste regole ci sono delle linee guida e delle politiche da rispettare, così come esistono dei ruoli all'interno della comunità di utenti, i "wikipediani". Wikipedia non dispone di una burocrazia rigida che regolamenti l'organizzazione del lavoro dei collaboratori, ma una forma di organizzazione esiste ed è protetta dalla comunità stessa, che in questo modo si protegge dall'anarchia. Alcuni membri della comunità sono investiti di ruoli di gestione e di presa delle decisioni. Il ruolo di *amministratore* permette, per esempio, l'accesso a una serie di funzioni che supportano il mantenimento e il controllo del servizio. Gli amministratori sono di solito utenti che hanno raggiunto un alto grado di notorietà e affidabilità all'interno della comunità, quindi possono proteggere o cancellare delle pagine, bloccare modifiche e annullare contributi, ma ogni decisione deve essere presa sempre dopo un processo di discussione e scambio di idee con gli altri membri della comunità. Gli amministratori sono di poco più potenti di un qualunque membro della comunità, hanno soltanto qualche strumento in più per svolgere delle funzioni che sarebbe troppo dannoso lasciare alla comunità intera. La comunità affida loro delle mansioni di gestione del servizio e soprattutto l'ultima voce in capitolo nei casi di proposta di cancellazione di un articolo. Altri ruoli chiave sono i *burocrati* e gli *steward* che hanno privilegi maggiori rispetto agli amministratori, e sono eletti annualmente dalla comunità.

Altri servizi innovativi di Wikipedia sono resi disponibili dalla tecnologia wiki, di alcuni si è già accennato, come il multilinguismo che viene spesso citato come una caratteristica primaria del progetto. Per la sua stessa struttura, Wikipedia può facilitare lo sviluppo di contenuti in lingue non sostenute da grandi nazioni; in effetti delle oltre 250 versioni disponibili molte riguardano lingue di comunità circoscritte con insediamenti regionali e talora transnazionali. I servizi di versioning degli articoli, di ricerca, citazione e collegamento sono permessi dal software wiki che è stato già descritto in precedenza. Ciò che importa sottolineare è ancora l'estrema facilità di utilizzo di Wikipedia come gestore di conoscenza, i numeri della sua crescita continua ne fanno la fonte più consultata per ottenere almeno una prima informazione, ormai su qualunque argomento.

4.2.4 Analisi della qualità di Wikipedia

Bisogna ora introdurre un campo di discussione aperto e ricco di spunti interessanti: l'analisi della qualità e della credibilità degli articoli inseriti in Wikipedia (vd. Box 4.3[11]). Come si può valutare la qualità generale del servizio Wikipedia, e di conseguenza la qualità delle informazioni inserite dai suoi collaboratori? Si può analizzare Wikipedia scomponendo e dettagliando i suoi pro e contro[12].

Ecco alcuni punti di forza di Wikipedia: la sostenibilità e l'autonomia sono dovute alle donazioni e alla partecipazione volontarie delle persone; la

---

[11]citazioni tratte da: (Russo, 2005), (Wikipedia contributors, 2007).

[12]Un'analisi dei punti di forza è disponibile su (Wikipedia stampa, 2009)

Box citazioni 4.3 Wikipedia nei media

The New York Times, 29 Gennaio 2007: dall'inizio del 2004 più di cento sentenze giudiziarie hanno fatto affidamento su Wikipedia, compresi 13 casi dei tribunali di appello, un gradino sotto la Corte suprema. (La Corte Suprema finora non ha mai citato Wikipedia.);	**Economist, 10 marzo 2007**: Nelle vostre ricerche utilizzate Wikipedia come punto di partenza, non come verità definitiva e chiusa, sfruttate piuttosto la sua natura di strumento aperto alla Rete per poi approfondire i vostri percorsi di ricerca.

---

manutenibilità è garantita, oltre che dall'affidabilità del software wiki, anche dall'organizzazione del progetto, anche se la crescita delle attività richiede un raddoppio della potenza dei servers ogni pochi mesi, non si è mai avuta un'interruzione del servizio e il tutto viene gestito con poco disagio. La capacità e l'estensione degli argomenti dell'enciclopedia sono praticamente illimitate; i contenuti possono essere costantemente aggiornati, arricchiti con temi di attualità e resi disponibili nel giro di pochi secondi. Inoltre, grazie alla sua licenza, i suoi contenuti sono ripresi tali e quali da numerosi siti, con l'effetto dell'ampliamento dell'utilità e della visibilità del progetto. Si può affermare che *il punto di forza principale, la libertà e la gratuità, è nel contempo il suo primo punto di debolezza*. Infatti i collaboratori di Wikipedia fanno tutto gratuitamente ed il sito è una comunità, ma talvolta il disaccordo su alcuni temi ha scatenato dibattiti anche violenti. Le cosiddette "guerre di modifica" esplodono quando alcuni contributori continuano a modificare gli articoli pubblicando versioni differenti della "verità", a scapito della qualità del servizio. Inoltre il sito può anche essere veicolo di vendette personali. In questi casi, Wales e i suoi collaboratori devono intervenire e porre limiti della libertà di modifica. Spesso Wikipedia è accusata di insufficienza di professionalità a causa della sua natura volontaria, come pure di riflettere i pregiudizi dei suoi collaboratori. Molti argomenti mancano o sono trattati superficialmente. Per esempio, l'Economist ha recentemente sottolineato come la grande varietà di collaboratori di Wikipedia sia insieme la sua forza e la sua debolezza. Se ci sono rischi per l'accuratezza di alcune notizie è altrettanto vero che la ricchezza di informazioni contenuta in questa biblioteca è qualcosa di unico. E poi ci sono i rimandi ad altri link che danno al lettore la possibilità di approfondire i temi. L'Economist suggerisce quindi di utilizzare Wikipedia con prudenza, come spunto iniziale, cercando di approfondire le fonti con ulteriori ricerche (vd. Box 4.3).

I numerosi punti di forza hanno reso Wikipedia un fenomeno da studiare approfonditamente, e uno degli argomenti scelti da ricercatori e studiosi di tutto il mondo è stato sin dall'inizio la qualità degli articoli presenti (tema come si è visto di controversie e critiche al progetto). Nella letteratura scientifica sviluppata al riguardo molti articoli si sono concentrati su come misurare la qualità dei contenuti e dei servizi di Wikipedia. Lih (Lih, 2004) ha studiato il processo di creazione di contenuti e l'utilizzo di Wikipedia come forma di giornalismo partecipativo, sottolineando i cambiamenti della qualità degli articoli di Wikipedia prima e dopo che questi siano stati citati dalla stampa. Lo studio ha evidenziato che il numero di modifiche e di contributi su un singolo articolo raddoppia dopo che l'articolo è stato citato sulla stampa o su altri media, aumentandone la qualità. Viégas e altri (Viégas *e altri*, 2004) hanno sviluppato un tool, History Flow, per visualizzare l'evoluzione dei contenuti in Wikipedia sfruttando la storia delle diverse versioni di un articolo, questo strumento permette di identificare 5 tipi di degrado o di vandalismo della qualità degli articoli. Emigh (Emigh e Herring, 2005) confronta due enciclopedie costruite da comunità (Wikipedia e Everything2) con la Columbia Encyclopedia per studiare il grado di formalità del linguaggio usato. Tale formalità è valutata sulla base del numero di frequenze di parti di linguaggio caratteristico di un genere formale trovate nel testo. Lo studio conclude che il linguaggio di Wikipedia è formale quasi quanto quello della Columbia, e più formale dell'altra enciclopedia community-based analizzata. La maggior parte di questi articoli limitano l'analisi ad aspetti quantitativi del contenuto di Wikipedia e non ne esaminano invece qualitativamente il contesto sociale di organizzazione del lavoro e i processi di comunicazione. L'articolo di Stvilia (Stvilia *e altri*, 2005) analizza la qualità dell'informazione in Wikipedia, la qualità del dato (come viene studiato nel mondo dei database e del Knowledge Management), ma non la qualità del servizio.

Tra gli articoli esaminati raramente si pone l'accento su Wikipedia come servizio abilitato da tecnologie dell'informazione. In questa direzione si potrebbe osservare Wikipedia come servizio *knowledge-based* in cui l'ICT è un fattore determinante, per esempio utilizzando alcuni dei framework di servizi ICT esistenti in letteratura. A questo scopo si potrebbe analizzare le componenti principali di Wikipedia, la struttura, il processo collaborativo, le tecnologie e i servizi offerti, alla luce dei diversi elementi identificati dai framework per definire i servizi abilitati da tecnologie ICT.

4.2.5 Impatti e futuro di Wikipedia

Le caratteristiche della crescita di Wikipedia e gli sviluppi delle iniziative collaterali e dei molti siti wiki che si basano sullo stesso software MediaWiki[13] e sviluppano qualche forma di simbiosi, inducono a pensare che le attività intorno all'enciclopedia libera abbiano conseguenze molto rilevanti sull'intera società. Il dibattito sul suo futuro, oltre che sulle numerose pagine che le iniziative Wikimedia dedicano alle discussioni, si è sviluppato anche nei media e negli ambienti accademici. A questo dibattito contribuiscono anche le conferenze internazionali sulle iniziative di Wikimedia tenute a Francoforte (2005), Boston (2006), Taipei (2007) e Alessandria d'Egitto (2008).

---

[13]Due esempi sono di ambiente aziendale: Intelpedia di Intel, e Citripedia di Citrix; cfr. http://intelpedia.intel.com/ e http://citripedia.org/.

La versione in inglese, cresce con regolarità di circa 50.000 voci al mese e per estensione, consultazione e autorevolezza complessiva è nettamente la prima tra le raccolte enciclopediche di tutti i tempi. E' ragionevole prevedere che nel giro di pochi anni per alcune decine delle lingue maggiori le enciclopedie più estese e autorevoli saranno wikipedie.

Per previsioni a più lungo termine occorre anche tenere presente la prospettiva di potenziamenti e ampliamenti rilevanti per il software che sostiene lo sviluppo e la distribuzione dei suoi contenuti. Come è successo per gli sviluppi del software libero, è lecito pensare che si potrà contribuire a Wikipedia da ambienti di sviluppo che consentiranno di operare su molte funzioni e disporranno di prestazioni di monitoraggio delle pagine da migliorare, di funzioni di ricerca su Wikipedia, siti MediaWiki, biblioteche digitali ed altri depositi di contenuti aperti con strutture coerenti. È anche auspicabile che si possano ottenere nuovi effetti visivi e nuove capacità espressive tramite nuovi marcatori che consentano una tipografia più variata, richiami di componenti a scomparsa, inserimento di grafici vettoriali ed elementi dinamici. Insieme a questi arricchimenti si possono prospettare anche estensioni nei browsers che consentano un accesso generalizzato a pagine con questi arricchimenti. Ora si comincia a diffondere la possibilità di accedere a Wikipedia da apparecchiature mobili tascabili. Tutte queste possibilità andranno viste nell'ambito dello sviluppo generale della rete globale, dei suoi standard e, in particolare, dei servizi per utenti mobili.

La comunità che si riunisce intorno a Wikipedia, e agli altri progetti Wikimedia, è da tempo convinta dell'efficienza e del dinamismo di questo canale per la circolazione della conoscenza e crede che lo sviluppo di nuovi strumenti per il supporto degli ambienti wiki potrà far crescere ulteriormente le sue potenzialità (in particolare nella direzione dell'affidabilità). Non ultima la possibilità di sviluppare nuovi servizi e strumenti in competizione con quelli consolidati del Web. Tra questi si può infine accennare al progetto che la Fondazione Wikimedia ha lanciato di un nuovo motore di ricerca collaborativo e open source, alternativo a Yahoo! e Google.

4.3 SEEMP (Single European Employment Market-Place)

Il mercato del lavoro è stato riconosciuto come una componente fondamentale delle future strategie di sviluppo economico dell'unione europea. Il 23 e 24 marzo 2000 a Lisbona il consiglio europeo ha tenuto una sessione straordinaria per concordare un nuovo obiettivo strategico al fine di sostenere l'occupazione, le riforme economiche e la coesione sociale nel contesto di un'economia basata sulla conoscenza (Strategia di Lisbona, 2000; Kok e *altri*, 2004).

Nell'attuale contesto economico, sta assumendo un'importanza sempre maggiore la mobilità internazionale del lavoro, a causa della globalizzazione degli scenari lavorativi e dell'interconnessione dei mercati mondiali.

Box citazioni 4.4 UK Recruitment Office in Poland

Jeremy McGrail amministratore delegato di Extra Personnel: We have seen many companies choose Polish workers to fill their industrial posts. We were already dealing with large numbers of Polish people who were keen to work in this country (UK) before we opened an office in Gdansk (Poland) and it seemed a natural progression to bring supply and demand together by sourcing Polish workers direct from Poland.

In questo paragrafo la mobilità del mercato del lavoro sarà vista solo come opportunità messa a disposizione di quei soggetti che ne vogliono approfittare, e non come uno strumento per risolvere crisi di natura economica. Secondo un'intervista (EuroActive, 2006) rilasciata dal commissario europeo per l'occupazione, gli affari sociali e le pari opportunità Vladimír Špidla: "We want to make mobility an option at certain moments of people's careers. Mobility as such is not a panacea, but an instrument to provide people with better tools to adapt to the effects of globalisation".

L'unione europea negli ultimi anni ha cercato di promuovere azioni volte a rimuovere gli ostacoli che possono impedire o rendere difficoltosa la mobilità ai soggetti intenzionati ad approfittarne. Queste azioni sono culminate con la proclamazione del 2006 come "anno europeo della mobilità dei lavoratori".

Nel rapporto finale della task force su Skills and Mobility (Skills and Mobility, 2001) si è evidenziato che le potenzialità della mobilità sono spesso ridotte dalla difficoltà di circolazione delle informazioni sulle disponibilità di posti di lavoro e di personale, tra paesi diversi.

Per permettere l'incontro tra domanda e offerta di lavoro che si originano in nazioni diverse è necessario risolvere due insiemi di problemi: occorre costruire un sistema per far comunicare tra loro le aziende e gli enti che erogano servizi per il lavoro (con questa dicitura intendiamo tutti gli operatori pubblici o privati che si occupano di raccogliere curricula, offerte di impiego e di favorire l'incontro tra domanda e offerta di lavoro); in secondo luogo è necessario superare i problemi derivanti dall'uso di lingue e sistemi di classificazione diversi utilizzate per descrivere le offerte di lavoro e i profili professionali delle persone. Quest'ultimo insieme di problemi merita un approfondimento: in primo luogo occorre notare che l'incontro tra domanda e offerta di lavoro è un processo di scambio di informazioni; le disponibilità di posti di lavoro sono espresse tipicamente sotto forma di documenti (le offerte di lavoro) contenenti la descrizione del profilo ricercato; una persona in cerca di lavoro si avvale di un curriculum vitae (CV) contenente la descrizione del suo profilo professionale. Per consentire la circolazione di queste informazioni a livello internazionale, occorre risolvere il problema della lingua utilizzata. Curricula ed offerte di lavoro sono redatti normalmente nella lingua locale. Richiedere di redigere tali documenti in più lingue, oppure in una lingua diversa da quella usata abitualmente, se da un lato risolverebbe i problemi di comunicazione in ambito internazionale, dall'altro lato renderebbe il servizio estremamente difficile da utilizzare alla maggior parte delle persone in cerca di lavoro e dei datori di lavoro in cerca di personale. Invece, come in tutti i servizi di tale tipo, è fondamentale attrarre il maggior numero possibile di domande e di offerte di lavoro, per favorire le probabilità di matching[14]. Per questo motivo, un servizio di ricerca sui mercati del lavoro extra nazionali dovrebbe coinvolgere gli operatori (che erogano servizi per il mercato del lavoro) a cui normalmente si rivolgono i lavoratori e i datori di lavoro. Per permettere lo scambio di CV e di offerte di lavoro tra diversi operatori è necessario che questi ultimi rendano interoperabili i loro sistemi informativi ed in particolare i sistemi di classificazione adottati internamente. Questi ultimi (l'argomento dei sistemi di classificazione sarà approfondito nei paragrafi successivi) sono alla base degli algoritmi di matching, tuttavia nel corso del tempo, ogni operatore ha sviluppato internamente un suo sistema di classificazione, incompatibile con gli schemi utilizzati da altri.

SEEMP (Single European Employment Market Place) (SEEMP, 2008) è un progetto di ricerca finanziato dall'unione europea[15] che si pone come obiettivo la creazione di una piattaforma virtuale di scambio di informazioni su offerte e disponibilità di lavoro con lo scopo di favorire la mobilità dei lavoratori all'interno dell'unione europea.

Le attività di ricerca svolte all'interno del progetto hanno avuto come obiettivo la creazione di un'infrastruttura in grado di far interoperare i sistemi informativi degli operatori che erogano servizi per il lavoro. Tale infrastruttura permette di effettuare ricerche sulle domande ed offerte di lavoro gestite dagli operatori interconnessi. In particolare l'infrastruttura SEEMP utilizza "tecnologie semantiche" per riconoscere termini e concetti analoghi espressi in lingue diverse. In tal modo le domande e le offerte di lavoro presenti nei sistemi informativi di un operatore possono essere rese disponibili per ricerche provenienti da operatori esteri, senza richiedere nessuno sforzo aggiuntivo agli utenti (senza cioè richiedere di redigere un curriculum o un'offerta di lavoro in lingua straniera). Le tecnologie impiegate sono analizzate con maggior dettaglio nel Par. 4.3.2.

Nel corso di questo paragrafo saranno analizzati i servizi che l'infrastruttura SEEMP permetterà di erogare agli operatori che l'adotteranno. Gli operatori sia pubblici sia privati che offrono servizi a supporto del mercato del

---

[14]Con il termine inglese matching si intende l'operazione di abbinare i curricula alle offerte di lavoro più adatte e viceversa.

[15]Progetto n. 27347 finanziato dal "sixth framework programme - priority 2 - information society technology", svolto da un consorzio internazionale formato da: TXT e-solutions S.p.A. (Italia), Università di Milano Bicocca (Italia), Université Joseph Fourrier Grenoble (France), Leopold-Franzens University Innsbruck, Universidad Politécnica de Madrid, CEFRIEL (ICT Centre of Excellence for Research, Innovation, Education and Industrial Labs partnership) Milano, European Dynamics SA, Agenzia Regionale per il Lavoro Regione Lombardia, Public Employment Agency of Wallonia (Belgium), Public Employment Service of Catalonia (Spain), Municipality of Marseille (France), Foundation Polska-Europe-Polonia

lavoro, generalmente si occupano di raccogliere curricula ed offerte di lavoro, offrono servizi per fare incontrare domanda ed offerta di lavoro, a volte si occupano di effettuare l'assessment dei candidati e di erogare servizi di formazione e riqualificazione. Il contributo apportato da SEEMP principalmente riguarda i servizi di incontro tra domanda ed offerta di lavoro (chiamati anche servizi di matching).

Si vogliono ora evidenziare i principali requisiti che un servizio di matching, tra domanda ed offerta di lavoro su scala europea, deve soddisfare. Il primo passo, nell'individuare i requisiti di un servizio, consiste nell'identificare i soggetti che a vario titolo sono coinvolti nell'erogazione del servizio stesso ed i soggetti che usufruiscono del servizio (rispettivamente i fornitori ed i clienti del servizio d'ora in poi). In una visione più allargata, occorre tener conto anche degli altri stakeholder associati al servizio (oltre ai clienti e ai fornitori). Il risultato della progettazione è strettamente dipendente dalle esigenze degli stakeholder coinvolti, ed in particolare dei clienti ai quali il servizio cerca di soddisfare le esigenze. I requisiti individuati per un servizio di ricerca a livello europeo, sono riportati qui di seguito suddivisi per categorie di stakeholder:

- Le persone in cerca di un'occupazione devono poter accedere alle offerte provenienti da paesi esteri in maniera semplice sfruttando gli strumenti ed i servizi di ricerca abitualmente utilizzati; le persone non devono essere obbligate a scrivere il proprio CV in una lingua straniera (sebbene possano essere incoraggiate a farlo).
- I datori di lavoro in cerca di personale hanno requisiti analoghi a quelli indicati nel punto precedente, devono poter effettuare ricerche su possibili candidati sfruttando gli strumenti utilizzati abitualmente per la ricerca di personale, non devono essere obbligati a redigere un'offerta di lavoro in lingua straniera (sebbene possano essere incoraggiati a farlo).
- Gli enti e le organizzazioni erogatori di servizi per il mercato del lavoro devono poter scambiare dati con altri operatori, devono essere in grado di elaborare i dati provenienti da sistemi esterni, devono essere in grado di effettuare operazioni di ricerca su altri operatori europei; questo nuovo servizio deve essere veicolato sfruttando i canali preesistenti di contatto con i clienti; la condivisione di curricula e offerte di lavoro non deve ledere le possibilità di business degli operatori coinvolti, soprattutto degli operatori privati.

Poiché ogni operatore locale ha i propri canali con cui eroga servizi ai clienti e questi canali sono diversi da operatore ad operatore, SEEMP è stato progettato in modo da non interagire direttamente con i clienti, ma per operare come un'infrastruttura di back-office, la quale raggiunge gli utenti finali solamente attraverso i canali di contatto degli operatori locali. Prima di analizzare l'introduzione di SEEMP e l'impatto sui servizi, verrà introdotto il ruolo dei sistemi informativi nel contesto del mercato del lavoro e saranno presentate alcune tecnologie abilitanti impiegate all'interno di SEEMP.

4.3.1 Il ruolo dei sistemi informativi nei sistemi di servizio per il mercato del lavoro

Come precedentemente accennato, i servizi nati per facilitare l'incontro tra domanda ed offerta di lavoro operano sulla base delle informazioni contenute nei curricula e nelle offerte di lavoro. Questi documenti contengono informazioni sotto forma di testo libero, mentre i sistemi di elaborazione automatica delle informazioni, utilizzati dagli operatori che erogano i servizi, riescono a gestire in maniera ottimale solamente informazioni strutturate (cioè informazioni che hanno una struttura ben definita e fissa).

Per ovviare a questo inconveniente gli operatori, cercano di ricondurre la massa di informazioni destrutturate, contenute nei curricula e nelle offerte di lavoro, ad una struttura ben definita e supportata da sistemi di classificazione. Purtroppo nel passaggio da testo libero a dati strutturati avviene una perdita di informazioni, infatti i termini dei sistemi di classificazione non riescono a catturare fino in fondo i dettagli e le specificità di ogni singolo profilo professionale. In questo caso la perdita di contenuto informativo che ha luogo passando dal testo originale ai termini dei sistemi di classificazione è il prezzo che occorre pagare per poter utilizzare gli strumenti di elaborazione automatica delle informazioni. L'utilizzo dei sistemi di classificazione solleva il problema della compatibilità e degli "standard": ogni sistema informativo infatti utilizza un formato specifico per memorizzare i dati, inoltre i sistemi di classificazione adottati variano da un operatore all'altro in base alle specifiche esigenze operative. Di conseguenza, i dati gestiti da sistemi informativi diversi non possono essere scambiati facilmente.

Vista l'elevata dinamicità del mercato del lavoro (si pensi che a partire dal 1990 il numero di professioni legate all'informatica è passato da poche unità a qualche centinaio), è necessario mantenere costantemente aggiornati i sistemi di classificazione utilizzati, fattore che costituisce uno dei principali contributi al corretto ed efficace funzionamento delle attività di matching tra domande e offerte di lavoro.

Sulle offerte di lavoro si possono svolgere considerazioni analoghe a quelle effettuate sui curricula.

4.3.2 Metodologie e tecnologie abilitanti per l'erogazione di nuovi servizi

Per integrare sistemi informativi eterogenei al fine di creare un patrimonio informativo unico possono essere impiegate diverse tecnologie. In questo paragrafo saranno introdotti i sistemi informativi federati e le ontologie. Questi strumenti e tecnologie, assieme ai Web Services già presentati nel Par. 3.4.1, sono state impiegate proficuamente nel contesto del progetto SEEMP.

Un sistema informativo federato permette la condivisione di informazioni tra sistemi indipendenti e supporta lo svolgimento di processi fra tutti gli elementi della federazione. L'approccio federato permette di aggiungere nuove funzionalità con un'invasività minima sulle strutture esistenti, le quali conservano l'autonomia e continuano a svolgere le funzioni per le quali sono state inizialmente concepite.

I web services e le ontologie sono due tecnologie utilizzate rispettivamente per far comunicare applicazioni che operano su elaboratori connessi in rete e per rendere comprensibili dal punto di vista semantico dati ed informazioni provenienti da applicazioni diverse.

Sistemi informativi federati

Le aziende e le pubbliche amministrazioni hanno fatto largo uso dei sistemi informativi per migliorare la gestione dell'informazione interna. Il processo di sviluppo dei sistemi informativi tuttavia è avvenuto, nella maggior parte dei casi, attraverso una dinamica di innovazione non omogenea tra le diverse organizzazioni, specialmente per quanto riguarda le soluzioni applicative ed architetturali adottate, con la conseguenza che i sistemi messi in opera sono risultati essere estremamente diversi tra loro e spesso non in grado di comunicare.

Negli ultimi anni la tendenza ad uno sviluppo disomogeneo si è invertita grazie all'avvio (da parte di organizzazioni sia pubbliche sia private) di un crescente numero di progetti di integrazione e standardizzazione delle risorse informative utilizzate. Questo fenomeno ha influenzato le organizzazioni coinvolte sia internamente sia esternamente: all'interno di ogni singola organizzazione coinvolta, sono state avviate operazioni di ristrutturazione e di integrazione volte a ridurre l'eterogeneità dei sistemi informativi interni e ad unificare le infrastrutture di gestione delle informazioni; dal punto di vista esterno sono stati creati dei sistemi informativi federati per permettere agli enti ed alle organizzazioni coinvolte, di condividere le informazioni possedute localmente ed accedere in maniera unificata al patrimonio informativo risultante.

Un sistema informativo federato viene definito in (Busse *e altri*, 1999) come un insieme di sistemi distinti ed autonomi che tuttavia costituiscono i componenti di una federazione. I partecipanti continuano ad operare in maniera indipendente, pur adattandosi alle regole imposte dalla federazione. Un sistema federato, secondo la classificazione adottata in (Busse *e altri*, 1999), è anche un sistema distribuito in quanto pone in relazione apparati dislocati in posizioni geograficamente differenti. Dal punto di vista dell'architettura, un sistema informativo federato può essere suddiviso in tre livelli, come riportato nel box approfondimento 4.1.

Ontologie

Nel contesto del progetto SEEMP, le ontologie (rif. box 4.2) sono state utilizzate per formalizzare la conoscenza utilizzata nelle operazioni di incontro tra domanda ed offerta di lavoro (le competenze professionali, l'esperienza, i

Approfondimento 4.1 Architettura a tre livelli di un sistema informativo federato

I tre livelli nei quali può essere suddivisa l'architettura di un sistema informativo federato sono mostrati in Fig. 4.1. Le applicazioni e gli utenti accedono al patrimonio informativo risultante attraverso il livello federato, che è realizzato per mezzo di uno strato software che offre una via uniforme per accedere ai dati memorizzati nelle sorgenti informative. Le sorgenti dati sono integrate nell'infrastruttura per mezzo di "wrappers" che gestiscono e risolvono i problemi derivanti dall'uso di diverse tecniche e tecnologie a livello locale.

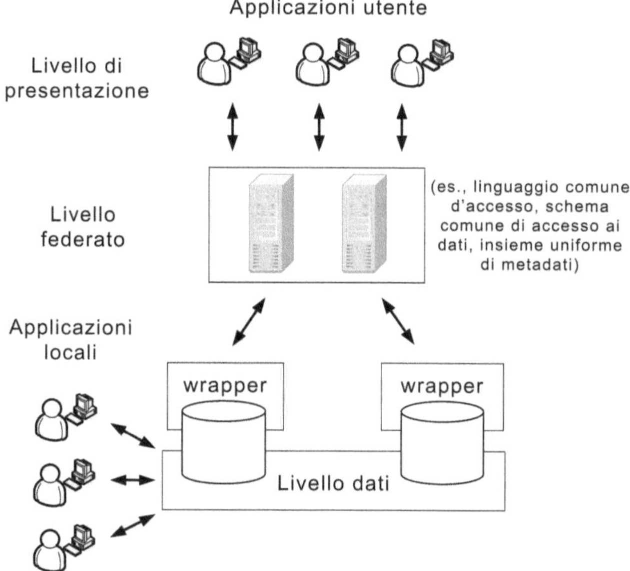

Figura 4.1. Architettura a tre livelli di un sistema informativo federato.

tipi di contratti, la posizione geografica, ...). La rete SEEMP deve interconnettere sistemi informativi eterogenei, ognuno dei quali utilizza una specifica codifica di dati ed informazioni e un sistema di classificazione proprietario. Per tale motivo sono state create ontologie diverse per formalizzare i termini e i concetti utilizzati all'interno dei sistemi informativi coinvolti. Successivamente, i concetti simili espressi all'interno delle diverse ontologie sono stati collegati tra di loro per facilitare la comprensione delle informazioni scambiate dai sistemi interconnessi.

La mediazione tra concetti (rif. box 4.3 mediazione tra ontologie) costituisce lo strumento attraverso il quale il progetto SEEMP intende superare le barriere linguistiche e l'utilizzo di sistemi di classificazione diversi che rallentano la circolazione di informazioni su curricula e offerte di lavoro. Il percorso attraverso il quale le informazioni sulle professioni descritte nelle domande

Approfondimento 4.2 Ontologie

Nel campo informatico, un'ontologia è un insieme di dati che permette di modellizzare i concetti e le relazioni tra i concetti di uno specifico dominio. L'applicazione delle ontologie offre un duplice vantaggio: permette di sistematizzare la conoscenza di un dominio e permette agli elaboratori di sfruttare tale conoscenza per svolgere le operazioni di calcolo. Un'applicazione software può utilizzare un'ontologia per diversi scopi: classificare dati e informazioni, facilitare la comunicazione e lo scambio di informazioni fra diversi sistemi ed in generale svolgere attività di problem solving. Un "linguaggio per ontologie" è un linguaggio formale con cui un'ontologia viene costruita. Esistono diversi linguaggi, proprietari o basati su standards, per la definizione di ontologie: RDF (Antoniou, 2004; Lassila e McGuinness, 2001), OWL (2004), DAML+OIL (Connolly *e altri*, 2001). Le ontologie espresse per mezzo di linguaggi diversi hanno molte somiglianze strutturali: descrivono un dominio per mezzo di istanze, concetti, attributi e relazioni. Un'istanza è il componente basilare di un'ontologia, può essere un oggetto concreto (una persona, un tavolo, un animale, una molecola, ...) o un'entità astratta (come numeri, parole); i concetti sono gruppi, insiemi o collezioni astratte di oggetti, possono contenere istanze, concetti o entrambi (per esempio "persona" è il concetto associato all'insieme di tutte le persone, numero è il concetto associato all'insieme di tutti i numeri); un attributo fa sempre riferimento ad un oggetto ed è usato per memorizzare informazioni specifiche all'oggetto stesso, l'attributo è sempre composto da almeno un nome ed un valore (l'oggetto "Mario Rossi" può avere un attributo "altezza = 150cm"); le relazioni sono degli attributi particolari che contengono come valore un altro oggetto dell'ontologia e vengono utilizzate per esprimere relazioni che legano oggetti tra loro.

Approfondimento 4.3 Mediazione tra ontologie

La trasformazione di un concetto espresso all'interno di un'ontologia nel concetto espresso in un'altra ontologia viene chiamato *"mediazione"* (dall'inglese "mapping") in letteratura, ed è reso possibile quando tra le ontologie siano stati individuati dei collegamenti reciproci tra i concetti, operazione che in letteratura viene chiamata "ontology mapping".

e offerte di lavoro, con l'aiuto delle ontologie, fluiscono da un punto all'altro della rete SEEMP è il seguente: le informazioni sul CV di un lavoratore vengono inserite nel sistema informativo usato dall'operatore presso il quale la persona si reca. Le informazioni contenute nel CV vengono memorizzate nel sistema informativo attraverso i termini di un sistema di classificazione. Le ontologie permettono di tradurre i termini da un sistema classificatorio all'altro. In questo modo è possibile sfruttare i meccanismi di ricerca locali degli operatori per svolgere ricerche distribuite. Un operatore può interrogare diversi operatori sfruttando le ontologie per tradurre i termini di ricerca nei termini corrispondenti dei sistemi classificatori da interrogare. Le ontologie permettono anche di tradurre all'indietro i risultati ottenuti dagli operatori contattati nei termini dell'operatore dal quale il cliente ha fatto partire la ricerca.

4.3.3 L'impatto di SEEMP sui servizi esistenti

Nel presente paragrafo si analizzerà con maggiore dettaglio l'impatto di SE-EMP sui servizi erogati dagli operatori del mercato del lavoro. In particolare ci si concentra sull'evoluzione che i processi e le infrastrutture utilizzate per erogare i servizi tradizionali dovranno subire per consentire l'incontro tra domande ed offerte di lavoro a livello europeo sfruttando l'architettura SEEMP.

L'analisi di un servizio e dell'impatto sulle organizzazioni preesistenti è un'operazione molto complessa, perché devono essere considerati diversi fattori, per esempio gli utenti coinvolti, i processi e le infrastrutture utilizzate per l'erogazione del servizio, i bisogni che un servizio va a soddisfare.

Per schematizzare le operazioni di analisi verrà utilizzato il framework Brax Edvardsson (Brax, 2007) (Edvardsson e Olsson, 1996) (il quale è stato già citato nel Par. 3.1.2) che analizza un servizio in termini di:

- Service concept: l'idea che sta alla base del servizio stesso
- Service process: i processi coinvolti nell'erogazione del servizio
- Service infrastructure: le risorse umane e tecnologiche impiegate nell'erogazione del servizio (platform/tools).

Questo framework si presta molto bene per l'analisi di servizi esistenti e per la progettazione di nuovi servizi, grazie all'approccio basato su diverse dimensioni di analisi che facilitano la comprensione dei diversi aspetti che compongono un servizio e contemporaneamente consente di cogliere la visione del servizio nella sua interezza.

Per valutare l'impatto della conoscenza nei servizi di ricerca migliorati per mezzo di SEEMP si utilizzerà anche il framework di classificazione di Kang (Kang, 2006) (presentato nel Par. 2.2.1) in aggiunta al framework Brax Edvardsson precedentemente introdotto. Il framework di Kang distingue i servizi in knowledge-embedded e knowledge-based, a seconda che la conoscenza necessaria per erogare i servizi sia incorporata nell'infrastruttura che si occupa di erogare i servizi (per esempio in uno sportello bancomat, la conoscenza impiegata per l'erogazione del servizio è "localizzata" nell'infrastruttura tecnologica) oppure risieda nelle persone che erogano il servizio (es. una consulenza legale da parte di un avvocato).

Per comodità si divideranno i servizi esistenti in servizi di front-office e servizi di back-office che saranno analizzati separatamente. Questa suddivisione nasce dalla volontà di analizzare in modo diverso i servizi che hanno un impatto diretto da quelli che invece hanno un impatto indiretto sugli utilizzatori. Per quanto riguarda la categoria degli utilizzatori dei servizi, l'analisi si focalizzerà sulla categoria dei job seeker e degli employer. Per completezza l'analisi avrebbe dovuto considerare anche altri stakeholder dei servizi (pubbliche amministrazioni, enti di formazione professionale, ...), tuttavia si è preferito privilegiare la sinteticità dell'esposizione, visto che l'analisi di ulteriori figure non avrebbe apportato ulteriori contributi.

Ricerche di curricula e di offerte di lavoro

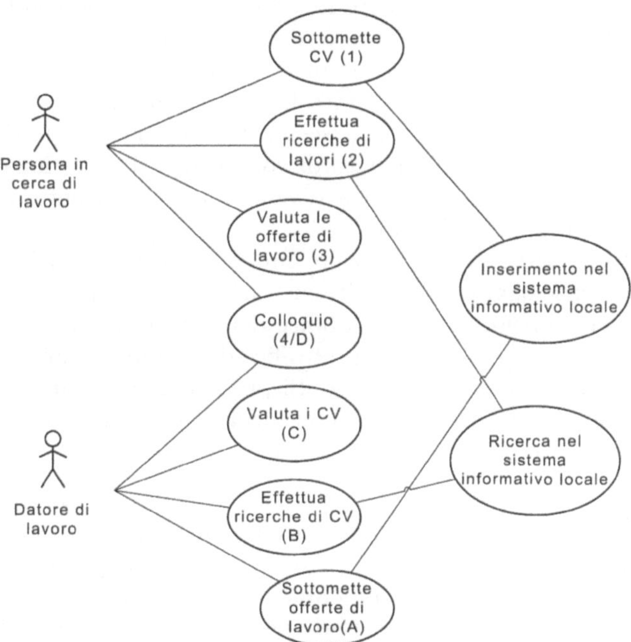

Figura 4.2. Ricerca di lavoro/personale tramite un operatore

La Fig. 4.2 mostra uno "use case" UML [16], nel quale una persona in cerca di lavoro sottomette il proprio curriculum ad un operatore che eroga servizi di incontro tra domanda ed offerta di lavoro. Il curriculum viene inserito nel sistema informativo locale dell'operatore, la persona a questo punto può effettuare ricerche di proposte di lavoro sfruttando i meccanismi di ricerca disponibili. Parallelamente, un datore di lavoro sottomette un'offerta di lavoro la quale viene inserita nel sistema informativo dell'operatore. Anche il datore di lavoro sfrutta i meccanismi di ricerca, ma per ricercare curricula. Entrambi i soggetti valutano i risultati che ottengono e concludono le loro attività di ricerca con un colloquio. La sequenza dei numeri (1, 2, 3, 4) e delle lettere (a,

---

[16]Uno "use case" o caso d'uso è la descrizione di uno o più scenari che permettono di individuare un obiettivo comune per l'utente. Maggiori dettagli su UML e use case possono essere trovati in (Booch *e altri*, 1999; Fowler, 2004).

b, c, d) riportate nella figura aiutano a seguire l'evoluzione temporale delle attività svolte.

Si analizza ora come SEEMP può estendere il servizio appena delineato per permettere ai clienti di effettuare ricerche su una rete di operatori interconnessi. Dal punto di vista della classificazione in base alla conoscenza impiegata, i servizi di ricerca migliorati per mezzo di SEEMP si vengono a configurare come servizi knowledge embedded, per questo la maggior parte della conoscenza necessaria per far funzionare il servizio esteso viene codificata in fase di progettazione. Come conseguenza è necessario che i progettisti del sistema acquisiscano tutta la conoscenza occorrente, in modo da trasferirla nell'infrastruttura che progetteranno. Questo ha due implicazioni: che i progettisti devono avere o devono acquisire conoscenze di dominio; in considerazione del fatto che il processo di trasferimento di conoscenza si perfeziona nel tempo, occorre che la prospettiva evolutiva diventi una componente fondamentale della progettazione di tali sistemi.

Dal punto di vista dell'utilizzatore finale l'uso dei servizi SEEMP non richiede conoscenze aggiuntive particolari, in quanto la sua infrastruttura interagisce principalmente con il back-office dei servizi di ricerca locali mentre lascia sostanzialmente invariato il front-office dei sistemi esistenti, come risulterà con maggiore evidenza in seguito. Si propone ora l'evoluzione del front-office e back-office del servizio di ricerca utilizzando le dimensioni di analisi citate in precedenza.

- Analisi dell'impatto sulla componente di front-office del servizio di ricerca.
  - Service concept: le uniche differenze riguardano le interfacce attraverso le quali l'utente esegue una ricerca (di curriculum o di offerte di lavoro), le nuove interfacce offrono una funzionalità aggiuntiva che consente agli utenti di estendere la ricerca ad operatori della rete SEEMP. L'utente in questo caso può specificare dei parametri aggiuntivi (es. i paesi in cui effettuare la ricerca) e al termine della ricerca riceverà dei risultati provenienti da operatori esteri, con le parole chiave descrittive dei risultati espresse nella lingua dell'utente, mentre i dati dettagliati dei curricula o delle offerte di lavoro appariranno nella lingua in cui sono state redatte.
  - Service processes: i processi di coordinamento tra gli operatori coinvolti in una ricerca su più nazioni sono processi che prevedono l'interazione tra le componenti di back-office dei sistemi coinvolti, pertanto verranno analizzati in seguito quando sarà trattata la parte di back-office del servizio. Per quanto riguarda i processi di front-office, il servizio di ricerca esteso deve gestire i processi che si attivano quando un utente desidera ottenere ulteriori informazioni sui risultati di una ricerca provenienti da un operatore straniero, oppure quando l'utente desidera raccogliere informazioni generiche sulla situazione lavorativa di un paese estero. I rimanenti processi di interazione dell'utente con il servizio,

possono rimanere invariati, vista la scarsa invasività del SEEMP sulla componente di front-office dei servizi

- Service infrastracture: i servizi generalmente vengono erogati all'utente finale sia attraverso siti web sia per mezzo di punti di contatto dove l'utente può recarsi di persona (filiali, uffici aperti al pubblico, ...). Le interfacce web devono essere aggiornate per permettere agli utenti di avviare le operazioni di ricerca su paesi esteri e per mostrare i risultati; Per quanto riguarda l'accesso ai servizi attraverso punti di contatto fisici, occorre provvedere al training del personale di front-office, lo sforzo necessario in questo caso dipende dalla tipologia e dall'ampiezza dell'attività di formazione che si vuole svolgere, tuttavia non costituisce un ostacolo rilevante all'adozione del servizio.

- Si analizzerà ora la componente di back-office dei servizi di ricerca di domanda e offerta di lavoro. Per permettere l'erogazione dei servizi di ricerca su scala europea nel back-office deve essere implementato il (sotto)servizio di ricerca distribuita dell'informazione. Questo nuovo servizio sarà analizzato nelle sue dimensioni di service concept, processes e infrastructure:

  - Service concept: consiste nel far circolare le ricerche sui sistemi informativi degli operatori connessi alla rete SEEMP, trasformando le chiavi di ricerca in un formato intelligibile ai sistemi dove deve essere svolta la ricerca, e infine trasformando i risultati ottenuti in un formato intelligibile dal sistema informativo che ha dato origine alla ricerca stessa.

  - Service infrastracture: per interconnettere i sistemi informativi degli operatori l'infrastruttura SEEMP prevede di utilizzare una SOA (Service Oriented Architecture, vedi Par. 3.4.1). I sistemi informativi esistenti devono essere modificati in modo da esporre sotto forma di web-services i servizi di ricerca di curricula ed offerte di lavoro. Il re-engineering dei sistemi informativi è un'attività che richiede l'intervento di personale qualificato e pertanto può essere classificata come knowledge-based secondo il framework di classificazione di Kang (Kang, 2006). L'utilizzo del sistema informativo risultante al termine delle operazioni di reingegnerizzazione, al contrario non richiede conoscenze aggiuntive rispetto a quelle necessarie per garantire l'ordinario funzionamento. La reingegnerizzazione dei sistemi informativi è un argomento molto ampio e complesso ed una trattazione completa di questo argomento esula dagli scopi di questo libro. In questa sede si vuole solo far notare che le modifiche al sistema informativo di un operatore, richieste per poter partecipare alla rete SEEMP, riguardano principalmente le componenti hardware e software (cioè i sistemi informatici) mentre le modifiche ai processi organizzativi e i cambiamenti relativi alle risorse umane risultano limitate. Questi ultimi due costituiscono gli aspetti più onerosi e più difficili da gestire in un processo di modifica di un sistema informativo. Da questo punto di vista, l'impatto limitato sui processi e sulle risorse umane costituisce un vantaggio per quanto riguarda la diffusione di SEEMP.

- Service processes: l'introduzione di SEEMP influenza i processi di back-office, in particolare si rende necessario coordinare i processi interni di un operatore con i processi di soggetti esterni coinvolti durante l'esecuzione delle ricerche distribuite. Occorre nello specifico tenere presente tutte le problematiche derivanti dai ritardi nei tempi di risposta dei sistemi distribuiti, per esempio un nodo può rispondere con estremo ritardo alle richieste o può non rispondere affatto. La totalità dei processi di back-office influenzati dal SEEMP sono gestiti in modo automatico dai calcolatori. Per quanto riguarda la conoscenza necessaria per progettare e utilizzare questi processi, le criticità più grosse sorgono in fase di progettazione, mentre in fase di utilizzo le conoscenze richieste sono minimali rispetto a quanto necessario per gestire un normale sistema informativo. Un discorso a parte meritano invece i processi messi in moto in seguito al matching tra un'offerta di lavoro e un CV gestiti da operatori diversi. Un match di questo tipo può essere il preludio di una transazione economica che coinvolge il futuro datore di lavoro e gli operatori implicati. Infatti se la transazione si conclude con un'assunzione e uno degli operatori coinvolti è un operatore privato, la transazione potrebbe portare al pagamento di una commissione. Anche in questo caso, è molto probabile che questi business process possano essere eseguiti in automatico, pertanto si configurano come parte di un servizio knowledge-embedded per il quale l'utilizzo della conoscenza è richiesto principalmente nella fase di modellazione del processo stesso.

Evoluzione delle ontologie

La creazione di un'infrastruttura comune di scambio delle informazioni richiede agli operatori coinvolti (che erogano servizi per il mercato del lavoro) di rendere compatibili tra loro i sistemi di classificazione usati internamente e di coordinare la loro evoluzione nel corso del tempo. A titolo di esempio, si noti che l'introduzione di un nuovo concetto in un sistema informativo locale deve per quanto possibile trovare una contropartita negli altri sistemi informativi connessi (con l'introduzione di nuovi concetti o con la mappatura su concetti già esistenti).

Le ontologie sono lo strumento che permette la mediazione di termini e concetti tra sistemi diversi all'interno di SEEMP, il loro ruolo risulta pertanto fondamentale per tutte le attività che si basano sulla condivisione di informazioni tra sistemi diversi, in modo particolare le operazioni di ricerca di domande ed offerte di lavoro.

Saranno ora introdotti alcuni dettagli sull'uso delle ontologie all'interno del progetto SEEMP, prima di analizzare le problematiche connesse con la loro gestione. L'architettura delle ontologie di SEEMP è stata concepita tenendo conto sia delle caratterizzazioni locali del mercato del lavoro, sia dell'esigenza dei sistemi locali di poter interoperare, cioè di poter interpretare le informazioni scambiate. Per rispondere sia alle esigenze locali, sia al fabbisogno di interoperabilità, all'interno di SEEMP è stata impiegata una architettura basata su due tipologie di ontologie (Celino *e altri*, 2007) le ontologie locali e l'ontologia globale (o di riferimento).

- Ogni operatore gestisce una "ontologia locale" che utilizza per annotare semanticamente[17] le informazioni gestite dal sistema informativo locale. L'ontologia locale costituisce quindi una sistematizzazione delle conoscenze sul mercato del lavoro locale e contiene anche tutte le informazioni peculiari dello specifico ambito locale.
- A livello centrale viene gestita una "ontologia di riferimento" che svolge le funzioni di elemento di collegamento tra le diverse ontologie locali. Lo scopo dell'ontologia di riferimento è duplice: da un lato deve contenere le conoscenze in comune alle ontologie locali, dall'altro si configura come un passaggio intermedio nella comunicazione tra due sistemi diversi. In questo scenario, per "tradurre" un concetto da un'ontologia locale A ad una ontologia locale B, si effettua una traduzione dall'ontologia A all'ontologia di riferimento, e poi si esegue un'ulteriore traduzione dall'ontologia di riferimento all'ontologia B. Questo passaggio intermedio, se da un lato aumenta lo sforzo connesso con l'attività di traduzione, dall'altro semplifica le attività di gestione dei mapping (collegamenti) tra ontologie. Infatti un operatore può comunicare con tutti i sistemi dovendo gestire solamente i collegamenti tra i concetti della propria ontologia locale e quelli dell'ontologia di riferimento. L'assenza dell'ontologia di riferimento avrebbe richiesto ad ogni operatore di gestire tanti mapping diretti quante sono le ontologie degli operatori con i quali sarebbe potuto venire in contatto.

La qualità del matching nei servizi di ricerca di domande ed offerte di lavoro in SEEMP dipende dall'accuratezza con cui viene effettuato il processo di mediazione dei termini svolto dalle ontologie. Se la conoscenza all'interno delle ontologie non viene mantenuta aggiornata col passare del tempo, la qualità dei risultati delle ricerche decresce e di conseguenza diminuisce la qualità del servizio erogato. Per meglio comprendere l'importanza dell'aggiornamento, si consideri che negli ultimi anni in Italia il mercato del lavoro è stato contraddistinto da una elevata dinamicità. Le tipologie di professioni e l'insieme dei settori economici sono stati oggetti di rapidi ed estesi cambiamenti nel corso del tempo. Un simile fenomeno è avvenuto in misura più o meno simile anche negli altri paesi dell'unione europea.

---

[17]Con l'espressione annotare semanticamente si intende il processo attraverso il quale il significato di un documento, di una pagina web, od in generale di una risorsa, viene espresso in modo formale attraverso i termini di un'ontologia. Il risultato dell'annotazione semantica è che gli strumenti di elaborazione automatica delle informazioni possono gestire automaticamente il documento, la risorsa informativa tenendo conto del significato presente all'interno

L'architettura basata su ontologie locali ed ontologia di riferimento permette di separare in maniera elegante aspetti diversi delle attività di evoluzione delle ontologie che tuttavia sono tra loro intrecciati: la gestione dell'ontologia locale può focalizzarsi sulle evoluzioni dei concetti e delle peculiarità del mercato del lavoro locale, le attività di gestione dell'ontologia di riferimento invece si possono concentrare sugli aspetti necessari per garantire la trasferibilità di concetti tra un'ontologia locale e l'altra.

Il servizio di gestione ed evoluzione delle ontologie verrà ora analizzato sotto gli aspetti di service concept, service process e infrastracture.

- Service concept. Il servizio di evoluzione delle ontologie va ad inserirsi sulle attività esistenti di gestione e mantenimento dei sistemi classificatori già svolti dagli operatori locali. L'ontologia locale può sostituire i sistemi classificatori locali oppure può affiancarli (dipende dalle specifiche scelte implementative dell'operatore locale). La gestione delle ontologie locali eredita le stesse finalità delle attività di aggiornamento dei sistemi classificatori: assicurare la corrispondenza e l'aggiornamento della conoscenza memorizzata con le peculiarità dei singoli mercati del lavoro locali. L'introduzione di SEEMP aggiunge tuttavia un altro obiettivo: gestire in modo coordinato la conoscenza memorizzata nelle varie ontologie per favorire la comprensione di termini e concetti provenienti da sistemi diversi. L'obiettivo generale è che la mediazione dei termini e dei concetti assicurata dalle ontologie permetta nel corso del tempo di avere un'alta qualità delle operazioni di ricerca distribuite, pur in presenza di una continua evoluzione dei termini e dei concetti utilizzati.
- Service process. Le attività connesse all'evoluzione delle ontologie richiedono principalmente un'attività concettuale svolta da esperti di dominio. Lo sforzo necessario per l'editing attraverso gli strumenti informatici delle ontologie è infatti trascurabile rispetto all'attività di sistematizzazione che occorre svolgere quando si vogliono aggiungere nuovi concetti o aggiornare concetti esistenti. Quest'attività secondo il framework di Kang (Kang, 2006) è classificabile come knowledge based. I processi necessari per l'evoluzione delle ontologie sono i seguenti:
  - a livello locale deve essere individuato un processo attraverso il quale si identificano le nuove esigenze del mercato del lavoro (nuove professioni, nuovi settori, necessità di aggiornare termini e concetti esistenti) e si aggiorna conseguentemente la conoscenza contenuta nell'ontologia locale.
  - un ulteriore processo consiste nella segnalazione degli aggiornamenti locali a livello centrale, cioè man mano che concetti nuovi vengono introdotti nelle ontologie locali, questi concetti devono essere proposti per l'inserimento anche nell'ontologia di riferimento. Un gruppo di esperti di dominio che presiede all'evoluzione dell'ontologia di riferimento dovrà valutare se i concetti proposti hanno una validità generale e in questo caso dovranno inserirli all'interno dell'ontologia di riferimento.

- un altro processo consiste nella revisione dei concetti dell'ontologia locale e dei mapping tra ontologia locale e ontologia di riferimento ogni volta che l'ontologia di riferimento subisce delle modifiche.
- parallelamente ai processi elencati, devono essere avviati dei processi di revisione periodica dell'ontologia di riferimento e delle ontologie locali.
- Infrastracture. Le attività connesse all'evoluzione delle ontologie richiedono principalmente un'attività concettuale svolta da persone, l'infrastruttura richiesta per lo svolgimento di questo servizio è costituita quindi per la maggior parte da risorse umane in grado di comprendere gli aspetti del dominio (gli esperti di dominio) e da esperti in grado di formalizzare la conoscenza all'interno delle ontologie. Dell'infrastruttura fanno anche parte gli strumenti ICT necessari per l'editing delle ontologie e per assicurare il coordinamento dei gruppi di lavoro che presiedono al mantenimento e all'evoluzione delle ontologie locali e dell'ontologia di riferimento.

4.3.4 Collaborazione e competizione all'interno di SEEMP

Nello scenario che si viene a creare a seguito dell'introduzione di SEEMP, gli operatori che erogano servizi per l'impiego, normalmente in competizione tra loro, collaborano nello scambiarsi informazioni sulla disponibilità di domande ed offerte di lavoro. Tale comportamento misto tra collaborazione e competizione può essere classificato come una forma di coopetizione, secondo quanto descritto nel Par. 3.5.2. L'approccio coopetitivo permette agli operatori coinvolti di ampliare la gamma di servizi erogati ai propri clienti, fornendo a questi ultimi l'opportunità di consultare domande e offerte di lavoro gestite da operatori presenti in paesi esteri. SEEMP permette inoltre agli operatori di entrare in contatto con possibili partner esteri con i quali, nel corso del tempo, potrebbero crearsi legami stabili di natura commerciale. Lo scenario coopetitivo introdotto attraverso SEEMP è reso possibile dall'impiego di tecnologie innovative (in particolare le tecnologie semantiche che permettono l'interpretabilità delle informazioni provenienti da contesti culturali e linguistici diversi) ma soprattutto dal modello di gestione delle informazioni, il quale minimizza i possibili conflitti competitivi che potrebbero sorgere in seguito alla condivisione dei dati. Il "business dei servizi per l'impiego" si basa sulla gestione delle informazioni, le quali costituiscono delle risorse competitive per gli operatori, la loro condivisione, se da un lato è auspicabile perché facilita l'incontro tra domande ed offerte di lavoro anche quando sono gestite da soggetti diversi, dall'altro può causare l'insorgere di conflitti competitivi. In SEEMP gli operatori si scambiano dati in formato anonimo, in questo modo è possibile effettuare matching tra domande ed offerte di lavoro, senza ledere le attività connesse con la gestione delle informazioni di contatto, che costituiscono la parte più "remunerativa" del business degli operatori privati: se un'azienda fosse intenzionata ad approfondire i risultati di una ricerca richiedendo le informazioni di contatto di un candidato, gli operatori (privati) possono condividere le informazioni di contatto dopo aver concluso un accordo di tipo economico.

Le tecnologie innovative ed il modello di scambio delle informazioni se da un lato costituiscono le premesse e le condizioni abilitanti per l'erogazione di un servizio innovativo (che risponde anche a dei fini di utilità sociale in quanto favorisce l'incontro tra domanda ed offerte di lavoro), dall'altro non sono sufficienti ad assicurare la collaborazione tra i soggetti erogatori dei servizi coinvolti.

La semplice creazione di un'infrastruttura per lo scambio di informazioni, non spinge di per sé i potenziali beneficiari ad utilizzarla. Gli operatori che offrono servizi a supporto del mercato del lavoro devono valutare positivamente il saldo tra benefici e costi, devono superare le paure connesse con la condivisione delle informazioni ed inoltre occorre che si instauri un clima di fiducia reciproca tra i soggetti che utilizzano l'infrastruttura. Le autorità pubbliche che possono avere un interesse nel favorire la diffusione e l'utilizzo di SEEMP, non hanno possibilità di obbligare gli operatori ad utilizzare attivamente il servizio, ma devono svolgere un'opera di "convincimento". Da questo punto di vista, devono essere curate attentamente le fasi di progettazione del servizio e delle policy di funzionamento, poiché queste ultime hanno un'importanza notevole nel favorire la collaborazione ed in generale lo sviluppo di uno scenario coopetitivo.

Riferimenti bibliografici

Abe T. (2005). What is service science? Relazione Tecnica 246, The Fujitsu Research Institute, Economic Research Center, Tokyo, Japan.

Abernathy W.; Utterback J. (1978). Patterns of innovation in technology. *Technology Review*, **80**(7).

Agranoff R. (1991). Human services integration: Past and present challenges in public administration. *Public Administration Review*, **51**(6).

Akehurst G.; Gadrey J. (1988). *The economics of services*. Routledge.

Alic J. (2001). Postindustrial technology policy. *Research Policy*, **30**.

Alter C.; Hage J. (1993). *Organizations working together* in Sage library of social research. Numero 191. Sage publications, Newbury Park, California.

Alter S. (2008). Service system fundamentals: Work system, value chain, and life cycle. *IBM Systems Journal*, **47**(1).

Andersen B.; Corley M. (2003). The theoretical, conceptual and empirical impact of the service economy: A critical review. Discussion Paper WDP 2003/22, World Institute for Development Economics Research of the United Nations University (UNU-WIDER).

Andersen B.; Howells J.; Hull R.; Miles I.; Roberts J. (2000). *Knowledge and Innovation in the New Service Economy*. Edward Elgar, Cheltenham.

Anderson C.; Zeithaml C. P. (1984). Stage of the product life cycle, business strategy, and business performance. *Academy of Management Journal*, **27**(March).

Anderson E.; Fornell C.; Lehmann D. (1994). Customer satisfaction, market share, and profitability: findings from sweden. *The Journal of Marketing*, **58**(3).

Anderson E. W.; Fornell C.; Rust R. T. (1997). Customer satisfaction, productivity, and profitability: Differences between goods and services. *Marketing Science*, **16**(2).

Antolini F.; Ciccarelli A. (2007). Servizi, ICT e innovazione. una prima riflessione sul gap strutturale italiano. *Economia dei Servizi*, **3**.

Antonelli C. (1998). Localized technological change, new information technology and the knowledge-based economy: The european evidence. *Journal of Evolutionary Economics*, **8**(2).

Antoniou G. (2004). *A Semantic Web Primer*. MIT Press.

Apte U.; Mason R. (1995). Global disaggregation of information-intensive services. *Management Science*.

Aron R. (1965). *La società industriale*. Comunità, Milano.

Arrow K. (1970). *Social choice and individual values*. Yale University Press.

Ashby W. R. (1960). *Design for a Brain*. John Wiley & Sons, New York, NY.

Babakus E.; Yavas U.; Karatepe O.; Avci T. (2003). The effect of management commitment to service quality on employees´ affective and performance outcomes. *Journal of the Academy of Marketing Science*, **31**(3).

Barbieri G.; Rosa G. (1990). *Terziario avanzato e sviluppo innovativo*. Il Mulino.

Bardhan A.; Kroll C. (2003). The new wave of outsourcing. Research report, Fisher Center, University of California, Berkeley.

Barnes R. (1949). *Motion and time study*. John Wiley & Sons.

Barney J.; Ouchi W. (1985). Information cost and the governance of economic transactions. In *Organizzazione e mercato*. A cura di Nacamalli R., Rugiadini A. il Mulino.

Bateson J. (1977). Do we need service marketing? marketing consumer services: New insights. Report, Marketing Science Institute, Boston.

Baum J.; Calabrese T.; Silverman B. (2000). Don't go it alone: Alliance network composition and startups' performance in canadian biotechnology. *Strategic Management Journal*, **21**(3).

Behara R.; Chase R. (1993). Service quality deployment: quality service by design. In *Perspectives in Operations Management: Essays in Honor of Elwood S. Buffa*. A cura di Sarin R. Kluwer Academic Publishers, Norwell, MA.

Bell D. (1973). *The coming of post-industrial society: A venture in social forecasting*. Basic Books.

Bell D. (1976). *The Cultural Contradictions of Capitalism*. Basic Books, New York.

Bennett K.; Munro M.; Gold N.; Layzell P.; Budgen D.; Brereton P. (2001). An architectural model for service-based software with ultra rapid evolution. In *IEEE International Conference on Software Maintenance*.

Berry L. (1980). Services marketing is different. *Business*, **30**(Maggio).

Berry L.; Seltman K. (2007). Building a strong services brand: Lessons from Mayo Clinic. *Business Horizons*, **50**(3).

Bitner M.; Booms B.; Tetreault M. (1990). The service encounter: diagnosing favorable and unfavorable incidents. *The Journal of Marketing*, **54**(Gennaio).

Bitner M.; Booms B.; Mohr L. (1994). Critical service encounters: the employee's viewpoint. *The Journal of Marketing*, **58**(Ottobre).

Bitner M.; Brown S.; Goul M.; Urban S. (2007). Services science journey: Foundations, progress, challenges. In *Cambridge Service Science, Management and Engineering Symposium*, Møller Centre, Churchill College, Cambridge.

Bitner M. J.; Brown S. W. (2006). The evolution and discovery of services science in business schools. *Communications of the ACM*, **49**(7).

Bohmer R. M. (2006). Istituto clinico humanitas (c): Pronto soccorso. `http: //harvardbusiness.org/search/Richard+Bohmer/4294934789/`. Harvard Business School Supplement 607-022. HBS Course Materials.

Booch G.; Rumbaugh J.; Jacobson I. (1999). *The unified modeling language user guide*. Addison-Wesley Reading Mass.

Booms B.; Bitner M. (1981). Marketing strategies and organization structures for service firms. In *Marketing of Services*. A cura di Donnelly J., George W. American Marketing Association, Chicago, IL.

Borgonovi E.; Del Vecchio M. (2000). I servizi di pubblica utilità alla persona: il welfare mix e la selezione della domanda. In *I servizi di pubblica utilità alla persona*. A cura di Vittadini G. Franco Angeli, Milano.

Boselli R.; Cesarini M.; Mezzanzanica M. (2008). Customer knowledge and service development, the web 2.0 role in co-production. In *Proceedings of World Academy of Science, Engineering and Technology*, volume 30, Paris, France.

Böttcher M.; Meyer K.; van Husen C. (2003). Systematic development of e-services through co-design of software and service. In *Service Engineering*. A cura di et al. B. Springer.

Bowen D. (2002). Suppose we took service seriously? An introduction to the special issue. *The Academy of Management Executive*, **16**(4). Special issue on Services: Enhancing Effectiveness.

Bowen D.; Schneider B. (1985). Boundary-spanning-role employees and the service encounter: some guidelines for management and research. *The Service Encounter, Lexington Books, Lexington, MA*.

Bowen D.; Schneider B. (1988). Services marketing and management: Implications for organizational behavior. *Research in organizational behavior*, **10**.

Bowen D.; Gilliland S.; Folger R. (1999). HRM and service fairness: How being fair with employees spills over to customers. *Organizational Dynamics*, **27**(3).

Bowers M. (1985). *An Exploration into New Service Development: Process, Structure and Organization*. Tesi di Dottorato di Ricerca, Texas A&M University, College Station, Texas.

Brandenburger A.; Nalebuff B. (1996). *Coopetition*. Doubleday & Company, New York.

Brax S. (2007). Service Engineering and Management: Towards a Framework. In *proceedings of the XVII International RESER Conference: Service Competitiveness and Cohesion, Balancing Dynamics in the Knowledge Society*, Tampere, Finland.

Brignall S. (1997). A contingent rationale for cost system design in services. *Management Accounting Research*, **8**(3).

Brown T.; Mowen J.; Donavan D.; Licata J. (2002). The customer orientation of service workers: personality trait effects on self-and supervisor performance ratings. *Journal of Marketing Research*, **39**(1).

Browning, H. L.; Singelmann J. (1975). The emergence of a service society: demographic and sociological aspects of the sectoral transformation of the labor force in the USA. Relazione tecnica, National Technical Information Service, Springfield, VA.

Bryson J.; Daniels P.; Warf B. (2004). *Service Worlds: People, Organisations, Technology.* Routledge, London.

Buffa E. (1976). *Operations management: The management of productive systems.* John Wiley & Sons.

Bullinger H.; Fahnrich K.; Meiren T. (2003). Service engineering–methodical development of new service products. *International Journal of Production Economics*, **85**(3).

Bunker R.; Charnes A.; Cooper W. (1984). Some models for estimating technical and scale inefficiencies in data envelopment analysis. *Management Science*, **30**(10).

Busse S.; Kutsche R.-D.; Leser U.; Weber H. (1999). Federated information systems: Concepts, terminology and architectures. Relazione Tecnica 99-9, Technische Universität Berlin.

Carr D.; Littman I. (1990). *Excellence in government: Total quality management in the 1990s.* Coopers & Lybrand.

Cavenago D. (2000). *Aziende non profit, casi di gestione*, capitolo La fondazione Banco Alimentare. Egea.

Cavenago D.; Mariani L.; Trivellato B. (2008). Trasferimento di conoscenza nelle partnership pubblico-privato: il ruolo del capitale sociale. Articolo presentato al 3. Workshop Nazionale di Azienda Pubblica.

Celino I.; Cerizza D.; Cesarini M.; Della Valle E.; Fugini M.; Mezzanzanica M.; et al. (2007). Seemp: A marketplace for the labour market In *Expanding the Knowledge Economy: Issues, Applications, Case Studies.* A cura di Cunningham P., Cunningham M., Amsterdam. IOS Press.

Cesarini M.; Mezzanzanica M. (2006). Policy making for coopetitive information systems. In *Proceedings of the International Conference on Information Quality, ICIQ*, Massachusetts Institute of Technology, Boston, USA.

Cesarini M.; Fugini M.; Mezzanzanica M. (2006). Analysis-sensitive conversion of administrative data into statistical information systems. In *Proceedings of the International Conference on Enterprise Information Systems, ICEIS*, Paphos, Cyprus.

Cesarini M.; Mezzanzanica M.; Cavenago D. (2007). Ict management issues in healthcare coopetitive scenarios. In *Information Resources Management Association International Conference*, Vancouver, Canada.

Charnes A.; Cooper W.; Rhodes E. (1978). Measuring the efficiency of decision making units. *European journal of operational research*, **2**(6).

Charron C.; Favier J.; Li C. (2006). Social computing. `http://www.forrester.com/Research/Document/Excerpt/0,7211,38772,00.html`.

Chase R. (1978). Where does the customer fit in a service operation? *Harvard Business Review*, **56**(4).

Chase R. (1981). The customer contact approach to services: theoretical bases and practical extensions. *Operations Research*, **29**(4).

Chase R.; Apte U. (2007). A history of research in service operations: What's the big idea? *Journal of Operations Management*, **25**(2).

Chase R.; Stewart D. (1994). Make your service fail-safe. *Sloan Management Review*, **35**.

Chase R. B.; Tansik D. A. (1983). The customer contact model for organization design. *Management Science*, **29**(9).

Chesbrough H. (2003). *Open innovation: the new imperative for creating and profiting from technology*. Harvard Business School Press.

Chesbrough H.; Spohrer J. (2006). A research manifesto for services science. *Communications of the ACM*, **49**(7).

Chu P.; Wang H. (2001). Benefits, critical process factors, and optimum strategies of successful iso 9000 implementation in the public sector: An empirical examination of public sector services in taiwan. *Public Performance & Management Review*, **25**(1).

Collison R. (1964). *Encyclopedias; their history throughout the ages*. Hafner, New York / London.

Commissione europea (2005). Employment in europe 2005. `http://ec.europa.eu/employment_social/employment_analysis/employ_2005_en.htm`.

Connolly D.; van Harmelen F.; Horrocks I.; McGuinness D.; Patel-Schneider P.; Stein L. (2001). DAML + OIL (March 2001) reference description. *W3C Note*, **18**(Marzo).

Conti L. (2008). Facebook, il fenomeno del social networking. Il sole 24 ore. 23 ottobre.

Cook D. P. (1999). Service typologies: A state of the art survey. *Production and Operations Management*, **8**(3).

Cooper R.; Edgett S. (1999). *Product Development for the Service Sector*. Perseus Books, Cambridge.

Cronin Jr J.; Taylor S. (1992). Measuring service quality: a reexamination and extension. *The Journal of Marketing*, **56**(Luglio).

Cusumano M.; Kahl S.; Suarez F. (2006). Product, process, and service: A new industry life cycle. Working paper, MIT Sloan School of Management.

Dagnino G.; Padula G. (2002). Coopetition strategy: A new kind of inter-firm dynamics for value creation. *EURAM: Second Annual Conference-Innovative Research in Management, Stockholm*.

Dean Jr J.; Bowen D. (1994). Management theory and total quality: improving research and practice through theory development. *Academy of Management Review*, **19**.

Decreto attuativo della legge Biagi (2003). Art. 2 del decreto legislativo n. 276. Attuazione delle deleghe in materia di occupazione e mercato del lavoro.

Denmark S. (2000). The use of administrative sources for statistics and international comparability. *Invited paper alla "Conference of European Statisticians", 48th plenary session, Parigi (FR). Statistical Commission and Economic Commission for Europe.*

Di Bernardo B. (1992). La produzione neo-industriale e i servizi. *Sinergie,* **29**.

Dietrich B. (2006). Resource planning for business services. *Communications of the ACM,* **49**(7).

Docking D.; Dowen R. (1999). Market interpretation of iso 9000 registration. *Journal of Financial Research,* **22**.

Dyer J.; Nobeoka K. (2000). Creating and managing a high performance knowledge sharing network: the case of toyota. *Strategic Management Journal,* **21**(3).

Echeverri P. (2005). Video-based methodology: capturing real-time perceptions of customer processes. *International Journal of Service Industry Management,* **16**(2).

Edvardson B.; Gustafsson A.; Enquist B. (2006). Challenges in new service development and value creation through service. In *Advances in Information Systems Development: Bridging the Gap Between Academia and Industry.* A cura di Nilsson A., Gustas R., Wojtkowski W., Wojtkowski W., Wrycza S., Zupancic. Springer. Proceedings of the Fourteenth International Conference on Information Systems Development.

Edvardsson B.; Olsson J. (1996). Key concepts for new service development. *The Service Industries Journal,* **16**(2).

Edvardsson B.; Enquist B.; Johnston R. (2005). Cocreating customer value through hyperreality in the prepurchase service experience. *Journal of Service Research,* **8**(2).

Eiglier P.; Langeard E.; Lovelock C.; Bateson J.; Young R. (1977). *Marketing consumer services: New insights.* Marketing Science Institute Cambridge, MA.

Eleyan A.; Mikhailov L.; Zhao L. (2004). Quality-of-service support in web services architecture. *Ingénierie des systèmes d'information(2001),* **9**(5-6).

Emigh W.; Herring S. C. (2005). Collaborative authoring on the web: A genre analysis of online encyclopedias. In *Proceedings of the 38th Annual Hawaii International Conference on System Sciences, 2005. HICSS '05.*

EuroActive (2006). Commissioner Špidla: Mobility is an opportunity, not a panacea. `http://www.euractiv.com/en/mobility/commissioner-pidla-mobility-opportunity-panacea/article-156120`.

Evanschitzky H.; Wunderlich M. (2006). An examination of moderator effects in the four-stage loyalty model. *Journal of Service Research,* **8**(4).

FaceBookster (2009). `http://www.facebookster.com/`.

Fassnacht M.; Koese I. (2006). Quality of electronic services: Conceptualizing and testing a hierarchical model. *Journal of Service Research*, **9**(1).

Fazzi L. (2000). Quasi mercati nei servizi sociali. *Prospettive sociali e sanitarie*, **4**.

Finn D.; Lamb C. (1991). An evaluation of the servqual scales in a retailing setting. *Advances in Consumer Research*, **18**(1).

Fisk R. P.; Grove S. J. (2007). The evolution and future of services: Building a multidisciplinary field. In *Cambridge Service Science, Management and Engineering Symposium*, Møller Centre, Churchill College, Cambridge.

Fisk R. P.; Brown S. W.; Bitner M. J. (1993). Tracking the evolution of the services marketing literature. *Journal of Retailing*, **69**.

Fisk R. P.; Dorsch M.; Grove S. J. (2002). A retrospective on the frontiers in service conference: ten years of contribution to service knowledge. Presentation given at the 11th International Frontiers in Services conference in Maastricht.

Fitzsimmons J.; Fitzsimmons M. (2000). *New Service Development: Creating Memorable Experiences*. Sage Publications, Thousand Oaks, CA.

Fitzsimmons J.; Fitzsimmons M. (2006). *Service Management: Operations, Strategy, and Information Technology*. McGraw-Hill, New York, NY.

Fondazione Banco Alimentare (2009). http://www.bancoalimentare.it.

Fowler M. (2004). *UML Distilled: A Brief Guide to the Standard Object Modeling Language*. Addison-Wesley Professional.

Free Software (2009). http://www.fsf.org/.

Frei F.; Harker P. (1999). Measuring the efficiency of service delivery processes: An application to retail banking. *Journal of Service Research*, **1**(4).

Froehle C.; Roth A. (2004). New measurement scales for evaluating perceptions of the technology-mediated customer service experience. *Journal of Operations Management*, **22**(1).

Fuchs V. (1965). The growing importance of the service industries. *Journal of Business*, **38**(4).

Fuchs V. R. (1968). *The service economy*. National Bureau of Economic Research, New York.

Fugini M.; Mezzanzanica M. (2003). An application within the plan for e-government: the workfair portal. *Annals of Cases on Information Technology (ACIT), Journal of IT Teaching Cases*, **VI**.

Gadrey J. (2002). The misuse of productivity concepts in services: Lessons from a comparison between France and the United States. In *Productivity, Innovation, and Knowledge in Services: New Economic and Socio-Economic Approaches*. A cura di Gadrey J., Gallouj F. Edward Elgar Publishing, Cheltenham, UK and Northampton, MA.

Gandz J. (2008). *Vertisoft Inc: raising the bar, Case N. 9B08C003*. Richard Ivey School of Business.

Garner C. (2004). Offshoring in the service sector: Economic impact and policy issues. *Economic Review-Federal Reserve bank of Kansas City*, **89**.

Garvin D. (1988). *Managing quality: The strategic and competitive edge.* Free Press.

Gershuny J.; Miles I. (1983). *The new service economy: The transformation of employment in industrial societies.* Burns & Oates.

Giarini O. (1986). Coming of age of the service economy. *Science and Public Policy*, **4**.

Glennerster H.; Le Grand J. (1994). The development of quasi-markets in welfare provision. Relazione Tecnica WSP 102, Centre for Analysis of Social Exclusion, London School of Economics and Political Science, London, UK.

Glushko R.; McGrath T. (2005). *Document engineering: analyzing and designing documents for business informatics & Web services.* MIT Press.

Glushko R.; Tabas L. (2008). Bridging the "front stage" and "back stage" in service system design. In *Proceedings of the 41st Hawaii International Conference on System Sciences.*

Gnyawali D.; Madhavan R. (2001). Cooperative networks and competitive dynamics: a structural embeddedness perspective. *Academy of Management Review*, **26**(3).

Goldsmith S.; Eggers W. (2004). *Governing by network: The new shape of the public sector.* Brookings Institution Press.

Goldstein S.; Johnston R.; Duffy J.; Rao J. (2002). The service concept: the missing link in service design research? *Journal of Operations Management*, **20**(2).

Gowan M.; Seymour J.; Ibarreche S.; Lackey C. (2001). Service quality in a public agency: Same expectations but different perceptions by employees, managers, and customers. *Journal of Quality Management*, **6**(2).

Grandori A.; Soda G. (1995). Inter-firm networks: antecedents, mechanisms and forms. *Organization studies*, **16**(2).

Granovetter M. (1985). Economic action and social structure: the problem of embeddedness. *American Journal of Sociology*, **91**(3).

Greenfield H. (1966). *Manpower and the growth of producer services.* Columbia University Press, New York.

Gremler D. (1994). Word-of-mouth about service providers: an illustration of theory development in marketing. In *AMA Winter Educators' Conference: Marketing Theory and Applications.* A cura di Park C., Smith D. American Marketing Association.

Grönroos C. (1978). Service-oriented approach to marketing of services. *European Journal of Marketing*, **12**(8).

Grönroos C. (1982). An applied service marketing theory. *European Journal of Marketing*, **16**(7).

Grönroos C. (1983). Strategic management and marketing in the service sector. Relazione Tecnica 83-104, Marketing Science Institute, Cambridge, MA.

Grönroos C. (1988). Service quality: the six criteria of good perceived service quality. *Review of Business*, **9**(3).

Grönroos C. (1990). Relationship approach to marketing in service contexts: the marketing and organizational behavior interface. *Journal of Business Research*, **20**(1).

Grönroos C. (1990). *Service Management and Marketing: Managing the Moments of Truth in Service Competition.* Lexington Books, Lexington, MA.

Grönroos C. (1991). Scandinavian management and the nordic school of services – contributions to service management and quality. *International Journal of Service Industry Mangement*, **2**(3).

Gulati R.; Nohria N.; Zaheer A. (2000). Strategic networks. *Strategic Management Journal*, **21**(3).

Gummesson E. (1977). *(Marketing and purchasing of professional services) Marknadsföring och inköp av konsulttjänster.* Stockholm University/Marketing Technology Center (MTC).

Gummesson E. (1987). The new marketing - developing long-term interactive relationships. *Long Range Planning*, **20**(4).

Gummesson E. (2000). Evert gummesson: Stockholm university. In *Services marketing self-portraits: Introspections, reflections, and glimpses from the experts.* A cura di Fisk R., Grove S., John J. American Marketing Association, Chicago.

Gummesson E. (2005). Qualitative research in marketing. *European Journal of Marketing*, **39**(3/4).

Gupta A.; Govindarajan V. (2000). Knowledge flows within multinational corporations. *Strategic management journal*, **21**(4).

Gupta V.; Pawar M. (2007). Innovation at cirque du soleil. `http://www.ecch.com`. Case N. 307-353-1, ICMR Center for Management Research.

Gustafsson A.; Johnson M. (2004). Determining attribute importance in a service satisfaction model. *Journal of Service Research*, **7**(2).

Hall A. D.; Fagen R. (1956). Definition of a system. In *General Systems Yearbook.* Ann Arbor.

Hansen H.; Sandvik K.; Selnes F. (2003). Direct and indirect effects of commitment to a service employee on the intention to stay. *Journal of Service Research*, **5**(4).

Harrigan K. (1985). *Strategies for joint ventures.* Free Press.

Hart C. (1988). The power of unconditional service guarantees. *Harvard Business Review*, **66**(4).

Hart C.; Heskett J.; Sasser Jr W. (1990). The profitable art of service recovery. *Harvard Business Review*, **68**(4).

Harvey J. (1998). Service quality: a tutorial. *Journal of Operations Management*, **16**(5).

Head S. (2003). *The new ruthless economy: work & power in the digital age.* Oxford University Press, USA.

Heany D. (1983). Degrees of product innovation. *Journal of Business Strategy*, **3**(4).

Hennig-Thurau T. (2004).   Customer orientation of service employees. *International Journal of Service Industry Management*, **15**(5).

Hertog P. (2002).   Co-producers of innovation: on the role of knowledge-intensive business services in innovation. In *Productivity, Innovation, and Knowledge in Services: New Economic and Socio-Economic Approaches*. A cura di Gadrey J., Gallouj F. Edward Elgar Publishing, Cheltenham, UK and Northampton, MA.

Herzenberg, S. A. Alic J. A.; Wial H. (1998). *New rules for a new economy: employment and opportunity in post-industrial America.* Cornell University Press, Ithaca, NY.

Heskett J. (1987). Lessons in the service sector. *Harvard Business Review*, **65**(2).

Heskett J.; Sasser W.; Schlesinger L. (1997). *The service profit chain: How leading companies link profit and growth to loyalty, satisfaction, and value.* Free Press.

Hidaka K. (2006). Trends in services sciences in japan and abroad. *Science & Technology Trends: Quarterly review*, **19**(4).

Hill T. P. (1977).   On goods and services.   *Review of Income and Wealth*, **23**(4).   Available at `http://ideas.repec.org/a/bla/revinw/v23y1977i4p315-38.html`.

Hocutt M.; Stone T. (1998). The impact of employee empowerment on the quality of a service recovery effort. *Journal of Quality Management*, **3**(1).

Hoegg R.; Martignoni R.; Meckel M.; Stanoevska-Slabeva K. (2006). Overview of business models for web 2.0 communities In *Proc. Workshop Gemeinschaften in Neuen Medien (GeNeMe)*. A cura di Meißner K., Engelien M., Dresden. TUDPress.

Huston L.; Sakkab N. (2006). Connect and develop. *Harvard Business Review*, **84**(3).

Huws U.; Dahlmann S.; Flecker J. (2005).   Outsourcing of ICT and related services in the EU: A status report. Relazione Tecnica ef04137, European Foundation for the Improvement of Living and Working Conditions, Luxembourg.

IBM servizi (2005). IBM, definizione di servizio. `http://www.research.ibm.com/ssme/services.shtml`.

IDEO sito web (2009). `http://www.ideo.com`.

Ittner C.; Larcker D. (1996). Measuring the impact of quality initiatives on firm financial performance. *Advances in the management of Organizational Quality*, **1**(1).

Jahns C.; von der Gracht H.; Darkow I.; Wurst M.; Saur F.; Biesenbach B.; Ciesielska A.; Schraeder T.; Duvert, A. Heise S. (2008). *Document logistics at deutsche post world net, Case N. 308-141-1.* ECCH.

Jennings Jr E. (1998).   Interorganizational coordination, administrative consolidation, and policy performance. *Public Administration Review*.

Johnson E. (1972). Are goods and services different?: An exercise in marketing theory. Washington University, unpublished dissertation.

Johnson R.; Newell W.; Vergin R. (1972). *Operations management: a systems concept.* Houghton Mifflin Company.

Johnson S.; Menor L.; Roth A.; Chase R. (2000). A critical evaluation of the new service development process: integrating service innovation and service design. *New Service Development: Creating a Memorable Experience, Sage Publications, Sage Publications, Thousands Oaks, CA.*

Johnston R. (1989). The customer as employee. *International Journal of Operations & Production Management,* **9**(5).

Johnston R. (1999). Service operations management: return to roots. *International Journal of Operations & Production Management,* **19**(2).

Jones B.; Hadjivassilou K. (2002). New methods of skill definition and accreditation. In *AGORA V: Identification, Evaluation and Recognition of Non-Formal Learning.* A cura di Guggenheim E. CEDEFOP,Panorama serie, Thessaloniki, Greece.

Jones B.; Miller B. (2007). *Innovation diffusion in the new economy: the tacit component.* Routledge.

Jones B.; Cullen J.; Miller A. (2001). European movement towards a competency-based skills taxonomy and personal skills profile. In *Management of Technology.* A cura di Khalil T., Lefebre L., R.M. M. Pergamon Elsevier Science, Oxford New York.

Jones B.; Miller B.; Failla A. (2008). Tacit knowledge in rapidly evolving organisational environments. In *Cross Disciplinary Advances in Human Computer Interaction: User Modeling, Social Computing and Adaptive Interfaces.* A cura di Zaphiris P., Ang C. S. IG Global, New York.

Judd R. (1964). The case for redefining services. *The Journal of Marketing.*

Kanerva M.; Hollanders H.; Arundel A. (2006). Trendchart report: Can we measure and compare innovation in services? Research report, European Commission, DG Enterprise, Brussels. `http://www.proinno-europe.eu/index.cfm?fuseaction=page.display&topicID=282&parentID=51`.

Kang H. (2006). Technology management in services: knowledge-based vs. knowledge-embedded services. *Strategic Change,* **15**(2).

Kantsperger R.; Kunz W. (2005). Managing overall service quality in customer care centers. *International Journal of Service Industry Management,* **16**(2).

Kaplan R.; Norton D. (1996). Using the balanced scorecard as a strategic management system. *Harvard business review,* **74**.

Karapetrovic S.; Willborn W. (2001). Audit and self-assessment in quality management: comparison and compatibility. *Managerial Auditing Journal,* **16**(6).

Karmarkar U. (2008). The global information economy, service industrialization and the ucla bit project. *Service Science, Management and Engineering: Education for the 21st Century.*

Karmarkar U.; Pitbladdo R. (1995). Service markets and competition. *Journal of Operations Management,* **12**(3-4).

Karnik K.; Mehta S.; Singh G.; NASSCOM I. (2006). Globalization of services: Facilitators and barriers. *Globalization.*

Kellogg D.; Nie W. (1995). A framework for strategic service management. *Journal of Operations Management*, **13**(4).

Kellogg D. L.; Chase R. B. (1995). Constructing an empirically derived measure for customer contact. *Management Science*, **41**(11).

KIBS - What Future (2005). Knowledge-intensive business services - what future? `http://www.eurofound.europa.eu/emcc/content/source/eu05011a.htm`. Series: Sector Futures.

Killing J. (1983). *Strategies for joint venture success*. Praeger Pub Text.

Kim W.; Mauborgne R. (2005). *Blue ocean strategy: How to create uncontested market space and make the competition irrelevant*. Harvard Business School Press.

Kleijnen M.; De Ruyter K.; Andreassen T. (2005). Image congruence and the adoption of service innovations. *Journal of Service Research*, **7**(4).

Kok W. *e altri* (2004). Facing the challenge: The lisbon strategy for growth and employment. report from the high level group chaired by wim kok. *European Communities: Luxembourg*.

Lado A.; Boyd N.; Hanlon S. (1997). Competition, cooperation, and the search for economic rents: A syncretic model. *Academy of Management Review*, **22**(1).

Lassila O.; McGuinness D. (2001). The role of frame-based representation on the semantic web. *Link
oping Electronic Articles in Computer and Information Science*, **6**(5).

Leffingwell W. (1917). *Scientific office management*. AW Shaw Company.

Leffingwell W.; Robinson E. (1943). *Textbook of office management*. McGraw-Hill book company, inc.

Lehtinen J. (1986). *Quality Oriented Services Marketing* in Series A 2: Studies and Reports. Numero 44. Department of Business Economics and Business Law, Tampere University, Tampere.

Lehtinen U.; Lehtinen J. (1982). Service quality: A study of quality dimensions. Working paper, Service Management Institute, Helsinki, Finland.

Lemmink J. (2005). The need for more multidisciplinary research. *International Journal of Service Industry Management*, **16**(1).

Leuf B.; Cunningham W. (2001). *The Wiki Way: Collaboration and Sharing on the Internet*. Addison-Wesley Professional.

Levin B. (2000). Putting students at the centre in education reform. *Journal of Educational Change*, **1**(2).

Levitt T. (1972). Production-line approach to service. *Harvard Business Review*, **50**(5).

Levy P. (1994). *L'intelligence collective. Pour une anthropologie du cyberespace*. La Découverte, Paris.

Lewis R.; Booms B. (1983). The marketing aspects of service quality. *Emerging Perspectives on Services Marketing, American Marketing Association, Chicago, IL*.

Lidén S.; Sanden B. (2004). The role of service guarantees in service development. *The Service Industries Journal*, **24**(4).

Lih A. (2004). Wikipedia as participatory journalism: Reliable sources? Metrics for evaluating collaborative media as a news resource. In *5th International Symposium on Online Journalism*.

Lockyer K. (1986). Service–a polemic and a proposal. *International Journal of Operations & Production Management*, **6**(3).

Lorenzoni G.; Lipparini A. (1999). The leveraging of interfirm relationships as a distinctive organizational capability: a longitudinal study. *Strategic Management Journal*, **20**(4).

Lovelock C. (1984). *Services marketing: Text, cases & readings*. Prentice-Hall Englewood Cliffs, NJ.

Lovelock C.; Gummesson E. (2004). Whither services marketing? In search of a new paradigm and fresh perspectives. *Journal of Service Research*, **7**(1).

Lovelock C.; Yip G. (1996). Developing global strategies for service businesses. *California Management Review*, **38**(2).

Lovelock C.; Young R. (1979). Look to consumers to increase productivity. *Harvard Business Review*, **57**(May-June).

Lovelock C. H. (1983). Classifying services to gain strategic marketing insights. *Journal of Marketing*, **47**(3).

Lucas R. (1998). On the mechanics of economic development. *Frontiers of Research in Economic Theory: The Nancy L. Schwartz Memorial Lectures, 1983-1997*.

Lusch R.; Vargo S.; Malter A. (2006). Marketing as service-exchange: Taking a leadership role in global marketing management. *Organizational Dynamics*, **35**(3).

Mabert V. (1982). Service operations management: research and application. *Journal of Operations Management*, **2**(4).

Maglio P. P.; Srinivasan S.; Kreulen J.; Spohrer J. (2006). Service systems, service scientists, ssme, and innovation. *Communications of the ACM*, **49**(7).

Magnusson P.; Matthing J.; Kristensson P. (2003). Managing user involvement in service innovation: experiments with innovating end users. *Journal of Service Research*, **6**(2).

Mann C. (2003). Globalization of it services and white collar jobs: The next wave of productivity growth. *International Economics Policy Briefs*.

Maruccia A. (2007). India, la telefonia mobile è una sola. *Punto Informatico Telefonia*, **12**(2895). http://www.pitelefonia.it/p.aspx?i=2136657.

Matzler K.; Sauerwein E. (2002). The factor structure of customer satisfaction. *International Journal of Service Industry Management*, **13**(4).

McAfee A. (2006). Enterprise 2.0: The dawn of emergent collaboration. *MIT Sloan Management Review*, **47**(3).

McManus J.; Hutchinson I. (1996). Tqm in service design. *Managing Service Quality*, **6**.

Menor L.; Tatikonda M.; Sampson S. (2002). New service development: areas for exploitation and exploration. *Journal of Operations Management*, **20**(2).

Metcalfe J.; Miles I. (2000). *Innovation systems in the service economy: measurement and case study analysis*. Kluwer Academic Publishers.

Metters R. (2008). A typology of offshoring and outsourcing in electronically transmitted services. *Journal of Operations Management*, **26**(2).

Meyer K. (2007). IT-Enabled services. Challenges of methodical software-service-co-design. In *Research Perspectives in Service Engineering and Management*. A cura di Brax S. A., volume 1. Helsinky University of Technology, Helsinky.

Mezzanzanica M.; Cesarini M.; Fugini M.; Maggiolini P.; Nanini K. (2006a). The italian e-government plans: Experiences in the job marketplace and in statistical information systems. In *Proceedings of the European Conference on e-Government*, Marburg, Germany.

Mezzanzanica M.; Mariani P.; Zavanella B. M. (2006b). Statistical information systems and data warehouses for job marketplaces. In *Atti della XLIII Riunione Scientifica della Società Italiana di Statistica*, Turin, Italy. CLEUP.

Miina A. (2007). Lean in Service. In *Research Perspectives in Service Engineering and Management*. A cura di Brax S. A. Helsinky University of Technology, Helsinky.

Miles I. (2005). Knowledge intensive business services: prospects and policies. *Foresight*, **7**(6).

Miles I. (2008). Patterns of innovation in service industries. *IBM Systems Journal*, **47**(1).

Miles I.; Kastrinos N.; Flanagan K.; Bilderbeek R.; Hertog B.; Huntink W.; Bouman M. (1995). Knowledge-intensive business services: Users, carriers and sources of innovation. *EIMS Publication*, **15**.

Miles M.; Huberman A. (1994). *Qualitative data analysis: An expanded sourcebook*. Sage.

Mills P. K.; Morris J. H. (1986). Clients as partial employees of service organizations: Role development in client participation. *The Academy of Management Review*, **11**(4).

Mohr L.; Bitner M. (1995). Process factors in service delivery: what employee effort means to customers. *Advances in Services Marketing and Management*, **4**.

Momigliano F.; Siniscalco D. (1980). Terziario totale e terziario per il sistema produttivo. *Economia e Politica Industriale*.

Momigliano F.; Siniscalco D. (1982). Note in tema di terziarizzazione e deindustrializzazione. *Moneta e credito*, **138**(139-177).

Morris B.; Johnston R. (1987). Dealing with inherent variability–the difference between service and manufacturing explained. *International Journal of Operations & Production Management*, **7**(4).

National Academy of Engineering, (A cura di) (2003). *Impact of Academic Research on Industrial Performance*. National Academies Press, Washington, DC, USA.

Natti S.; Still J. (2007). The influence of internal communities of practice on customer perceived value in professional service relationships. *The Service Industries Journal*, **27**(7).

Natti S.; Halinen A.; Hanttu N. (2006). Customer knowledge transfer and key account management in professional service organizations. *International Journal of Service Industry Management*, **17**(4).

Newman S.; Grikscheit G.; Verma R.; Malapati V. (2006). *Ebay customer support outsourcing, Case N. 606-043-1*. CIBER Case Collection.

Nielsen J. (2002). Internet technology and customer linking in nordic banking. *International Journal of Service Industry Management*, **13**(5).

Nishiguchi T. (1994). *Strategic industrial sourcing: The Japanese advantage*. Oxford University Press, USA.

Nonaka I.; Takeuchi H. (1995). *The Knowledge-Creating Company*. Oxford University Press, Cambridge, UK.

Normann R. (1984). *Service management*. John Wiley & Sons, New York.

Nysveen H.; Pedersen P.; Thorbjornsen H.; Berthon P. (2005). Mobilizing the brand: the effects of mobile services on brand relationships and main channel use. *Journal of Service Research*, **7**(3).

OECD, (A cura di) (2006). *Innovation and Knowledge-Intensive Service Activities*. OECD Publishing, Paris.

Oliva R.; Kallenberg R. (2003). Managing the transition from products to services. *International Journal of Service Industry Management*, **14**(2).

Olsen L.; Johnson M. (2003). Service equity, satisfaction, and loyalty: from transaction-specific to cumulative evaluations. *Journal of Service Research*, **5**(3).

O'Murchu I.; Breslin J.; Decker S. (2004). Online social and business networking communities. In *Proceedings of ECAI Workshop on Application of Semantic Web Technologies to Web Communities. 16th European Conference on Artificial Intelligence*. Disponibile anche come technical report presso DERI - Digital Enterprise Research Institute.

Open Source (2009). `http://en.wikipedia.org/wiki/Open_source`.

O'Reilly T. (2005). What is web 2.0. `http://www.oreillynet.com/pub/a/oreilly/tim/news/2005/09/30/what-is-web-20.html`.

Ostrom E. (1996). Crossing the great divide: Coproduction, synergy and developement. *World Development*, **24**(6).

O'Toole Jr L. (1997). Treating networks seriously: Practical and research-based agendas in public administration. *Public administration review*, **57**(1).

OWL (2004). Web ontology language. `http://www.w3.org/TR/owl-guide/`.

Paiola M. (2006). Dal terziario ai neo-servizi: il concetto di servizio verso l'economia della conoscenza. *Economia dei Servizi*, **1**.

Parasuraman A.; Zeithaml V.; Berry L. (1985). A conceptual model of service quality and its implications for future research. *Journal of Marketing*, **49**(4).

Parasuraman A.; Berry L.; Zeithaml V. (1991). Perceived service quality as a customer-based performance measure: an empirical examination of organizational barriers using an extended service quality model. *Human Resource Management*, **30**(3).

Parasuraman A.; Berry L.; Zeithaml V. (1993). More on improving service quality measurement. *Journal of Retailing*, **69**(1).

Parasuraman A.; Zeithaml V.; Berry L. (1994a). Alternative scales for measuring service quality: a comparative assessment based on psychometric and diagnostic criteria. *Journal of Retailing*, **70**.

Parasuraman A.; Zeithaml V.; Berry L. (1994b). Reassessment of expectations as a comparison standard in measuring service quality: implications for further research. *The Journal of Marketing*, **58**(1).

Parson T. (1951). The social system. *New York*.

Pasternack B.; Viscio A. (1998). *The centerless corporation: a new model for transforming your organization for growth and prosperity.* Simon & Schuster.

Patel J.; Thadamalla J. (2007). *French hotel group Accor's growth strategies, Case N. 307-263-1.* IBS Research Center.

Paulson L. (2006). Services science: a new field for today's economy. *IEEE computer*, **39**(8).

Pavitt K. (1984). Sectoral patterns of technical change: Towards a taxonomy and a theory. *Research Policy*, **13**(6).

Pekkola K. (2007). On the delivery of services. In *Research Perspectives in Service Engineering and Management.* A cura di Brax S. A., volume 1. Helsinky University of Technology, Helsinky.

Perrow C. (1993). Small firm networks. *Explorations in economic sociology.*

Phoenix Ac. Report (2008). University of phoenix academic annual report. `http://www.phoenix.edu/about_us/publications/academic-annual-report.html`.

Pilati M. (1990). *Le politiche dei prezzi di trasferimento: organizzazione e controllo nei quasi-mercati.* Egea.

Pine B.; Gilmore J. (1998). Welcome to the experience economy. *Harvard Business Review*, **76**(4).

Pine J.; Gilmore J. (1999). *The Experience Economy.* Harvard Business School Press, Boston.

Pinhanez C. (2008). Service systems as customer-intensive systems and its implications for service science and engineering. In *Proceedings of the 41st Annual Hawaii International Conference on System Sciences, HICSS '08*, Washington, DC, USA. IEEE Computer Society.

P.M. R. (2003). *Education and training at Accor, a worldwide challenge, Case N. 3-0941.* IMD - International Institute for Management Development.

Porter M. (1985). *Competitive advantage.* Free Press, New York.

Provan K.; Kenis P. (2007). Modes of network governance: Structure, management, and effectiveness. *Journal of Public Administration Research and Theory*.

Quinn J. B.; Baruch J. J.; Cushman Paquette P. (1987). Technology in services. *Scientific American*, **257**(6).

R-project (2009). http://www.r-project.org.

Ramaswamy R. (1996). *Design and Management of Service Processes*. Addison-Wesley, Reading, MA.

Ramirez R. (1999). Value co-production: Intellectual origins and implications for practice and research. *Strategic Management Journal*, **20**(1).

Rathmell J. (1966). What is meant by services? *The Journal of Marketing*.

Rathore R.; Sethuraman P. (2008a). Facebook: the start-up's social success. www.icmr.icfai.org. Case N. 308-053-1, ICFAI Center for Management Research, Hyderabad, India.

Rathore R.; Sethuraman P. (2008b). Facebook: the start-up's strategic dilemmas. www.icmr.icfai.org. Case N. 308-054-1, ICFAI Center for Management Research, Hyderabad, India.

Reed R.; Lemak D.; Mero N. (2000). Total quality management and sustainable competitive advantage. *Journal of Quality Management*, **5**(1).

Regani S. D. S. (2004). University of phoenix online: #1 provider of online education. www.icmr.icfai.org. Case N. 904-043-1, ICFAI Center for Management Research, Hyderabad, India.

Richardson R. (1993). Parallel sourcing and supplier performance in the japanese automobile industry. *Strategic Management Journal*.

Rod M.; Ashill N.; Carruthers J. (2008). The relationship between job demand stressors, service recovery performance and job outcomes in a state-owned enterprise. *Journal of Retailing and Consumer Services*, **15**(1).

Rogers D. (1974). Towards a scale of interorganizational relations among public agencies. *Sociology and Social Research*, **59**(October).

Roth A.; Jackson III W. (1995). Strategic determinants of service quality and performance: Evidence from the banking industry. *Management Science*.

Rugiadini A. (1979). *Organizzazione d'impresa*. Giuffrè.

Rullani E. (1988). Industriale e post-industriale: i problemi sommersi della terziarizzazione. *Kybernetes*, **18**.

Rullani E.; Barbieri P.; Paiola M.; Sebastiani R. (2005). *Intelligenza terziaria motore dell'economia: alla ricerca dell'Italia che innova*. Franco Angeli.

Russo M. (2005). Wikipedia fa giurisprudenzae non disdegna l'ape maya. http://massimorusso.blog.kataweb.it/cablogrammi/2007/01/29/ wikipedia-fa-giurisprudenzae-non-disdegna-lape-maya-2/.

Rust R.; Stewart G.; Miller H.; Pielack D. (1996). The satisfaction and retention of frontline employees. *International Journal of Service Industry Management*, **7**(5).

Rust R. T.; Miu C. (2006). What academic research tells us about service. *Communications of the ACM*, **49**(7).

Sako M.; McKenna C.; Molloy E.; Ventresca M. (2006). Grand challenges in services. In *Proceedings of the GCS workshop held on*, volume 18.

Sampson S. (2001). *Understanding service businesses*. John Wiley & Sons, New York.

Sampson S. (2007). A unified services theory paradigm for service science. `http://www.ifm.eng.cam.ac.uk/ssme/references/Sampson_ref_cambridgessme07.pdf`. Brigham Young University.

Sampson S. E.; Froehle C. M. (2006). Foundations and implications of a proposed unified services theory. *Production and Operations Management*, **15**(2).

Samuelson P. (2000). Five challenges for regulating the global information society. In *Regulating the global information society*. A cura di Marsden C. Routledge Press.

Sasser W. (1976). Match supply and demand in service industries. *Harvard Business Review*, **54**(6).

Sasser W. E.; Olsen R. P.; Wyckoff D. D. (1978). *Management of service operations: Text, cases, and readings*. Allyn and Bacon.

Schmenner R. (1986). How can service businesses survive and prosper? *Sloan Management Review*, **27**(3).

Scholz-Reiter B.; Stickel E. (1996). *Business process modelling*. Springer-Verlag New York, Inc. Secaucus, NJ, USA.

Schumpeter J. (1934). *The Theory of Economic Development*. Harvard University Press, Cambridge, Mass.

Sebastiani R. (2006). Innovazione e servizi: verso un nuovo modello interpretativo. *Economia dei Servizi*, **1**.

SEEMP (2008). `http://www.seemp.org`.

Sheehan J. (2006). Understanding service sector innovation. *Communications of the ACM*, **49**(7).

Shostack G. (1977). Breaking free from product marketing. *The Journal of Marketing*, **41**(Aprile).

Shostack G. (1984). Designing services that deliver. *Harvard Business Review*, **62**(1).

Silvestro R.; Fitzgerald R.; Johnston R.; Voss C. (1992). Toward a classification of service processes. *International Journal of Service Industry Management*, **3**(3).

Sito Web Accorhotels (2009). `http://www.accorhotels.com/`.

Sito Web eBay (2009). `http://www.ebay.com/`.

Skills and Mobility (2001). High level task force on skills and mobility, final report. `http://ec.europa.eu/employment_social/news/2001/dec/taskforce2001_en.pdf`.

Soda G. (1998). *Reti tra imprese. Modelli e prospettive per una teoria del coordinamento*. Carocci.

Soderlund M.; Ohman N. (2005). Assessing behavior before it becomes behavior: An examination of the role of intentions as a link between satisfaction and repatronizing behavior. *International Journal of Service Industry Management*, **16**(2).

Soete L.; Miozzo M. (1989). Trade and development in services: A technological perspective. Relazione Tecnica 89-031, Maastricht Economic Research Institute on Innovation and Technology (MERIT), Limburg University, Maastricht.

Soete L.; Miozzo M. (2001). Internationalization of services: A technological perspective. *Technological Forecasting and Social Change*, **67**(2).

Sosa M.; Bhavnani R. (2006). Ideo: Service design. Reference: 606-012-1.

Specht N.; Fichtel S.; Meyer A. (2007). Perception and attribution of employees' effort and abilities. *International Journal of Service Industry Management*, **18**(5).

Spohrer J.; Maglio P. P. (2007). Emergence of service science: Toward systematic service innovations to accelerate co-creation of value. *Production and Operations Management*, **17**(3).

Spohrer J.; Maglio P. P.; Bailey J.; Gruhl D. (2007). Steps toward a science of service systems. *IEEE Computer*, **40**(1).

Spohrer J.; Vargo S. L.; Caswell N.; Maglio P. P. (2008). The service system is the basic abstraction of service science. In *Proceedings of the 41st Annual Hawaii International Conference on System Sciences, HICSS '08*, Washington, DC, USA. IEEE Computer Society.

Starbuck W. (1992). Learning by knowledge-intensive firms. *Journal of Management Studies*, **29**(6).

Strategia di Lisbona (2000). Conclusioni della presidenza, consiglio europeo di lisbona, 23 e 24 marzo 2000. `http://ue.eu.int/ueDocs/cms_Data/docs/pressData/it/ec/00100-r1.i0.htm`.

Stvilia B.; Twidale M. B.; Smith L. (2005). Information quality: Discussions in wikipedia. In *In Proceeding of the International Conference on Knowledge Management (ICKM05)*.

Sullivan R. (1982). The service sector: challenges and imperatives for research in operations management. *Journal of Operations Management*, **2**(4).

Sundbo J. (1994). Modulization of service production and a thesis of convergence between service and manufacturing organizations. *Scandinavian Journal of Management*, **10**.

Sundgren B. (1993). Making statistical data more available. *International Statistical Review*, **64**(1).

Surowiecki J. (2004). *The Wisdom of Crowds: Why the Many Are Smarter than the Few and How Collective Wisdom Shapes Business, Economies, Societies and Nations*. Doubleday.

Tamura S.; Sheehan J.; Martinez C.; Kergroach S. (2005). *Promoting Innovation in Services*. OECD Publishing, Paris.

Tapscott D.; Williams A. D. (2006). *Wikinomics: How Mass Collaboration Changes Everything*. Portfolio Hardcover.

Tatikonda M.; Zeithaml V. (2001). Managing the new service development process: Synthesis of multi-disciplinary literature and directions for future research. In *New Directions in Supply-chain Management: Technology, Strategy, and Implementation*. A cura di Boone T., Ganeshan R. AMACOM (the book publishing division of the American Management Association), New York.

Tax S.; Stuart I. (1997). Designing and implementing new services: The challenges of integrating service systems. *Journal of Retailing*, **73**(1).

Taylor F. (1911). *The Principles of Scientific Management*. Adamant Media Corporation.

Teas R. (1993). Expectations, performance evaluation, and consumers' perceptions of quality. *The Journal of Marketing*, **57**(4).

Teas R. (1994). Expectations as a comparison standard in measuring service quality: an assessment of a reassessment. *The Journal of Marketing*, **58**(1).

Tien J. (2003). A case for service systems engineering. *Systems Science and Systems Engineering*, **12**(001).

Toivonen M. (2004). *Expertise as Business: Long-term development and future prospects of knowledge-intensive business services (KIBS)*. Tesi di Dottorato di Ricerca, Helsinki University of Technology, Department of Industrial Engineering and Management.

Toivonen M.; Tuominen T. (2007). Emergence of innovations in services. *Service Industries Journal*, **29**(1).

Touraine A. (1982). *La produzione della società*. Il Mulino, Bologna.

Tronvoll B. (2007). Complainer characteristics when exit is closed. *International Journal of Service Industry Management*, **18**(1).

Turati C. (1990). *Economia e organizzazione delle joint venture*. Egea.

Utterback J. (1994). *Mastering the Dynamics of Innovation*. Harvard Business School Press, Boston.

Vaccà S. (1980). Un nuovo terziario per trasformare l'industrializzazione. *Economia e Politica industriale*, **25**.

Van Helvert J.; Fowler C. (2004). Scenario-based user needs analysis. In *Scenarios & Use Cases Stories through the System Life Cycle*. A cura di Alexander I., Maiden N. John Wiley & Sons, London.

Van Moorsel A. (2001). Metrics for the internet age: Quality of experience and quality of business. In *Fifth International Workshop on Performability Modeling of Computer and Communication Systems, Arbeitsberichte des Instituts für Informatik, Universität Erlangen-Nürnberg, Germany*, Erlangen, Germany.

Van Moorsel A. (2005). Grid, management and self-management. *The Computer Journal*, **48**(3).

van Welsum D.; Vickery G. (2005). Potential offshoring of ict-intensive using occupations. DSTI Information Economy Working Paper DSTI/ICCP/IE(2004)19/FINAL, OECD, Paris. Disponibile presso `http://www.oecd.org/sti/information-economy`.

Vargo S.; Lusch R. (2004). Evolving to a new dominant logic for marketing. *Journal of Marketing*, **68**(1).

Vargo S.; Lush R. (2004). The four service marketing myths: Remnants of a goods-based, manufacturing model. *Journal of Service Research*, **6**(4).

Vittadini G.; Anheier H. (2000). *I servizi di pubblica utilità alla persona: atti del primo convegno internazionale, Milano, 20-21 novembre 1998*. Franco Angeli.

Viégas F. B.; Wattenberg M.; Dave K. (2004). Studying cooperation and conflict between authors with history flow visualizations. In *CHI '04: Proceedings of the SIGCHI conference on Human factors in computing systems*, New York, NY, USA. ACM Press.

Von Bertalanffy L. (1968). *General System Theory: Foundations, Development, Applications*. George Braziller, New York, NY.

Voss C.; Johnston R.; Silvestro R.; Fitzgerald L.; Brignall T. (1992). Measurement of innovation and design performance in services. *Design Management Journal*, **3**(1).

Voss C.; Johnson R.; Plc S. (1995). *Service in Britain: How do we measure up? A Study of Service Management and Performance in UK Organisations*. Severn Trent Plc.

Voss C.; Roth A.; Chase R. (2008). Experience, service operations strategy, and services as destinations: Foundations and exploratory investigation. *Production and Operations Management*, **17**(3).

Vries H. (1999). *Standardization: a business approach to the role of national standardization organizations*. Kluwer Academic Publishers.

W3C (2009). World wide web consortium. `http://www.w3.org/`.

Weinberg G. M. (1975). *An introduction to general systems thinking*. John Wiley & Sons, New York, NY.

Wikipedia (2009). `http://www.wikipedia.org/`.

Wikipedia contributors (2007). Fact or fiction? who contributes to wikipedia? `http://www.economist.com`. Articolo apparso nell'edizione on-line del 10 marzo 2007.

Wikipedia stampa (2009). `http://it.wikipedia.org/wiki/Wikipedia:Stampa`.

Womack J.; Jones D. (2003). *Lean thinking: banish waste and create wealth in your corporation*. Free Press.

WSDL (2009). Web services description language. `http://www.w3.org/TR/wsdl`.

Xue M.; Harker P. T. (2003). Service co-production, customer efficiency and market competition. Working Paper 03-03, Wharton School Center for Financial Institutions, University of Pennsylvania.

Yoo J.; Shin S.; Yang I. (2006). Key attributes of internal service recovery strategies as perceived by frontline food service employees. *International Journal of Hospitality Management*, **25**(3).

Yoon M.; Beatty S.; Suh J. (2001). The effect of work climate on critical employee and customer outcomes. *International Journal of Service Industry Management*, **12**(5).

Zeithaml V.; Bitner M. (1996). *Services marketing*. McGraw-Hill, New York.

Zeithaml V.; Berry L.; Parasuraman A. (1988a). Communication and control processes in the delivery of service quality. *The Journal of Marketing.*

Zeithaml V.; Parasuraman A.; Berry L. (1988b). Servqual: a multiple-item scale for measuring consumer perceptions of service quality. *Journal of Retailing,* **64**(1).

Zeithaml V. A. (1988). Consumer perceptions of price, quality, and value: A means-end model and synthesis of evidence. *Journal of Marketing,* **52**(3).

Zhao L.; Mehandjiev N.; Macaulay L. (2004). Agent roles and patterns for supporting dynamic behavior of web services applications. In *AAMAS Workshop on Web Services and Agent-Based Engineering (WSABE).*

Zhao L.; Macaulay L.; Verschueren P.; Adams J. (2006). Services sciences at manchester: Bringing people, business and technology together. *Position paper, IBM Summit on Service Sciences, Management and Engineering: Education for the 21st Century, New York.*